Ohne Worte – Wissen aus der geistigen Welt

CHRISTIANE HANSMANN

OHNE WORTE

Wissen aus der geistigen Welt

Auf dem Weg in deine Authentizität

Ansata

Das Buch erschien bereits 2019 unter dem Titel
»Ohne Worte – Auf dem Weg in deine eigene Authentizität«
im Cuvillier Verlag, Göttingen.

FSC www.fsc.org MIX Papier | Fördert gute Waldnutzung FSC® C014496

Penguin Random House Verlagsgruppe FSC® N001967

Neuausgabe 2023

Illustrationen: Heike Becker, heikebecker.design
Umschlaggestaltung: Guter Punkt, München,
unter Verwendung eines Motivs von: Heike Becker, heikebecker.design
Satz: Satzwerk Huber, Germering
Druck und Bindung: GGP Media GmbH, Pößneck
ISBN 978-3-7787-7589-9

www.Integral-Lotos-Ansata.de

In Liebe für alle Menschen

»Euer aller Heilung bedarf des Individuums.«

— Salvador —

AUTOR Salvador
SCHRIFTFÜHRERIN Christiane Hansmann

Hinweis zu den Matrixerfahrungen

Die in diesem Buch erwähnten Matrixerfahrungen sind gechannelte, geführte Meditationen, die das Wissen, das dir übermittelt wird, in eigene Erfahrungen verwandelt.

Das Audio-Paket mit allen 18 Matrixerfahrungen kannst du als Download auf der Webseite https://www.christiane-hansmann.com/shop-matrixerfahrungen erwerben.

Inhaltsverzeichnis

Vorwort Dr. Ludwig Reiser 11
Vorwort Christiane Hansmann 13
Einleitung 15

Kapitel 1
Der Anfang und das Ende im Kreis der Vollkommenheit 17

Kapitel 2
Erlernen des Umgangs mit den Energien 23
1. Basiswissen über die Matrix 23
2. Vertiefung 36
3. Wesenssysteme und Konkurrenz 40
4. Universelle Quelle 43
5. Geistige Ebene (GE) 47
6. Der Raum Zeit und die Polarität 49
7. Die Erfahrung Ego 56
8. Der kleine und der große Tod 63
9. Universum Gott 66

Kapitel 3
Die Sprache des Universums 69
1. Sein im Fluss des Lebens 70
2. Die Kraft der Symbolik 73
3. Dimension Zeit 76
4. Wahrnehmung 77
5. Die Symbolik der Numerologie 81
6. Weg in die Autarkie des eigenen Geistes 84
7. Elemente der Materiellen Ebene (ME) 97

Kapitel 4
Wesen des Lichts **105**
1. Was sind Lichtwesen? 105
2. Ureinheit 107
3. Unangebundene Lichtwesen 110
4. Welt der Gefühle 114
5. Die Kraft eines Siegels 116
6. Struktur der Vollkommenheit 118

Kapitel 5
Die Geburt eines Wesens **123**
1. Kristallisierung eines Wesens 123
2. Ausdruck ist Mathematik und Physik (Teil A) 126
3. Raum Universum 132
4. Energienetz eines Menschwesens 137
5. Ausdruck ist Mathematik und Physik (Teil B) 140
6. Atmung des Seins 145
7. Fokus 150

Kapitel 6
Die Schöpferkraft **155**
1. Raumentstehung 155
2. JETZT 161
3. Der Funke Gottes 164

Kapitel 7
Zurück in den Ursprung **167**
1. Matrix des waagerechten Pyramidenpaares 167
2. Matrix des zeitlichen Pyramidenpaares 172
3. Eigenrotationen der zeitlichen und der waagerechten Matrix 184
4. Matrix des senkrechten Pyramidenpaares / Tor der Seele 186
5. Versorgung der Matrix durch zwei Energiesysteme 189

6. Umkehr- und Wesenspunkt des Seelenenergienetzes 192
7. Authentizitierung 195
8. Gottheit Ego 197
9. Anatomie des Seelen- und Universalenergienetzes 200
10. Tore der beiden Energienetze 210
11. Seele 211

Kapitel 8
Einflussmöglichkeiten der Menschwesen 213
1. Sieben Schritte als Vorbereitung zur Authentizitierung 213
2. Authentizitierung des Matrixgitters mit Herzzentrum 226
3. Authentizitierung der Energiekreisläufe 236
4. Matrixprotokoll 241
5. Atmung der Seele 246
6. Herznetz und Seelennetz 248

Kapitel 9
Vollendung... 257

Nachwort Salvador 271
Danksagung 275
Begriffe 276
Abbildungen 279

Vorwort Dr. Ludwig Reiser

»Ohne Worte« von Christiane Hansmann – ein Buch, geschrieben durch ein Medium, als Leitfaden für unsere Dimension und Zeit.

Ohne Worte – so erging es mir, als ich meine anfänglichen Bedenken gegenüber diesem Buch überwunden hatte und es zu lesen begann. Wie konnte das sein? Ich selbst hatte mich jahrelang mit der Quantenphysik, Medizin, Spiritualität und dem Aufbau unseres Universums auseinandergesetzt. Und dann dieses Buch. Es schlägt eine Brücke zwischen den teilweise unverständlichen und hochkomplexen Erklärungsmodellen, welche die Quantenphysik die letzten Jahrzehnte hervorgebracht hat, und den Weisheiten, die ich aus dem Ayurveda, dem Buddhismus und meiner eigenen spirituellen Suche erfahren habe. Und das auch noch in meistens verständlichen Worten und brauchbaren Erklärungen.

Wer solch ein Buch in die Hand nimmt, der weiß um die Veränderungen in unserer Welt. Manche nennen es Bewusstseinserhöhung, andere das neue Zeitalter und wieder andere haben ganz eigene Namen dafür. Doch ist klar, dass WIR UNS verändern. Die Welt ist klein geworden. Jeder, der will, bekommt jedes Wissen, das ihn interessiert. Mehr denn je ist die Menschheit im Aufbruch.

Wer nicht vorhat, jahrelang Quantenphysik zu studieren oder den Rest seines Lebens im Kloster zu verbringen, aber dennoch einen tiefen Einblick bekommen möchte wie unsere Gefüge aus Seele, Realität, Körper, Erde, Zeit und Raum funktionieren, der hat hier das richtige Handbuch gefunden.

Persönlich war ich allen Channelings gegenüber immer sehr kritisch, weil ich nicht beurteilen konnte, wie viel Ego, Persönlichkeit oder Absicht in das Channeling eingeflossen waren. Dass es das Phänomen gibt und es funktioniert, weiß ich als intuitiver Arzt aus persönlicher Erfahrung. Doch hier ist etwas anders als alles andere, das mir bisher in diesem Themenbereich untergekommen ist. Der Inhalt des Buches ist zu

komplex, um von jemandem aus den Fingern gesaugt zu werden. Selbst für jemanden, der tief in diese Materie eingetaucht ist, zeigt das Buch Erklärungen und Zusammenhänge auf, die logisch, aber trotzdem auf das Wesentliche reduziert sind.
Das Buch setzt verschiedenste Themenbereiche in einen größeren Zusammenhang, für dessen Erschließung es ein gehobenes Maß an Hingabe, Fokus und Ausdauer braucht. Es räumt auf mit spirituellen und esoterischen Ansätzen, die auf Missverständnissen und falschen Erwartungen aufbauen. Und davon gibt es mehr, als uns lieb ist. Die grafischen Illustrationen helfen dem Leser, in dieser komplexen und dimensionsübergreifenden Thematik, sich eine greifbare Struktur zu bilden. Dennoch bleibt es eine geistige und spirituelle Herausforderung. Als Trost kann jedoch angemerkt werden, dass wir unser Ziel schon alle erreicht haben. Wie auch in dem Buch gut beschrieben, ist die Zeit eine der notwendigen Illusionen, um uns unsere Realität und die Erfahrung des Seins erst zu ermöglichen.

Ich bedanke mich bei allen Seinsformen, die an diesem inspirierenden großen Meisterwerk mitgearbeitet haben.

Hochachtungsvoll, Dr. Ludwig Reiser
Ph.D. Integrative Medizin (Quantenphysik), Ph.D. Naturmedizin

Vorwort Christiane Hansmann

Mein Name ist Christiane Hansmann.
Ich sitze nun seit Stunden vor diesem leeren Blatt und versuche dir als Leser zu vermitteln, welch unbeschreibliche Erfahrung ich in meinem Leben machen durfte. Das Wort »unbeschreiblich« verdeutlicht meinen Versuch.
Vor nun zwei Jahren begann eine Art Strom durch mich zu fließen. Dass diese Botschaften, die mich erreichten, ein Buch werden würden, wurde mir erst mit der Zeit klar. Jetzt ist dieses Buch vollendet. Mein gesamtes Leben ist eine Aneinanderreihung von Ereignissen, die mich im Endeffekt dazu befähigt haben, mein System zu öffnen, um dieses Buch, dieses Wissen, in die Materie tragen zu können. Auf einmal macht alles einen Sinn.
Dieses Buch ist ein Träger einer starken positiven Kraft, die jetzt hier erscheinen darf. Durch das Lesen der Zeilen übermittelt es Wissen und gleichzeitig hüllt es dich als Leser liebevoll ein.
Seitdem sich dieser Prozess durch mich vollzogen hat, mache ich im Alltag die Erfahrung, zutiefst geführt zu sein, sobald ich mich selbst meinem Sein hingebe. Das Gefühl, vom Leben berührt zu werden, vom Leben gehalten zu sein, ist »Ohne Worte«.
Aus vollem Herzen möchte ich diese Erfahrung mit allen Menschen teilen. Ich möchte dich als Leser einladen, über dieses Buch in eine neue Realität einzutauchen.
Das Wissen, das durch mich als Schriftführerin in die Materie kam, breitet eine Landkarte aus, auf der man sich frei bewegen kann und die einen Überblick über das eigene System sowie das universelle System an sich verschafft.
Das Buch berührt dich als Leser »Ohne Worte« und möchte dich in die Geburt deiner eigenen Authentizität begleiten.

Christiane Hansmann, geboren 1972 in Heidelberg und aufgewachsen in einem wissenschaftlich geprägten familiären Umfeld, ist Schriftführerin dieses Buches. Ihr spiritueller Weg begann sehr früh, begleitet von dem Gefühl »in mir ist irgendetwas anders«. Auf der Suche nach dem eigenen System ging sie viele Wege. Immer wieder hieß es von ihren Lehrern: »Du bist ein Medium.«
2017 tauchten vermehrt starke Botschaften in ihrem Bewusstsein auf, und es hieß, »Verreise allein, nimm Zettel und Stift mit und versenke dich in Meditation«.
Als Kanal für das Lichtwesen Salvador schrieb sie u. a. innerhalb von zwei Jahren dieses Buch.

Weitere Informationen unter www.christiane-hansmann.com.

Infos zur Entstehung des Buches und zu Christianes Geschichte findest du hier:

https://www.christiane-hansmann.com/ohne-worte/einfuehrung-ins-buch

Einleitung

Dieses Buch ist ein Versuch, euch hinein in eine neue Realität zu begleiten.
Ihr wollt erfassen aus dem Verstand heraus.
Wir versuchen euch dort zu erreichen, am Ort eures unangebundenen Verstandes, denn dort seid ihr gefangen.
Dies ist das Paradoxon.
Erreichen wollen wir euch über euren Verstand, über Worte, über Bilder, über dieses Buch. Doch führen wollen wir euch über Worte, über Bilder, über dieses Buch an den Ort des angebundenen Geistes, an den Ort ohne Worte, ohne Bilder.
Erfassen tut ihr, angebunden seid ihr am Ort des Geistes. Der Geist braucht keine Worte, keine Bilder in eurem Sinne. Der Geist ist, er fließt durch euch.
Seid mit euch und ihr werdet erfassen.
Über dieses Buch, über diese Worte, über diese Bilder wollen wir euch an den Ort führen, wo es keiner Worte, keiner Bilder mehr bedarf.
Erreichen möchten wir euch.
Erweichen wollen wir eure Verhärtungen.
Zum Schmelzen bringen wollen wir eure Mauern. Salben möchten wir eure Verletzungen.
In Liebe möchten wir einkehren in eure offenen Herzen.
Worte und Bilder kreieren die Zeilen dieses Buches. Wir möchten euch berühren. Die Essenz des Seins findet sich zwischen den Zeilen des Buches, zwischen den Zeilen des Lebens.
Fühlt euch frei, die von uns gesendeten Worte und Bilder zu unkreieren und sie durch für euch passendere Worte und Bilder zu ersetzen.
Es ist die Essenz, die euer Herz durchdringen möchte und euch eine neue Herzenssicht schenken möchte.
Ohne Worte, ohne Bilder, zwischen den Zeilen des Lebens im Herzen zu Hause sein.

S

Kapitel 1

Der Anfang und das Ende im Kreis der Vollkommenheit

In Kapitel 1 schließt sich der Kreis zu Kapitel 9. Das bedeutet, der Anfang dieses Buches ist erst zu verstehen, wenn du Kapitel 9 gelesen hast. So dient Kapitel 1 als Spiegel für Kapitel 9.

Fang also gerne in Kapitel 2 an zu lesen und komme nach Kapitel 9 wieder hierhin zurück.

ES, der Geburtsort eures, unseres Universums.
ES kollabierte in sich und gebar den Geist. Der Geist gebar aus sich selbst heraus Materie und wurde zur Quelle, zu Gott. ES flimmerte, es hatte sich Energie gesammelt. So entlud sich der Geist und Materie entstand.
Gott wurde erst zu Gott, als er Materie erschuf.
Der Geist Gottes, eure, unsere Quelle, ergießt sich in die Unendlichkeit und kollabiert wieder in sich selbst. Eine Welle des Auswurfs wird gefolgt von der Welle der Rückkehr in den Geist Gottes, weiter in ES, wird gefolgt von der Welle des Auswurfs, wird gefolgt von der Welle der Rückkehr in den Geist Gottes, weiter in ES.
Der Ausdruck wird geboren und der Ausdruck stirbt. ES bleibt von Ewigkeit zu Ewigkeit. Amen.
Gebären und Sterben sind Prozesse des Ausdrucks, nicht des Seins. Das Sein ist. Das Sein ist prozesslos. Das Sein ist.
ES durchdringt alle Universen mit seiner Energie. ES ist alle Universen.

Der Geist findet in der Unendlichkeit aller Universen seinen Ausdruck.
ES ist.

Zustände werden von euch personifiziert. Doch sind es nur Zustände. Der Zustand Gott, eure, unsere Quelle, unterliegt ebenso den Gezeiten. Die Gezeiten Gottes, Ebbe und Flut, bestimmen die Wellen, die jedem Wesen zugeführt werden. Es sind Wellen der Quelle, Wellen Gottes.
Die Ausschüttung des Geistes, die Materie, ist die Geburt Gottes. Gott wurde in der Flut eine Wesenheit. Eine Wesenheit besteht aus Energien mit definierten Zuständen, hineingeboren in die Unendlichkeit. Die Flut ist die Geburtsstunde. Die Ebbe ist die Todesstunde.
In der Ebbe der Energie kollabiert der Geist Gottes in ES. In dem Kollabieren wird der Geist erneut geboren, der in der Welle der Flut Materie erneut erschafft und somit Gottes Wesen auferstehen lässt. Die Flut des Geistes ist als Geburtsstunde Gottes zu erkennen.
ES ist definitionslos und doch alles.
Der Fluss des Lebens geht mit den Wellen der Energien. Erspürt die Wellen der Energien, es wird Heilung in die Materie bringen. Ja, alles ist Energie. Doch im Strom der Energien gibt es Zustände verschiedenster Formen. Energien durchdringen und sie vermeiden. Sie sind im Überfluss und im Minimum. Je höher das Bewusstsein, desto mehr Energien können euch in der Grundenergie zur Verfügung stehen. Der, der sie erspürt und in sie eintaucht, kann sie sich zunutze machen. Dieses Wesen fließt mit dem Strom ohne Widerstand. Den Gezeiten unterliegt jedes Wesen, denn ihr seid geboren aus Gottes Geist.
Ihr seid Ausdruck des Geistes, geboren aus ES. Ihr seid ES. Das ES, in der Leere, die keine Leere ist, und kein ES, ein Nichts und doch alles ist, das seid ihr, das sind wir, das ist unendlich.

Wählt aus, definiert euch mit dem, was ihr seid, aber wisst, dies seid ihr nicht. Ihr seid nichts und doch alles im unendlichen Tanz des Lebens. Das Leben ist. ES ist auch ohne, dass ihr es als Sehender seht, als Hörender hört, als Sprechender aussprecht. Eure Wahrnehmung kreiert

nicht das Leben. Ihr seid auch ohne euren Beobachter, euren Kritiker, euren Vermeider, euren Bewusstnehmer, euren Beurteiler.
Versucht nicht zu erfassen, wer ihr seid. Seid. Fließt aus euch selbst heraus. Öffnet eure Türen und lasst die Energien hindurch, die durch euch möchten. So erwacht ihr in eurer eigenen Authentizität. Seid. Fließt mit eurem Sein. Hier ist die Erfüllung eures Seins.
Fürchtet euch nicht, denn es ist bereits und wird immer sein. Versucht nicht zu werden, der ihr seid, denn ihr seid.
Ihr seid und werdet immer sein. In Ewigkeit. Amen.

All das, was euch an die Hand gegeben wird, sind Werkzeuge. Werkzeuge, um die Einfachheit des Seins zu sein.
Nutzt die Werkzeuge, die euch ansprechen. Es sind Werkzeuge, es sind Konzepte. Konzepte sind Wege, um euch da zu erreichen, wo ihr euch befindet. Wisset darum, dass es Konzepte sind, identifiziert euch nicht mit diesen Konzepten, denn es sind Konzepte auf eurem Weg des Seins. Selbst den Weg gibt es nicht, er ist kreiert in der Dimension Zeit und ist ein Konzept. Geht damit, im Wissen darum. Seid in euch. Verweilt in euch und lasst ES sein. Begebt euch hinein in das Sein des ES.
Euer Gleichmut ist eine wahre Tugend. Denn hier findet ihr die Ablösung von Identifikationen, die Ablösung von Verhaftungen aus Wesenssystemen, die Ablösung von Wertesystemen. Systeme sind ebenso Konzepte. Nutzt Konzepte, nutzt Systeme und bleibt in der Anbindung mit dem Sein. Bleibt in der Öffnung des Gewahrseins. Selbst dieses Buch ist ein Konzept. Es sind Worte des Ausdrucks. Worte, mit denen ihr anfangt, euch zu identifizieren. Lasst die Energien der Worte durch euch fließen, schwimmt darin, lasst sie wirken, doch verhaftet nicht in diesem Ausdruck. Es sind Wörter des Ausdrucks Gottes und nicht ES.

ES an sich ist.
Der Ausdruck seid ihr, sind wir, ist alles in der Unendlichkeit. So versteht, alles ist Ausdruck des Geistes. ES ist.
Selbst die Trennung von ES und dem Ausdruck des Geistes kann ES nicht ausdrücken, denn es gibt keine Trennung. So versteht, es gibt keinen Ausdruck, um ES zu beschreiben. ES ist.

Taucht hinein, lasst euer Ego sterben und seid.
In der Fülle des Seins ist die Leere und in der Leere ist die Fülle allen Seins. Alles ist und wird immer sein. Geht hinein in den Strom des Ausdrucks und wisset, es ist der Ausdruck.
Verweile und sei im ES.
Wesen, die ihren Geist, ihren Ausdruck, frei in die Materie fließen lassen, ihre Energien frei fließen lassen, werden zu Gott. Das Erschaffen durch den Geist, vom Geist in die Materie, wird von euch als Gott bezeichnet. Gott ist der Prozess des Erschaffens über die Matrix: fokussiertes Gedankengut, Wort und Tat.

Ist der Geist in die Materie hineingeboren, trägt er das Wissen, die Wahrheit in sich. Durch ihn fließt das Licht in die Dichte der Materie. Der reine Geist ist ein Trichter, er verdichtet das Licht in die Materie hinein. Der Geist beginnt zu formen, was geformt werden möchte. Nehmt ihr euch auf der Geistigen Ebene (GE) wahr, so beobachtet ihr den Prozess des Trichters. Identifiziert euch nicht mit dem Prozess des Trichters, denn der Geist ist ein Ausdruck und nicht das ES. So seht, selbst auf der Geistigen Ebene (GE) eures Wesens existiert noch die Möglichkeit der Verhaftung. Diese Möglichkeit existiert bis hoch zu eurer, unserer universellen göttlichen Quelle, weiter noch bis hin zum ES. Energien werden geformt. Sie gehen durch ihre Formierung in den Ausdruck. Sie kreieren, sie drücken aus, sie formen auf allen Ebenen. Auch dies ist eine Verhaftung, sobald ihr euch mit einer dieser Ebenen und / oder Stufen identifiziert. So seht, euer Ausdruck findet auf der Materiellen (ME), auf der Geistigen (GE) und auf der Seelen Ebene (SE) statt. Selbst alle Stufen bis hin zur universellen Quelle, zum Geist Gottes, sind ein Ausdruck dessen, was ist.

Verhaftet nicht im Ausdruck. Seid ES.
ES ist die Ureinheit in der Leere, im Nichts, in der Auflösung des Ausdrucks. ES ist die Ureinheit, die Undefinition allen Seins.

Ergänzendes Erklärungsvideo zu Kapitel 1:

https://www.christiane-hansmann.com/ohne-worte/kapitel-1

S

KAPITEL 2

Erlernen des Umgangs mit den Energien

1. Basiswissen über die Matrix

Die Matrix ist der Stempel eines Wesens.
Der Stempel formt die hereinströmenden Energien. Frei fließende Energien empfindet ihr mit einem Gefühl der Heiligkeit. Es ist ein Gefühl, innerlich ergriffen, erkannt zu sein. Ein Gefühl, genau am richtigen Ort zur richtigen Zeit zu sein. Dies ist der Moment der Heiligkeit. Es ergreift euch und gibt euch das Gefühl, zu Hause zu sein. Zu Hause bei euch selbst zu sein, ist der Zustand, wenn Energien frei fließen dürfen. Hingabe an das eigene Wesen, die eigene Matrix, lässt zu, der zu sein, der ihr seid. Energien sind und werden immer sein.
Die Matrix befindet sich auf der Geistigen Ebene (GE), eine Kopie befindet sich auf der Materiellen Ebene (ME). Wird die Matrix auf der Materiellen Ebene (ME) beschädigt, gibt es eine Rückkoppelung in die Matrix auf der Geistigen Ebene (GE).

(siehe Abbildung 1)

Eine große Heilung erbringt ihr durch das Fokussieren eures Bewusstseins auf die verschiedenen Ebenen, in die Bereiche des neuen Wissens. Meditiert in die verschiedenen Bereiche hinein.
Die Matrix ist wie ein dreidimensionales Gitter in euch und um euch herum. Es gibt Knotenpunkte, die Energietore, und Energiestränge, die Energiebahnen.

(siehe Abbildung 2)

Wie die Matrix funktioniert, ist für euch nicht einfach zu erfassen. Euer Bewusstsein ist auf die Materielle Ebene (ME) fokussiert. Von dort aus ist die Matrix nicht zu erkennen.
Schult euch darin, euer Bewusstsein auf Dauer auf die Geistige Ebene (GE) zu fokussieren. Seid präsent und zu Hause auf der Geistigen Ebene (GE), in der geistigen Welt.
Die Energien strömen ein und aus an den verschiedensten Knotenpunkten, je nach Wesensmatrix. Auch hier könnt ihr euch mit keinem anderen Wesen vergleichen. In der Meditation könnt ihr euer Bewusstsein in die Matrix hinein fokussieren mit der Motivation, die Energien dürfen sich durch euer Matrixsystem ordnen und strömen, so wie es für euer eigenes System authentisch ist. So geschieht es in eurem Sinne. Im Sinne eures Wesens.

>> 1. Matrixerfahrung: Focusing auf die Geistige Ebene (GE)

(siehe Audiopaket zum Buch)

Es geht darum zu sein, wer ihr seid.
In eurer Matrix steht es geschrieben. Ihr baut euch eigene Blockaden. Blockaden, die das Fließen der universellen Energien behindern bzw. ganz stoppen. Blockaden erstellt ihr aufgrund von Erfahrungen. Erfahrungen habt ihr gemacht aufgrund von Entscheidungen. Entscheidungen habt ihr getroffen, um etwas zu sein, was ihr nicht seid. Ihr wolltet erfahren, wer ihr nicht seid, und habt darüber vergessen, wer ihr seid. So ist der Vorhang gefallen. Der Vorhang des Vergessens.

Und mit ihm kam der Schmerz. Schmerz entsteht durch getrennt sein von dem, was ihr seid, vom freien Fluss der universellen Energien.
Durch die Entscheidung, nicht das zu erfahren, was ihr seid, ist das Ego geboren.

(siehe Abbildung 3)

Die Energien in jedem sind die Energien von allem, was ist. Daher seid ihr alle eins und doch ist jeder von euch ein Individuum mit einem speziellen Matrixmuster. Das Muster, das die Energien auf ganz individuelle Art materialisiert. Daher versteht, ihr seid ihr selbst und doch alle eins.
Euer aller Heilung bedarf des Individuums.
Die Heilung eines jeden liegt im Erkennen seines eigenen Selbst. Jeder selbst geht den Weg seiner Selbst. Fangt nicht an und stellt ein anderes Individuum über euch. Denn schon dieser Zustand lässt keine vollständige Heilung zu. Spiegelt euch in dem Anderen und sucht euch im Gegenüber. Klingen Energien an, die im Energiemuster euren ähneln, so integriert diesen Matrixabschnitt. Andere Menschen können Puzzleteile eures Selbst als Geschenk für euch haben, aber keiner außer euch selbst kennt den Weg zu eurer eigenen Vollkommenheit. Hier seid ihr ganz auf euch alleine gestellt. Macht ein Feuer und tanzt. Transformiert das, was nicht länger euer eigen ist. In euch selbst seid ihr vollkommen. Hier liegt der Frieden, die Ruhe.

>> 2. Matrixerfahrung: Transformation

(siehe Audiopaket zum Buch)

Ein Baum ist ein Baum. Eine Blume ist eine Blume. Möchte der Baum die Erfahrung einer Blume machen, kommt er weg von sich selbst. Seine Energien können nicht mehr im Sinne seiner Matrix fließen. Es blockiert in ihm und er fällt in den Schmerz. Ein Baum macht die Erfahrung eines Baumes, so steht es geschrieben. Die Blume macht die Erfahrung einer Blume und sammelt diese auch für den Baum. Der

Baum kann durch die Blume erfahren, wie es ist, eine Blume zu sein. So ist es geschrieben.
Hier in der Matrix ist der Leitfaden und hält fest, welches Energiegitter, welche Erfahrungen sie in sich birgt.
Entscheidungen, andere Erfahrungen machen zu wollen, bringen euch weg von dem, was geschrieben steht. Es geht raus aus dem Fluss des Lebens. Die Energien fließen nicht mehr ungehindert und frei. So ist es und wird es immer sein.
Erst wenn jedes Wesen seine eigene materielle Identität authentisch lebt und jeder Energiefluss frei fließen kann, erhöhen sich die Frequenzen auf die Geistige Ebene (GE). Es ist für jeden von euch an der Zeit, der zu sein, das zu leben, was ihr seid. Gebt euch hin dem, was geschrieben steht.
Es ist die Erlösung.
Wie findet ihr das, was geschrieben steht?
Intellektuell ist es mit eurem Gehirn nicht zu erfassen. Alleine über das Gespür könnt ihr euch leiten lassen. Wie wir schon erwähnten, ist das Wort Authentizität eines unserer Lieblingswörter. Fühlt ihr euch authentisch? Dann seid ihr zu Hause. Habt ihr Masken auf? Dann seid ihr von euch selbst entfernt.
Liebe, ein weiterer Begriff für ein Gefühl. Liebe ist ein Wegweiser zu eurem eigenen Sein. Es ist wie ein Schild, das euch den Weg weist. Hier entlang, hier seid ihr richtig im Fluss des Lebens.
Auch Angst ist ein Gefühl, das auftauchen kann als altes Stoppschild von universellen Energien. Angst kann eine alte Entscheidung schützen wollen.
Hiermit meinen wir nicht die Angst der Intuition. Die Angst der Intuition verhindert, dass ihr vom Fluss des Lebens abkommt. Diese Angst fühlt sich heller an, klarer, eher im Bereich des Herzens und des Kopfes. Die Angst als Stoppschild von universellen Energien ist eher im Unterbauch zu fühlen. Eine existenziellere Angst, eine Angst vor dem Auflösen des eigenen Ichs. Fühlt euch durch diese Angst nicht bedroht. Geht ihr nur einen kleinen Schritt darüber hinweg, werdet ihr erleben, wie viel leichter es dahinter wird. Löst sich das Angstgefühl schließlich ganz auf, können die Energien frei fließen und die Leichtigkeit kehrt

bei euch ein. Findet Mut und macht den entscheidenden Schritt in eure Heilung hinein.
Annahme ist ein weiteres wichtiges Gefühl, dessen es bedarf. Nehmt an, wer ihr seid. Bewertet euch nicht. Ihr seid vollkommen. Vergleicht euch nicht. Niemand ist das, was ihr seid, in dieser Vollkommenheit. Es gibt euch nur einmal auf der Materiellen Ebene (ME). Feiert euch, genießt euch, lasst euch das Leben leben in eurer eigenen Vollkommenheit und erzählt anderen von eurer ganz eigenen Erfahrung. Lauscht den vollkommenen Erfahrungen der anderen, denn auch sie haben viel aus ihrem Leben und ihren ganz eigenen Erfahrungen zu erzählen. Feiert euren gemeinsamen Schatz, indem ihr ihn mit anderen teilt. So kehren Freude und Frieden ein. Wenn ihr sehen könntet, was wir von hier sehen können. Wie wunderschön ihr erstrahlt im Fluss der Energien. Ein Meer des Leuchtens in allen Farben. Eure Sinnesorgane nehmen nach dem Muster eurer getroffenen Entscheidungen wahr. Das heißt, eure Augen und Ohren sind getrübt. Sie lassen nur das ein, was zu den Entscheidungsmustern passt. In eurer Vollkommenheit, also im Fluss eurer Energien im Sinne eurer Matrix, würde sich euer eigenes Wahrnehmungsspektrum immens erhöhen. Ihr würdet staunen, was ihr alles wahrnehmen könntet. Jeder auf seine eigene, individuelle Weise. Da eure Sinne getrübt sind, könnt ihr noch nicht wahrnehmen, wer ihr seid.
Das heißt, die Annahme eurer Selbst erfolgt aus einem blinden Zustand heraus. Dieses bedarf Mut und Selbstliebe. Vertraut, dass das für euch perfekte Resultat aus eurer Annahme heraus entspringt.
Ein weiterer Weg zur Heilung ist, eine neue Grundentscheidung zu treffen. Entscheidet euch, in Zukunft nur noch im Sinne eures Matrixwesens zu entscheiden. So, dass eure Intuition genau darauf ausgerichtet ist wahrzunehmen, welche Entscheidung im Sinne eures Matrixwesens getroffen werden kann. Um diese Grundentscheidung aus dem Tiefsten eures Seins zu fällen, macht es auf dem Weg der Meditation.
Entscheidungen aus dem eigenen Sein heraus schaffen eine Basis für alle weiteren Wege, die folgen werden. Sie sind richtungsweisend und laden das Leben ein, genau das Zutreffende für diese Entscheidung ins System zu bringen, dem System das Passende zuzuführen.

Entscheidungen werden oft unbewusst getroffen und leben ihre Dynamik im Untergrund. Entscheidungen werden getroffen, um bestimmte Erfahrungen zu machen oder aber um bestimmte Erfahrungen zu vermeiden.
Entscheidungen bewusst zu treffen, ist ein sehr kraftvolles Werkzeug und kann eine heilende, tragende Basis im Leben erschaffen. In eurer zeitlichen Vorstellung kann es sein, dass sich Entscheidungen erst Jahre später in der Materie zeigen bzw. auswirken. Vertraut auf eure Kraft und lasst die Wirkung fließen.

>> 3. Matrixerfahrung: Entscheidung
(siehe Audiopaket zum Buch)

Ihr seid Wesen, die sich über die Matrix in die Materie hineingeboren haben. Euer Sein im freien Fluss der Energiestränge ist euer Geburtsrecht. Bewertet und urteilt nicht über euch und andere. Der Baum ist ein Baum, dies ist sein Geburtsrecht. Und unter den Bäumen gleicht ebenfalls keiner dem anderen. Jeder von euch ist ganz speziell auf seine Art und Weise. Schon alleine der Versuch des Vergleiches lässt euer eigenes Licht erlöschen.
Den Matrixstempel in die Materie zu bringen, ihn zum Ausdruck zu bringen, eure ganz eigene Matrix zum Leben zu erwecken, dies ist euer Geburtsrecht.
Jedes Wesen auf Erden tut dies und damit meinen wir alles auf Erden. Die Wesen der Tiere, die Wesen der Pflanzen, die Wesen der Gesteine. Sie alle sind Wesen, denn so wird die Kristallisierung einer Matrix bezeichnet. Kristallisiert sich eine Matrix und wird sie auf die Materielle Ebene (ME) hineinkopiert, so entsteht ein Wesen dieser Matrix-Kopie. Alle Wesen auf Erden werden als Wesen bezeichnet, denn sie besitzen auf Erden eine Matrix-Kopie, von der sich das Original auf der Geistigen Ebene (GE) befindet. Die Matrix auf der Geistigen Ebene (GE) ist das entstandene Original. Kristallisierungen aus einer Formierung aus höheren Ebenen.
Wenn der menschliche Körper stirbt, löst sich die Matrix-Kopie auf Erden auf, und nur das Original auf der Geistigen Ebene (GE) bleibt be-

stehen. Auf der Geistigen Ebene (GE) können Energien leichter durch eine Matrix fließen und sie wieder harmonisieren.
Stellt euch eine Pyramide vor und betrachtet sie von oben. Die Spitze der Pyramide ist der Eintritt der Energien. Von da aus werden sie, den Linien entlang, verteilt. Die Matrix ist wie eine Pyramide, an die von unten eine weitere umgedreht herangesetzt ist. Ihr steht im Zentrum dieser beiden Pyramiden.

(siehe Abbildung 4)

Durch euch läuft dann die Linie von der oberen Spitze der Pyramide bis zur unteren Spitze der zweiten Pyramide. Ihr nennt das den Fluss der Kundalini-Energie, die durch eure Wirbelsäule läuft. Ja, die Linie von Spitze zu Spitze der beiden Pyramiden läuft genau durch eure Wirbelsäule. Eure Chakren sind Tore, die die universellen Matrix-Energien weiter in eure materialisierte Materie einlassen.
Sie sind Tore der universellen Energien in euren Körper hinein. Doch begreift: Welche Energie von den Chakren in die Materie geleitet wird, bestimmt das Gitter der Matrix.
Chakren sind definierte Tore, aber die Energie, die dort hindurchfließt, ist in jedem Wesen speziell abgestimmt auf die Matrix.
Chakrenarbeit, die ihr leistet, bedeutet, das Tor zu polieren, aber hütet euch davor, die Energie, die hindurchfließen möchte, denen der anderen Wesen anpassen zu wollen.
Die Tore sind im Konstrukt gleich, so auch bei allen anderen Wesen in der Materie. Chakren sind wichtige Tore, um universelle Energien in die Materie zu bringen. Doch die hindurchfließende Energie ist in jedem Wesen speziell.
Durch Steine, Farben, Musik poliert ihr die Tore. Wollt ihr für die entsprechende authentische Energie, die durch das spezielle Tor in die Materie möchte, etwas tun, so fragt euch oder erfühlt: Welche Energie möchte sich durch dieses Chakra in der Materie zeigen?
Und dann geht einen Schritt über euer inneres Angst-Stoppschild und lasst die Energie zu, die fließen möchte. Lasst es zu, ohne zu werten. Wenn die authentische Energie fließen darf, ist übrigens das da-

zugehörige Chakrentor automatisch geheilt. Es bedarf keiner weiteren Handlung. Denn ab da erfüllt das Tor sein eigenes Sein. **Darin liegt die Heilung aller Seins-Zustände.**

Ihr wollt immer etwas Besonderes sein. Ihr seid etwas Besonderes. Nur sucht ihr es im Vergleich mit dem Außen. Lasst das zu, was aus eurem Inneren heraus geboren werden möchte, und eure ganz eigene Besonderheit darf sich zeigen und erstrahlen.
Die beiden Spitzen der Pyramiden sind die Eingangstore der universellen Energien in die Matrix hinein. Die Matrix passt den Fluss der Energien entsprechend an. Die Matrix passt die Energien dem Wesen entsprechend an.
Wie ein Adapter und ein Transformator im Stromkreis.
Der Adapter übersetzt die Eingangspforte und der Transformator reguliert die einfließende Spannung. Beide Spitzen der Pyramide nehmen unterschiedliche Energieströme auf.

(siehe Abbildung 5)

Die untere Spitze der Pyramide, auf dem Kopf stehend, nimmt Energie auf, die ihr mit der Erde vergleicht. Das Wesen Erde nimmt sehr, sehr viel von diesem Energiestrom auf. Das heißt aber nicht, dass die untere Spitze der Pyramide eurer Matrix von der Erde mit Energie versorgt wird. Nein, das ist ein Irrglaube. Diese Energie, die dort einfließt, ist Energie aus dem universellen Reichtum, die Materie formt. Die Erde ist genauso ein Wesen, wie ihr es seid. Und die Matrix der Erde adaptiert und transformiert sehr viel dieses Energiestromes. Nennen wir es, um es für euch einfacher zu machen, erdige Energie.
Versteht: Eure erdige Energie kommt nicht von Mutter Erde, wie ihr sie immer nennt. Sondern Mutter Erde erinnert euch an das untere Tor, durch das diese erdige Energie aus dem Universum in euch hineinfließen möchte.
Mutter Erde hat ihre Tore weit auf und diese spezielle erdige Energie kann ungehindert in sie fließen. Also macht nicht den Fehler und versucht, diese Energie aus Mutter Erde zu bekommen. Diese Energie

fließt durch das untere Pyramidentor in euch aus dem Universum und wird durch eure Matrix zu dem, was es ist. Mutter Erde lebt authentisch ihr Sein. Sie lebt ihr Wesen. Ihr steht als Wesen neben ihr wie alle Wesen auf der Materiellen Ebene (ME).

Der Zustand der Erleuchtung ist der Zustand, wenn alle Tore auf und alle Energiebahnen frei sind und die authentischen Energien hindurchfließen dürfen.

Die inneren Lampen gehen sozusagen alle an durch die authentischen Energien und ihr erleuchtet in euren eigenen speziellen Farben.

Es gibt Momente in eurem Leben, da fühlt ihr euch erleuchtet. Das ist ein Moment, wo eine innere Lampe angeht, die bisher aus war. Entweder hat sich ein Tor geöffnet oder das Tor war schon auf, aber jetzt fließt die authentische Energie hindurch, und auch die Bahnen sind frei.

Wie ihr seht, beschreiben wir hier drei Möglichkeiten der Störung.

Die erste ist das verschlossene, das beschädigte Energietor.

Die zweite ist ein intaktes Tor, aber die Energiebahn ist nicht frei. Die dritte Möglichkeit ist: Das Tor ist intakt, die Energiebahn ist frei, aber ein nicht authentischer Energiestrom fließt hindurch.

Die höchste Form unserer universellen Energien existiert in der Quelle eures, unseres Seins. Hier sind reine helle Energien in einem sehr ursprünglichen Zustand. Von der Quelle ausgehend sind verschiedenste Ebenen entstanden. Je tiefer die Ebene, desto definierter ist auch die Energieform.

In der Materie existiert die definierteste Form von Energie und ihr als Wesen seid die Tore, die Umsetzer, die Kreatoren dieser Ebene. Ihr existiert ebenso auf allen anderen Ebenen, aber nicht in dieser definierten Form bzw. je näher ihr eurer, unserer Energieursprungsquelle kommt, desto undefinierter werdet ihr. Die Energien bis hin in die universelle Quelle sind genau die gleichen Energien, nur das Muster der Definition ist unendlich variabel. Ihr seid alle aus dem gleichen Stoff, nur anders definiert. Und eure Definition steht geschrieben.

(siehe Abbildung 6)

Nehmt eure Einzigartigkeit, euren erleuchteten Zustand an. Lasst fallen den Wunsch nach anderen Erfahrungen als denen, die euch gegeben wurden.
Auf der Geistigen Ebene (GE) gibt es neun Hauptstrahlen an Energien. Neun definierte Hauptstrahlen. Diese neun Hauptstrahlen fließen in die Matrix-Kopie auf der Materiellen Ebene (ME) ein.
Jede einzelne Wesensmatrix verwendet diese Strahlen in ihrem Sinne. Ja, die neun Chakrentore sind diesen neun Hauptstrahlen angepasst. Es funktioniert wie ein Schlüssel-Schloss-Prinzip. Doch welche Energie aus den anderen Strahlen noch mit durch das Tor fließen möchte, damit die Authentizität in Reinform entsteht, hängt von der Matrix ab. Nutzt gleiche Energien für die Förderung eurer eigenen Energien. So funktioniert die Homöopathie. Gleiches fördert Gleiches. Kommt euch etwas in den Sinn, das einen Energiestrom von euch authentizitieren kann, dann nutzt es.
Nur seid euch im Klaren, dass es sich um einen von sehr vielen Energieströmen handelt. Doch so strömt ihr euch voran. Strom für Strom in den unterschiedlichsten Farben, um es euch bildlich darzustellen.
Von den Chakrentoren gehen die Energiebahnen, die Meridiane, aus. Stellt sie euch vor wie Energiekabel, die Energien weiter in die Materie hineinleiten. Auch diese Bahnen können verstopfen, überbeansprucht oder irritiert in der Leitung sein.
Die Matrix hat ebenso Tore, zwei davon kennt ihr bereits, aber auch Bahnen. Aber eben eine Etage darüber.
Auch diese Matrixbahnen können verstopfen, überbelastet und irritiert sein.
Also ihr seht, das ganze Prinzip ist etwas komplex.
Bitte lasst euch nicht abschrecken von dieser Komplexität. Ihr seid auf dem guten Weg zu eurer eigenen Authentizität. Denn bei vielen Menschwesen ist die Frage entstanden: »Wer bin ich eigentlich? Und was ist meine Aufgabe auf Erden?«
Da möchten wir sagen, ihr habt nur eine einzige Aufgabe, und die ist, das zu leben, wer ihr seid. Mehr gibt es nicht zu tun. Das ist die Heilung eures Seins. Den Weg dahin, zu eurem Sein, versuchen wir hier in diesem

Buch zu umschreiben. Wir versuchen, euch zu verdeutlichen, welchem Prinzip ihr unterliegt.
Es wird unter euch Wesen oft vom freien Willen gesprochen.
Ja, so ist es, ihr habt den freien Willen, die Energien durch euch hindurchfließen zu lassen, die ihr in Anspruch nehmen wollt. Nur, wie ihr euch jetzt nach den ersten Seiten dieses Buches vorstellen könnt, bringen nicht authentische Energien Störungsfelder ins System. Tore und Energiebahnen werden fehlbeansprucht durch nicht authentische Energien, sodass Probleme in der Materie entstehen. Ihr habt die freie Wahl an Energien, und doch steht geschrieben, in Form der Matrix, wer ihr seid.
Es steht geschrieben, für welche Erfahrung ihr auf der Materiellen Ebene (ME) seid.
Ihr kreiert euch, aus freiem Willen heraus, Erfahrungen, die ihr eigentlich nicht hättet machen müssen. So entstehen schmerzhafte Erfahrungen, die euer System und das gesamte System unter Störung setzen.
Schmerzhafte Erfahrungen sind Störungserfahrungen.
Zu sterben und nicht in der eigenen Authentizität zu sein, ist schmerzhaft. Kein Wesen, das authentisch gelebt hat und dessen materielle Matrix-Kopie dabei ist, sich aufzulösen – also aus erdiger Sicht stirbt er –, hat dabei Schmerzen bzw. Wehmut.
Dieses Wesen geht aus der Materiellen Ebene (ME) hinaus mit einem Lächeln, denn es hat seine Matrix gelebt.
Das ist Erfüllung im Sinne der Liebe.
Liebe ist vollkommen. Liebe ist der Ausdruck freien Fließens der universellen Energien. Liebe ist, im Fluss des Lebens zu sein. Liebe ist, durch das Fließen verbunden zu sein mit allem, was ist. Mit allen Wesen auf allen Ebenen bis hin zur Ureinheit.
Das ist Liebe.
Ja, wir wissen, die Definition ist etwas unromantisch für euch.
Gefühle entstehen durch bestimmte Fließgeschwindigkeiten und Qualitäten von Energien. Gefühle, die sich für euch gut anfühlen, stärken den Matrixstrom. Gefühle, die sich nicht gut anfühlen, sind im System fehlgeleitete Energien bzw. gestörte Energiebahnen oder / und gestörte Energietore.

Widmen wir uns nochmal ein wenig der Matrix auf der Geistigen Ebene (GE). Sie besteht einmal aus einem Muster, einem Gitter, einem Netz, das definiert ist, und sie besteht aus einem Kern, in dem geschrieben steht. Der Kern, in dem geschrieben steht, befindet sich auf der Seelen Ebene (SE), eine Ebene über der Geistigen Ebene (GE). Dieser Kern ist wie eine Festplatte mit Symbolen und Zeichen, die niederschreiben bzw. in ihrer Schrift festhalten, wie die Matrix auf der Geistigen Ebene (GE) gebaut ist.
Auf der Seelen Ebene (SE) befindet sich das geschriebene Wort Gottes, um es in eurer Sprache auszudrücken. Hier befindet sich euer Wesenskern, festgehalten im geschriebenen Wort.
Viele kleine Energieströme fließen in den Wesenskern ein und nähren und erhalten ihn. Sie laufen sternförmig ein.
Geht die Wesensstörung bis hoch auf die Seelen Ebene (SE), kann es zum Beispiel sein, dass kleine Energieströme abgebrochen werden oder fehlgeleitet werden, sodass der Wesenskern nicht mehr im heilenden Maße aufrechterhalten werden kann. Ist der Wesenskern einer Matrix, eines Wesens gestört, irritiert, verlaufen sich diese Wesen im Sinne der universellen Authentizität im hohen Maße.
Sie vergessen bis in den Kern ihres Wesens hinein, wer sie eigentlich sind. Es sind sehr verlorene Seelen. Hier auf dieser Ebene spricht man in eurer Sprache von Seelen. Denn der Wesenskern ist die Seele.
Die Seele, der Wesenskern, befindet sich auf der Seelen Ebene (SE).

(siehe Abbildung 7)

Wesen bzw. Menschen, die eine Störung im Wesenskern haben, sind sehr zerstörerische Wesen. Sie wirken in der Materie sehr destruktiv, denn das geschriebene Wort ist gestört. Sie sind weit abgetrennt von der Energiequelle, sehr weit abgetrennt vom Fluss des Lebens, der Heilung in die Materie bringt.
Es sind die verlorenen Seelen ohne Anbindung an die göttliche Energiequelle. Um diese verlorenen Seelen anzubinden, bedarf es des geschriebenen Wortes. Die Energien auf dieser Seelen Ebene (SE) sind sehr fein und rein, aber sehr kraftvoll und zielgerichtet. Dazu kommt

die Schwierigkeit, dass die verlorene Seele erlernt hat, sich selbst das geschriebene Wort zu ersetzen, allerdings auf der Ebene der Materie. Diese Seelen lassen es sehr schwer zu, ein von Quellenhand geschriebenes Wort über sich selbst formulieren zu lassen.

Wenn die Matrix dieser Seelen sich auf Erden auflöst und sie auf die Geistige Ebene (GE) gelangen, sind sie dennoch verlorene Seelen. Energien streben nach Ausgleich. Die Energien auf der Geistigen Ebene (GE) versuchen, diese Seelen zu erreichen. Da das geschriebene Wort eine Störung hat, ist die Matrix dieser Seelen auch auf Geistiger Ebene (GE) in seiner Definition gestört.
Diese Seelen bzw. diese Wesen sind in ihren Grundstrukturen absolut fehlgeleitet, und ihr Zustand ist sehr abgetrennt von allem, was ist. Doch meist fühlen sie sich sehr mächtig, da sie selbst das geschriebene Wort kreieren können. Dass sie dies nur auf niederen Ebenen tun, ist ihnen meist nicht bewusst, auch nicht die Auswirkung auf ihr eigenes Wesensleben.
Definierte Energien, ausgesendet von der universellen Quelle, können erst zurück zur universellen Quelle, wenn sie sich vollständig in ihrer Definition bis hin zur Materiellen Ebene (ME) kreieren konnten. Solange sich Störungsfelder zeigen, können sie sich nicht in vollem Maße auf allen Ebenen kreieren. Gottes Geist konnte sich nicht in Vollkommenheit im Fleische materialisieren.
Das heißt, die Energien bleiben noch haften und können nicht zur universellen Quelle zurück.
Selbst verlorene Seelen gehen erst zur universellen Quelle zurück, wenn sie ihr authentisches Sein in Vollkommenheit auf Erden zum Ausdruck gebracht haben. Und erst wenn die letzte Wesenheit diesen Prozess vollzogen hat, können alle Energien zurück zur universellen Quelle, denn niemand ist getrennt vom anderen, wir sind aus der gleichen universellen Quelle.

Erst wenn die letzte verlorene Seele eingewilligt hat, sich ihrem eigentlichen Sein hinzugeben, gehen alle Wesen in ihre Erfüllung und somit zurück in die universelle Quelle der undefinierteren Energien.

(siehe Abbildung 8)

Verlorene Seelen bzw. Wesen, deren Kern schon auf Seelen Ebene (SE) gestört ist, nehmt ihr als dunkle Wesen wahr. Ihr nehmt sie als dunkle Wesen wahr, da Quellenenergie schon auf Seelen Ebene (SE) nicht einfließen kann und dieser Fluss schon auf hoher Ebene gestört wird. Also kann auf der niedrigsten Materiellen Ebene (ME) nicht mehr viel von dieser Quellenenergie ankommen. Diese Wesen sind sehr unterversorgt, und sie benötigen viel Kraft, um sich zu stabilisieren. Sie nutzen alle fehlgeleiteten Energien, um ihr System aufrechtzuerhalten. Das heißt, fehlgeleitete Energien halten sie am Leben. Sie nähren sich von fehlgeleiteten Energien.

>> **4. Matrixerfahrung: Matrixheilung**
(siehe Audiopaket zum Buch)

2. Vertiefung

Es gibt zwei Arten von Erfolg. Ein irdischer Erfolg entsteht durch Ziehen von nicht authentischen Energien, um etwas, was ihr euch an Erfahrung wünscht, was nicht eurem Wesen entspricht, auf die Erde zu bringen. Ihr zieht euch diese Energien in euer System, es kostet Kraft, aber eine Zeit lang funktioniert es.
Dieser irdische Erfolg materialisiert sich in eurem Sinne. Ihr würdet es als Ego bezeichnen. Das Ego materialisiert sich auf Erden, was es möchte. Nun habt ihr schon das Wissen und könnt euch vorstellen, was nach einer gewissen Zeit bzw. Intensität passiert. Das System des Wesens kann diesen Energiehaushalt nicht mehr aufrechterhalten und dekompensiert. Störungen im System entstehen, und vielleicht ist aus

irdischer Sicht ein Erfolg des Wesens zu sehen, zum Beispiel ein erfolgreicher Geschäftsmann, aber an anderer Stelle macht sich die Störung des Systems sichtbar. Körperliche Beschwerden können zum Beispiel auftreten. Wo sich eine Störung zeigt, ist vielseitig. Sie zeigt sich nicht immer dort, wo fehlerhaft Energien vom Ego aus dem Universum gezogen werden.
Der zweite Erfolg ist der universelle Erfolg. Ein Erfolg auf Erden, der aus der Authentizität heraus geboren wird. Das Wesen fließt im eigenen, für ihn bestimmten Lebensfluss. Es lebt sich selbst und hat automatisch ein Erfolgsgefühl auf sich selbst bezogen.
Ob jemand im irdischen Sinne »Erfolg« hat oder nicht, ist nebensächlich und steht im Wesenskern auf der Seelen Ebene (SE) geschrieben. Die Erfahrung mancher Wesen ist, auf irdische Weise Einfluss zu haben, was ihr mit »Erfolg« gleichsetzt. Es ist nur eine Erfahrung. Auch ein Wesen, in dessen Matrixkern nicht der Einfluss steht, hat ein Erfolgsgefühl, wenn es bedeutet, einsam im Wald in einer Hütte zu leben.
Universeller Erfolg misst sich daran, ob ihr eure Authentizität lebt oder nicht. Ob jemand Erfolg im Sinne des Universums hat, könnt ihr an den Augen dieses Wesens erkennen. Sie erstrahlen unter dem universellen Erfolg. Der irdische Erfolg, auf Kosten von Systemstörungen hingegen, macht matte, stumpfe Augen.
Macht euch keine Vorstellungen darüber, wer ihr seid. Denn Vorstellungen über euch grenzen euer Wesen ein. Lasst es aus euch heraus gebären.
Euer Sein steigt aus euch selbst heraus empor. Es entsteht nicht in eurem Kopf. Eure Gedanken und Ideen sind begrenzt. Die Vielfältigkeit des Lebens könnt ihr nicht über diesen Weg erfassen. Es blockiert euch eher und schränkt euch ein. Das Leben hat unendliche Facetten und Möglichkeiten. Das Leben hat Schätze verborgen, an die ihr nur gelangt, wenn euch eure Wesensessenz führen, leiten darf.
Vorstellungen der Eltern, der Gesellschaft, in der ihr lebt, sind ebenso Rahmen, die euch selbst in einem Bild halten. Entspricht dieses Bild nicht eurem Wesen, so seid ihr darin gefangen. Traut euch und sprengt den Rahmen und malt aus euch selbst heraus euer eigenes Bild.

Euer eigenes Bild gestaltet sich nach eurem Wesenskern aus der Seelen-Ebene (SE). Hier steht es geschrieben, wie euer ganz eigenes Bild gemalt wird.
Gebt den Pinsel in die Hand des Lebensflusses und betrachtet das Werk eures Lebens. Beobachtet wie es sich gestaltet und fließt mit, lasst los eure Vorstellungen von dem, wer ihr glaubt zu sein.

Kommen wir zurück zur Matrix.
Die Matrix-Kopie produziert in der Materie als oberste, undefinierteste Ebene die Aura. Von den beiden Pyramidenspitzen ausgehend, verbindet sich die Matrix in der Senkrechten. Matrixtore sind auf dem obersten Tor der Pyramide, dem Herzchakra und auf dem untersten Tor der Pyramide. Von diesen Matrixtoren ausgehend, strahlen die Energien definierter, weiter durch die Chakrentore in die Materie ein. Die drei Chakrentore leiten die Energien weiter über die Meridiane zu den anderen sechs Hauptchakren und darüber weiter ins ganze Energiesystem. Das obere Pyramidentor als Chakra, das Herzchakra und das untere Pyramidentor als Chakra sind daher die wichtigsten Chakren im System der Chakren, da sie den direkten Zugang zur authentischen Energiequelle, der Matrix-Kopie, haben.
Um euer Verständnis zu stärken, das obere Pyramidentor, das Herzzentrum und das untere Pyramidentor sind gleichzeitig Tore des Matrixsystems und Tore des Chakrensystems.
Die definierten Energien aus der undefinierteren universellen Energiequelle fließen also über die Matrixtore, Matrixbahnen, Chakrentore und Chakrenbahnen, die Meridiane, hinein in das System. Aus den Hauptmeridianen verzweigt sie sich immer mehr in kleinere Meridiane und kreiert Materie. Daraufhin fließen sie weiter in die Aura, färben diese mit den Energiefarben, so könnt ihr dann auch Störungsfelder in der Aura erkennen, und fließen dann aus dem System hinaus.

(siehe Abbildung 9)

Das Kreuz ist ein wichtiges Symbol für fließende Kraft.
Das Matrixgitter verläuft in den Hauptlinien von der Pyramidenspitze oben zur Pyramidenspitze unten in zwei Bahnen und hat, wie ihr schon wisst, seine Überschneidungstore zum Chakrensystem im oberen Tor der Pyramide, im Herzzentrum und im unteren Tor der Pyramide. Zwei weitere Hauptlinien verlaufen von den Pyramidenecken rechts und links (die obere und untere Pyramide sind an diesen Punkten identisch). Es entstehen durch die seitlichen Tore zwei Energiestränge von rechts nach links bzw. von links nach rechts. Sie haben Matrixtore in beiden Handflächen und wiederum im Herzchakra. So ist das Herz im Zentrum der waagerechten und der senkrechten Matrixenergiebahnen und die Energien dieser beiden Bahnen treten über das Herz in die Materie.
Die waagerechte Matrixlinie hat Eintritt in die Materie über die Handchakren und das Herz und die senkrechte Matrixlinie über das obere Pyramidentor, das Herz- und das untere Pyramidentor hinein in die Materie.
Das Herz ist also das Knotenpunkttor in diesem Energiekreuz. Über das Herz gelangen Energien, die zu dichter Materie werden, in die Materie. Viele Wesen spüren daher die große Bedeutung des Herzens. Durch eine authentische Öffnung der Handchakren erlangen menschliche Wesen die von euch bezeichneten heilenden Hände.

(siehe Abbildung 10)

Jesus, der in euren Bildern an das Kreuz genagelt wurde, ist der zu Fleisch gewordene Geist. Die Waagerechte, seine Arme entlang der Waagerechten am Kreuz, und die Senkrechte, seine Wirbelsäule entlang der Senkrechten des Kreuzes, und im Knotenpunkt des Kreuzes: sein Herz. Die frei fließenden Energien durch die waagerechten und senkrechten Matrixbahnen über das Tor des Herzens in die Materie hinein nennt ihr die Christuskraft.
Die Christuskraft ist das freie Fließen über die Matrixtore, die Matrixbahnen in die Materie über das Herz hinein. Der zu Fleisch gewordene Geist, symbolisiert durch Jesus Christus am Kreuz.

Jesus gibt sich hin. Es ist kein Opfern. Vielmehr opfert er sein Ego, um sich dem Energiestrom des Lebens hinzugeben, und er wurde zu seinem Sein, zu seinem eigenen. Er wurde ein authentisches Wesen. So kann durch ihn die höchste Kraft der Liebe entstehen.
Nutzt das Symbol des Kreuzes für euch, um den Fluss in eurem System anzuregen und euch der Hingabe an das geschriebene Wort zu widmen. Bitte vermeidet das Wort des Opferns. Das Wort »opfern« verpönt eure eigene Größe und Schönheit in der Unendlichkeit des Universums.
Nicht umsonst ist das Symbol des Holzkreuzes entstanden. Seht es euch genau an. Es hat in der Waagerechten und Senkrechten zwei parallel verlaufende Kanten. Sie symbolisieren die zwei Matrixenergiebahnen, die parallel in jeder Ebene verlaufen. Ein Kreuz mit runden Stäben hat keine Kraft.

>> 5. Matrixerfahrung: Fließen im Universum
(siehe Audiopaket zum Buch)

3. Wesenssysteme und Konkurrenz

Wie wir bereits erwähnten, wird das Gefühl Liebe produziert durch das freie Fließen von Energien. Nun möchten wir euch etwas über das fehlinterpretierte Gefühl Liebe erklären.
Zwei Wesen können einen Deal vereinbaren und sich gegenseitig Energien zufließen lassen. Dies passiert im Sinne der Entscheidung eines Wesens, eine nicht authentische Erfahrung zu machen. Beide Wesen bedienen sich am anderen, sodass Energien von Matrixsystem zu Matrixsystem fließen. Dies erzeugt das Gefühl der Liebe, da Energien frei fließen. Da es nicht authentische Energien sind, wird das vorherige Störungsbild weiter gestärkt und das Störungsfeld verstärkt. So erzeugt das Gefühl Liebe das Gefühl Schmerz. Durch den Deal zweier Wesen entsteht ein neues Energienetz, in dem sie ihre Energien austauschen, um ihre nicht authentischen Erfahrungen zu

nähren. Durch den Energieaustausch entsteht ein Verbindungsgefühl, ein Einheitsgefühl und ein Gefühl der Liebe, da Energien fließen.

So werden zwei Wesen zu einem neuen System, in dem sie sich gegenseitig mit Energien ernähren. Die Verbindung zweier Matrixsysteme über einen Deal nennen wir Wesenssystem.

Über welche Chakren und Meridiane, Matrixbahnen und Matrixtore das läuft, ist je nach Wesenssystem individuell.

Eine Auflösung dieses Wesenssystems entsteht entweder schmerzhaft, wenn ein Wesen diese Verbindung kappt, da sein Störungsfeld ihn dazu bringt, dieses über authentische Energien aus dem Universum zu heilen. Oder heilvoll für beide, wenn sie beide über den Erkenntnisweg frei fließende Energien aus dem Universum einlassen. So ist es möglich, dass sie als Wesen nebeneinander bleiben können. Solange ein Wesen vom anderen noch Energien verlangt, um sich zu ernähren, kann ein Nebeneinander nicht existieren.

Je mehr ein Wesen in seine Authentizität hineingeht, desto mehr löst es sich aus Wesenssystemen heraus. Das Wesen wird in seinem Energiehaushalt autark, also unabhängiger von anderen Wesen.

Je freier ein Wesen von Wesenssystemen ist und je weniger Energiebahnen in und aus seinem System abweichend von seiner Matrix fließen, desto autarker ist das Wesen. Und je autarker ein Wesen ist, desto authentischer kann es im Fluss des Lebens sein. Viele Wesen von euch arbeiten in eurer Zeit daran, sich aus Wesenssystemen zu befreien. Wir danken euch. Es ist schön, euch zuzuschauen: wie ein Lichterregen, der entsteht durch das Aufbrechen dieser Wesenssysteme.

Je freier ihr in euch werdet, desto mehr entsteht ein Gefühl der Einsamkeit. Verwechselt dieses Gefühl nicht mit dem Gefühl der Anbindung an die universelle Quelle. Autark und angebunden an die universelle Quelle ist heilsam.

Geht durch den Vorhang des Einsamkeitsgefühls und ihr werdet in eurer eigenen Heiligkeit erwachen.

Der Gegenpol von Wesenssystemen ist die Konkurrenz.
Was ist Konkurrenz?

Konkurrenz ist das Zurückhalten von Energien, die der andere zum Wachstum benötigen würde. Konkurrenz ist das Gegenteil eines Deals. Konkurrenz kappt den Energiefluss, hält ihn zurück, hinterlässt Leere. In der Konkurrenz verweigert ein Wesen den Zugang zur Bewusstseinsenergie. Es fließt nicht, so kann Liebe nicht sein. Denn Liebe ist das Fließen von Energien, wie ihr bereits wisst. So seht, Konkurrenz stoppt den Fluss. Doch der, der die Konkurrenz auslöst, den Energiefluss stoppt, stoppt sich selbst im Fließen. Er schädigt den anderen, lässt den anderen im Mangel und schädigt sich selbst, denn auch die Energien dieses Wesens hören in den dazugehörigen Bahnen auf zu fließen.
Konkurrenz erzeugt Mangel, einen Mangel an benötigten Energien, die zur eigenen Authentizität in der Matrix führen würden.
Konkurrenz entsteht durch Angst, in einen Mangel durch das Wesen gegenüber zu kommen. Angst gehört, wie ihr wisst, zum Egodasein. Das Ego will Angst vermeiden. Das Ego möchte Mangel vermeiden und hält eigene Energien, die dem Wesen gegenüber in seine Authentizität verhelfen würden, zurück.
Was produziert das Ego?
Richtig, es produziert aus Angst vor Mangel Mangel.
Erinnert euch an die Übersicht am Anfang des Kapitels *(Abbildung 3)*. Das Ego produziert genau das, wovor es Angst hat.
Steigt aus dem Konkurrenzgedanken aus. Wir bitten euch inständig. Der Konkurrenzgedanke ist das größte Geschwür unter euch menschlichen Wesen. Es ist entstanden aus dem Trennungsgedanken, aus dem Gefühl, im Mangel zu existieren.
Es gibt keinen Mangel, ihr seid alle vollkommen versorgt. Lasst es zu. Schenkt euch gegenseitig die Energien, die das Wesen gegenüber für seinen Wachstum benötigt.
Wir bitten euch darum!
Schenkt dem Wesen gegenüber eure Energien und dann lasst es frei. Dies ist Liebe. Alles fließt. So seid ihr eingebunden im großen, fließenden Netz des Universums.
Verschenkt euch, und ihr werdet geboren, neu geboren in der Fülle der Energien aller Wesen dieses eures, unseres Universums. Ihr alle, wir

alle existieren in einem Universum. Es sind Energien in Hülle und Fülle um euch, um uns.
Das, was Mangel erzeugt, sind Blockaden im Energiefluss. So entstehen Stauungen mit Überschuss- und Mangelzuständen. Pole mit zu viel Energie und Pole mit zu wenig Energie. Beendet dieses Spiel. Wir bitten euch inständig darum. Seid mit eurem Wesen gegenüber, so seid ihr mit euch.
Behandelt das Wesen gegenüber wie euch selbst. So steht es schon in eurer Bibel geschrieben. Versteht nun, aus welchen energetischen Zusammenhängen dieses Gebot entstanden ist.
Behandelt euer Gegenüber wie euch selbst, und ihr werdet alle mit Energien versorgt, die euch in eure Authentizität hineingebären werden.

4. Universelle Quelle

Das von euch bezeichnete Höhere Selbst ist die Verbindung von dem oberen Matrixtor hin zur Original-Matrix auf der Geistigen Ebene (GE). Es hat direkten Zugang zur Original-Matrix und weiter hinauf zum geschriebenen Wort auf der Seelen Ebene (SE). Das Höhere Selbst kann wie ein Fahrstuhl benutzt werden, der zwischen den drei Ebenen hoch und runterfährt.
Meditiere, um das Höhere Selbst als »Fahrstuhl« zu optimieren. Dadurch könnt ihr den folgenden Worten in diesem Buch besser folgen.

>> 6. Matrixerfahrung: Das Höhere Selbst
(siehe Audiopaket zum Buch)

Ein weiterer wichtiger Fakt ist die Spiegelung der Original-Matrix in die Materie hinein.
Das obere Tor in der Materie ist also eigentlich das untere Tor der Original-Matrix. Das untere Tor in der Matrix-Kopie ist das obere Tor in der Original-Matrix. Bitte versteht, dass im Sinne eures Ursprungs die,

wie ihr es nennt, Mutter-Erde-Energie oben in die Original-Matrix hineinfließt. Es ist ein Fakt und keine Wertung.

(siehe Abbildung 11)

Religionen, die die Mutter-Erde-Energie als Priorität setzen, beziehen sich auf die Original-Matrix auf der Geistigen Ebene (GE).
Religionen, die die Vater-Himmel-Energie als oberste Priorität setzen, beziehen sich auf die Matrix-Kopie auf Erden.
Beides hat seine Berechtigung, denn beides existiert, nur auf anderen Ebenen.
Wir haben ein großes Verlangen, euch faktische Energiezusammenhänge zu erläutern, denn so könnt ihr diese nutzen, um euch je nach authentischem Bedürfnis dorthin zu fokussieren, wo es Heilung bedarf. Dazu braucht ihr dieses Wissen, um aus der Orientierungslosigkeit herauszutreten.
Seht das Bild eines Baumes. Auf der Geistigen Ebene (GE) ist seine Erdenverwurzelung oben. Das ist Fakt, denn euer Halt, eure Ernährung, eure Stabilität, eure Geborgenheit kommt, so wie ihr es seht, von oben. Bitte versteht, dass wir die Zusammenhänge aus der Sicht eurer Dreidimensionalität heraus beschreiben. Die universelle Sprache bedarf einer Anpassung an euer Wahrnehmungssystem, damit ihr Zugriff auf relevante Informationen bekommt. Auf den höheren Ebenen gibt es kein, wie ihr sagt, Oben und Unten. Es existiert auch nicht die Zeit, der allerdings auf der Materiellen Ebene (ME) eine hohe Bedeutung zuteilwird. Das Thema Zeit ist ein sehr wichtiger Aspekt, um Erfahrungen erleben zu können. Aber dazu später mehr.
Seht dies nun deutlich vor euch: Die Spiegelung der Geburtsenergie auf die Materielle Ebene (ME) befindet sich im unteren Tor. Eure Spiegelrealität gaukelt euch vor, dass die Entstehung der menschlichen Wesen auf Mutter Erde stattgefunden hat. Also soll die Geburtsstätte der Menschheit die Erde sein.
Dies ist eure Realität.
Diese Realität entspricht der damaligen Vorstellung, die Erde sei eine Scheibe. Welch bahnbrechende Wendung nahm eure Realität, als

sich durchsetzen konnte, die Erde sei rund. Eine neue Realität entstand.

Nun seht, wir sagen euch, ihr seid nicht auf Mutter Erde entstanden. Eure Geburt fand in der Ureinheit statt und hat seinen Anfang in der Entstehung der universellen Quelle, dann in der Entstehung der Seele, des Wesenskerns, und der Original-Matrix gemacht.

Für eure eigene Materialisierung auf der Materiellen Ebene (ME) benutzt ihr Bausteine, gegeben von Mutter Erde.

Dies ist das Sein von Mutter Erde, die Bereitstellung der Bausteine für die Vollendung der Matrix-Kopie, damit sie sich als dichte Materie formen kann.

Mutter Erde ist ein Bausteinlieferant. Sie trägt zur Geburt der menschlichen Wesen auf der Materiellen Ebene (ME) bei.

Sie selbst ist ein Wesen voll von erdiger Energie aus dem Universum, wie ihr bereits wisst. Daher ist es ihr ein leichtes, Geburtshelferin zu sein.

Die Ureinheit, ES, ist eure Geburtsstätte, dort hat eure Geburt begonnen. Ihr seid aus dem Schoß des Himmels geboren und das hat Einfluss einer stark weiblichen Energie.

Der männliche Energiestrang steht gleichwertig zur Verfügung und hat seine Wirkung in anderen Vorgängen.

Ihr seid auf Erden eine Spiegelung eures wirklichen Seins.

Der Satz aus der Bibel »Du sollst keine anderen Götter vergöttern außer mir« ist ein Leitfaden in eurem Energiesystem. Denn ihr seid Kinder dieses Universums, dieses Energiesystems. Ihr speist eure Materie, euer Fleisch aus der Quelle dieses Universums. Es existieren andere Universen, andere Energiezentren, andere Energiesysteme. Doch wie ihr sagt, diese Götter sind nicht eure Götter. Diese Energiesysteme sind also nicht eure Energiesysteme. Ihr könnt von dort keine Energien fließen lassen, die euch in eure Authentizität führen würden.

»Du sollst keine anderen Götter vergöttern außer mir« bezieht sich also auf die undefiniertere Energiequelle dieses Universums. Und doch ist diese undefiniertere Energiequelle eine definierte Quelle. Eine definierte Quelle neben anderen. Wir ließen bereits anklingen, dass mehrere Universen nebeneinander in eurem räumlichen Sinne existieren.

Wir kommen jetzt in Bereiche, deren Worte schwer zu finden sind. Denn in eurer Dimension gibt es dafür keine Worte, geschweige denn sind eure Wahrnehmungsorgane darauf ausgerichtet. Wenn ihr so wollt, liegen die Universen ineinander, sie sind ineinander verschlungen und können nicht alleine existieren. Alles im Kosmos bedingt sich und ist in vollkommener Harmonie aufeinander abgestimmt. Die undefiniertere Energiequelle unseres Universums, wir sagen unseres, da wir Wesen ebenso daraus entspringen, ist bereits definiert, da sie als undefinierter definiert ist. Versteht: Durch die Polarisierung der Definition, die in immer tiefere Schichten hinein kreiert wird, und die Nichtdefinition in der Quelle ist die Quelle bereits definiert. So ist die Quelle selbst noch eine definierte Quelle. Eine definierte Quelle, aus der dieses euer, unser Universum entsprungen ist.
In euren Worten: Über diesen ganzen nebeneinanderstehenden Quellen existiert eine weitere, undefiniertere Quelle, mit noch feineren, reineren Energien. Dieses System könnt ihr bis in die Unendlichkeit weiterstricken bis hin zur Ureinheit aller Quellen, dem ES, die am Anfang und am Ende aller schwebt und gleichzeitig alles durchdringt.
Doch glaubt uns: Erwartet nicht von euch selbst, diese Dimensionen, diese Wahrheiten erfassen zu wollen. Es wäre, als wenn ein Blinder die Aufgabe bekäme, im Detail erklären zu müssen, wie sich ein Sonnenauf- und -untergang im Aussehen unterscheidet.
Glaubt uns: Zurzeit ist es nicht relevant, mit eurem Bewusstsein diese großen Zusammenhänge zu erfassen. Denn selbst die Wahrheiten vor euren Füßen fallen euch aus verschiedenen Gründen schwer zu erkennen. Bitte widmet euch dem Naheliegenden und schweift nicht ab in die Ferne, wo ihr keine Bewusstseinsveränderungen vornehmen könnt.

(siehe Abbildung 12)

Die von euch auf Erden bezeichneten Meister sind Wesen, die in ihrem authentischen Energiestrom auferstanden sind. Weiterhin versucht ihr, der Quelle dieses Universums verschiedene Namen zu geben. In diesem eurem, unserem Universum gibt es nur eine Ener-

giequelle, nur einen Gott. Ihr beansprucht in euren Religionen eure Wesenheiten, die von euch ernannten Götter, dass sie ganz alleine die Quelle sind. Ihr habt recht, es gibt nur eine Quelle in diesem eurem, unserem Universum. Doch kein zu Fleisch geborener Geist ist in diesem Zeitalter in der Lage, Zugang zu dieser eurer, unserer universellen Quelle zu bekommen. Geschweige denn, dieser eurer, unserer universellen Quelle seinen authentischen Namen zu geben. Geduldet euch.

5. Geistige Ebene (GE)

Das obere Tor in der Original-Matrix ist also das Tor der Empfängnis, das weibliche Tor, und das untere Tor in der Original-Matrix ist die ausführende Kraft in die Materie hinein, das männliche Tor. Auf der Ebene des Geistes befindet sich kein Chakrensystem und doch formt die Original-Matrix bereits ein Geistwesen.
Ein Geistwesen besitzt keine Materie, da auf der Geistigen Ebene (GE) kein Chakrensystem existiert. Alle Wesen auf Erden haben also ihr ganz eigenes Geistwesen und kopieren dieses über die Matrix-Kopie und das Chakrensystem in die Materie hinein. Ihr nennt eure eigenen Geistwesen, entstanden aus eurer Original-Matrix, eure Schutzengel oder eure geistigen Führer.
Versteht: Das seid ihr selbst, aus der Geistigen Ebene (GE) heraus. Ihr begleitet euer Erdendasein mit den lichten, geformten Energien aus eurer Original-Matrix.
Daher spürt ihr die enge Verbindung, die Bindung zu eurem geistigen Führer bzw. zu eurem Schutzengel. Denn euer ganz eigenes Geistwesen ist darauf ausgerichtet, euch in euren eigenen authentischen Strom hineinzuführen.

(siehe Abbildung 13)

Es existieren auch Geistwesen, die keine Matrix-Kopie in der Materie haben. Diese Geistwesen helfen auf Geistiger Ebene (GE), authentische Energieströme zu bahnen. Es gibt Wesen unter euch, die mit anderen Matrixsystemen in der geistigen Welt über ihr Höheres Selbst kommunizieren können. Sie können also mit anderen Geistwesen außerhalb ihres Systems kommunizieren. **Kommunizieren bedeutet, Energien austauschen und durchfließen lassen.**

(siehe Abbildung 14)

Stehen ein Geistwesen und ein Wesen in der Materie in Kommunikation, fühlt bitte ebenso, ob diese Kommunikation authentisch ist. Spürt also, ob sich dieses »Fließen« für euer System gut anfühlt. Es gibt Geistwesen, die keine für euer System heilvollen Energien bereitstellen bzw. die diese nur bereitstellen, um im Austausch von euch Energien zu bekommen. So entsteht ein Deal, der für euch destruktiv wird, also Störungsfelder bildet.
Einige Menschwesen nutzen diese für euch empfundenen dunklen Energien dann, um ihr Störungssystem, ihre nicht authentische Erfahrung, zu stärken.
Dann trennen sie sich ab vom Fluss der Energien, also wendet sich das Wesen ab von der Liebe.
Das Geistwesen wird als dunkles Wesen, als dunkle Energie empfunden. Normalerweise sind Geistwesen darauf aus, Liebe zu erschaffen, also frei fließende Energien. Doch gibt es Geistwesen mit Störungen auf der Seelen Ebene (SE), im geschriebenen Wort. Diese Geistwesen haben eine gestörte Original-Matrix und somit ein gestörtes Bild ihrer Selbst. Diese bezeichnen wir als nicht reine, nicht durchlässige Geistwesen. Sie wirken destruktiv. Hütet euch vor Geistwesen, die keine guten Gefühle erzeugen, also die Energien nicht frei fließen lassen. Lasst nicht zu, dass sie mit euch kommunizieren.

(siehe Abbildung 15)

Im Seelenkern der Geistwesen ohne Matrix-Kopie steht geschrieben, dass sie auf der Geistigen Ebene (GE) wirken und nicht bis zur untersten Ebene der Materie gelangen können. Sie sind euch dankbar für eure Erfahrungen und möchten diese mit euch teilen, denn sie selbst sind nicht dafür bestimmt. Sie haben eine große Hochachtung für jedes Menschwesen, denn sie erahnen den Schmerz, der durch eine Abtrennung zur universellen Quelle entstehen kann. In Liebe möchten sie mit euch fließen. Wendet euch mehr und mehr ihnen zu.
Sobald ihr auf Erden sterbt, werdet ihr selber einzig und allein das Geistwesen, das ihr schon die ganze Zeit auf der Geistigen Ebene (GE) seid.
Der Tod ist nur die Auflösung der Spiegelung. Ihr werdet wieder ausschließlich reine Geistwesen, geformt aus der Original-Matrix.
Wesen, die von Nahtoderfahrungen berichten, erzählen von Begegnungen mit bereits verstorbenen, nahestehenden Wesen. Wie passt das mit der Reinkarnationstheorie zusammen? Wie kann ein Mensch einen anderen im Tod abholen, wenn er doch bereits wieder in die Materie inkarniert ist?
Hier beantwortet sich diese Frage: Ein Wesen präsentiert stets seine Original-Matrix auf der Geistigen Ebene (GE), ob seine Kopie gerade in der Materie existiert oder nicht.
Das heißt, das Geistwesen eines Wesens ist stets präsent, ob das Wesen gerade inkarniert ist oder nicht. So kann ein in Liebe verbundenes Wesen das andere stets im Übergang der Auflösung der Matrix-Kopie als Geistwesen begleiten.

6. Der Raum Zeit und die Polarität

Wir möchten uns hier an dieser Stelle dem von uns angekündigten Thema Zeit widmen.
Durch Zeit entsteht ein neuer Raum, eine weitere Dimension. Zeit streckt das Erleben, das Erleben von Erfahrungen. Erfahrungen, die in der Gesamtheit empfunden, wahrgenommen und gesammelt werden. Ob es Erfahrungen außerhalb des Stromes sind oder die

Erfahrungen mit dem Strom fließen, spielt an dieser Stelle erst mal keine große Rolle. Im Raum der Zeit gestaltet sich eure Erfahrung entsprechend euren Entscheidungen.

Stört das Erfahrungsbild zu sehr das Gitter der Matrix-Kopie, so löst sich diese auf und nur noch das Original auf der Geistigen Ebene (GE) bleibt. So weit, so gut. Reinkarnation ist das mehrfach wiederholende Kopieren der Original-Matrix auf die Materielle Ebene (ME).

Im Sinne der Zeit passiert es in eurem Raum hintereinander, um die Erfahrungen aus den verschiedenen Leben einzusammeln. Mittlerweile macht ihr übrigens Erfahrungen, um daraus zu lernen. Ihr lernt über das Gefühl. Welche Erfahrungen fühlen sich gut an und welche nicht? Um dann im Strom des Lebens, also im Fluss der Energien, enden zu können. In eurem Sinne endet dann die Reise der Inkarnationen, wenn ihr genug Erfahrungen gesammelt habt und dann vollkommen seid. So könnte man es auch verstehen. Allerdings ist der Sinn des Erfahrungensammelns von euch umgedeutet worden. Ihr macht Erfahrungen, um in der Vollkommenheit anzukommen. Doch eure geschriebenen Erfahrungen in eurem Wesenskern sind authentische Erfahrungen, die es zu machen gilt, aus eurem Sein heraus.

Diese authentischen Erfahrungen sind eure eigene Vollkommenheit. Erfahrungen sind nicht die von euch bezeichneten Wegweiser, sondern authentische Erfahrungen sind euer Geburtsrecht, sie sind in unserem Sinne keine Wegweiser. Vielmehr sind sie zu Wegweisern geworden durch die von euch in Anspruch genommene freie Wahl.

In eurem Verständnis der Reinkarnation sammelt ihr also in den verschiedenen Leben Erfahrungen, um vollständig in eurem Wesen zu sein. Ja, stimmt. Ihr vergleicht Erfahrungen unter dem Aspekt fühlt sich gut an, fühlt sich nicht gut an. Übersetzt: Hier fließt Energie, hier fließt keine Energie. Ihr wägt ab, betrachtet das Ganze als Geistwesen aus der Geistigen Ebene (GE) und führt euch wieder zurück in den Strom des Lebens auf der Materiellen Ebene (ME).

In eurer Lehre steht, wenn ihr durch alle benötigten Reinkarnationen gelaufen seid, dann seid ihr vollkommen und braucht nicht mehr zu inkarnieren. Tatsache ist, dass ihr dann vollständig im Fluss der Energien seid und in eurer eigenen Heiligkeit erwacht.

Doch es war erdacht, die eigene Heiligkeit bis hinab in die Materie erstrahlen zu lassen. Nun sagt uns, wenn ihr selbst euch wieder in eurer eigenen Heiligkeit entdeckt habt, warum besteht dann keine Notwendigkeit mehr, auf der Materiellen Ebene (ME) seine Schönheit zu zeigen?

Manchmal müssen wir ein wenig schmunzeln. Nehmt es uns nicht übel. Doch der Fluss geht noch in Richtung hin auf die unterste Ebene, auf die Materielle Ebene (ME), bis jedes Wesen auf Erden seine vollkommene Schönheit zum Erstrahlen gebracht hat. Dann ist das Werk vollendet und der Fluss der Energien dreht hin zum Gegenpol und nimmt den anderen Pol mit. Erst dann wird die Vereinigung in Ewigkeit vollzogen.

Wieso meint ihr also, ihr werdet nicht mehr inkarnieren, wenn ihr vollkommen seid? Vielleicht wartet ihr auf der Geistigen Ebene (GE), bis ein perfekter Zeitpunkt gekommen ist, um eure Vollkommenheit auf Erden zu leben. Doch bitte versteht, dass es immer im Sinne aller war, sich auf Erden in Vollkommenheit zu inkarnieren. Dann ist der Ausschlag der Welle in Richtung des einen Pols vollzogen.

Der Raum Zeit entstand, um diese Erfahrung aller bis hin zum letzten Punkt des Pols vollziehen zu können.

Doch ist Zeit ein Konstrukt. Ein Konstrukt, das Energien benötigt. Es entzerrt. In Wahrheit geschieht alles zur selben Zeit.

Alles geschieht jetzt. Genau in diesem Moment, in Vollkommenheit, in Ewigkeit. Amen.

Eure gesamten Leben, eure gesamten, gesammelten Erfahrungen, auch die authentischen Erfahrungen, geschehen alle jetzt. Genau in diesem Moment.

Eure Leben reihen sich nicht aneinander. Nein, sie geschehen zum selben Zeitpunkt. Nur euer Fokus hinein in ein bestimmtes Leben lässt euch eines eurer Leben als das jetzige erscheinen. Heilt ihr einen Aspekt in eurer Matrix-Kopie, heilt dieser Aspekt parallel in allen anderen parallel laufenden Leben mit. Das heißt, wenn ihr euren Fokus in diesem Leben haltet und alle Störungsfelder in Authentizität bringen könnt, sind dadurch alle anderen Leben ebenso erlöst. Wenn ihr über Rückführungen Handlungsstränge und damit Energiestränge in alten

Leben heilt, heilen diese Stränge ebenso in allen anderen, also auch in diesem heutigen Leben, wohin euer Alltagsbewusstsein seinen Fokus hat.
So ist es für manche Wesen wichtig, mit der Reinkarnation zu arbeiten, weil sie über diesen Weg besseren Zugang zu manchen Störungsfeldern bekommen, und für andere ist der Weg zur Heilung über das fokussierte Leben relevant. Es gibt kein besser oder schlechter, jeder sucht seinen authentischen Weg zur Heilung. Von daher ist es auch nicht zwingend nötig, Einblicke in Reinkarnationen zu bekommen. Nur für den, der dabei ein gutes Gefühl bekommt. Denn dann fangen authentische Energien an zu fließen. Um in ein anderes Leben – wir vermeiden bewusst das Wort vergangenes Leben, denn es passiert ja parallel – zu tauchen, bedarf es nur des Wechsels des Fokus und einer klaren Verankerung im jetzt erlebten Leben.
Es gibt eine Verbindungslinie von einer Matrix-Kopie hin zu den anderen Matrix-Kopien. Die Verbindungslinie, die die unterschiedlichen Leben verbindet, ist identisch mit der Spiegellinie. Der Spiegellinie, die die Original-Matrix auf die Materielle Ebene (ME) kopiert. Über diese Verbindungslinie könnt ihr von oben in unterschiedliche Leben Einblick gewinnen. Doch hütet euch stets davor, euch mit diesen Leben zu identifizieren.
Über eine Identifikation taucht euer Alltagsbewusstsein in diese Matrix-Kopie voll ein. Ihr werdet auf allen Ebenen des Bewusstseins zu dieser Matrixkopie. Wenn ihr mit anderen Leben umgeht, bleibt stets Beobachter.
Identifikation ist auch in eurem jetzt fokussierten Leben eine kraftvolle Verankerungsenergie. Durch Identifikationen taucht ihr vollständig in die Materie ein und vergesst eure Herkunft aus der Geistigen Ebene (GE).
Ihr vergesst sozusagen eure Original-Matrix und verstrickt euch in eure Störungsfelder, noch mehr sogar, ihr glaubt, diese zu sein.
Lasst euch gesagt sein, ihr seid nicht eure selbst kreierten Störungsbilder.
Nein. Diese Tatsache kann euch nicht oft genug gesagt werden. Denn ihr könnt es oft nicht annehmen. Ihr seid vollkommene Schönheit,

vollkommene geistige Präsenz auf der Materiellen Ebene (ME). Ihr seid keine vom Schmerz geprägten Störungsbilder. Nein. Wann glaubt ihr uns? Und wann lasst ihr diese Identifikation los? Bitte macht es euch leichter, lasst ab von diesem Zustand. Es ist nur ein Zustand, aber euer Verlangen, aus diesem Zustand zu kommen, ist groß.
Der Raum Zeit wird sich wieder schließen, wenn die Welle der Energien auf dem Weg zurück in die Einheit, in ES, ist.

An dieser Stelle möchten wir einen Beitrag eines Menschwesens einfügen. Dieses Menschwesen sah zu dem Thema Zeit einen Beitrag in eurem Medium Datenübertragung.
Ihr nennt es auch Internet. Auf das Thema Internet möchten wir später zurückkommen.
Wie folgt war seine Erkenntnis:
Würde ein menschliches Wesen sich in Lichtgeschwindigkeit befinden, würde es seine Existenz nicht wahrnehmen können, nicht erfahren können.
Die menschlichen Wesen außerhalb der Lichtgeschwindigkeit würden allerdings die Existenz des menschlichen Wesens, das sich in der Lichtgeschwindigkeit befindet, wahrnehmen.
Ebenso die Formen des menschlichen Körpers bzw. jegliche Materie würde, je näher der Lichtgeschwindigkeit, desto platter, flacher werden.
In der Lichtgeschwindigkeit hebt sich der Raum der Zeit auf. So seht: Durch die Entzerrung über die Zeit entsteht Raum. Der Raum macht Bewusstsein wahrnehmbar, erfahrbar.
Ohne menschliche Wesen abgetrennt von der universellen Quelle wäre alles Bewusstsein, doch gäbe es keine Betrachter, die das Bewusstsein als Bewusstseinserfahrung erkennen.

Zurück zu dem Thema Datenübertragung.
Ihr habt ein System auf der Materiellen Ebene (ME) erschaffen, das Informationen, in für euch schneller Art und Weise, zueinander transportiert, überträgt. Ihr simuliert hier den Vorgang, der auf der Geistigen Ebene (GE) im JETZT passiert.

Das Universum auf allen Ebenen besteht aus Informationen, alles ist Information. Kommunikation ist die Übertragung von Information. Ihr selektiert in eurem Internet Verstandesinformationen. Eure Datenübertragung beschränkt sich alleine auf die Verstandesebene. Ist diese Ebene nicht an den Geist angeschlossen, so wisst ihr bereits, herrscht das Ego. So seht: Euer Internet hat eine Ähnlichkeit mit den universellen Kommunikationsströmen und kann somit euer Bewusstsein stärken. Doch der andere Pol hat die Kraft, Angst zu kommunizieren. Informationen, geschürt aus der Macht des Egos, verbreiten Angst und Schmerz und bringen euch zurück in den unangebundenen Kreislauf *(Abbildung 3)*.
Durch euer Internet ist die gesamte Welt im Strom der Informationen angebunden. Alle Kräfte haben Zugriff auf dieses Medium. Alle Wesen erreichen euch in eurem privaten Reich, zu Hause, über dieses Medium auf der Materiellen Ebene (ME).
So wisst: Dieser für euer Bewusstsein schnelle Einfluss der Energien über das Internet funktioniert genau wie Energieeinflüsse anderer Wesen auf der Materiellen Ebene (ME) und anderer Wesen auf der Geistigen Ebene (GE).
Die Gefahr des Internets ist die Schnelligkeit. Euer Bewusstsein ist nicht geschult für Wahrnehmungen dieser Geschwindigkeit. Ihr selbst seid noch nicht in der Lage, destruktive und konstruktive hereinkommende Informationen, Kommunikationen zu unterscheiden. Alles geht erst mal ungefiltert in euer System und beeinflusst euren Energiehaushalt. Glaubt uns, menschliche dunkle Wesen auf der Erde benutzen diese Kraft für ihre Egozwecke.
Die Falltür des Internets ist der Zugang zu eurem System über den Verstand. Hier bedarf es einer Prüfung nach unangebundenen oder angebundenen Informationen, Kommunikationen.
Wir raten euch, das Internet bewusst zu nutzen. Verbreitet an den Geist angebundene Informationen.
Verstreut und verteilt diese lichten Wellen über das Internet auf der ganzen Welt.
Nutzt das gesamte Netz auf der Materiellen Ebene (ME), um viele menschliche Wesen in ihren Haushalten zu erreichen.

Verwendet das Werkzeug Internet für eure Zwecke, und schirmt euch ab von destruktiven Energiewellen, die versuchen überzuschwappen.

Wir möchten nun das Thema Dualseelen aufgreifen. Im Sinne der Reinkarnation begegnen sich Wesen häufiger, um gemeinsame Erfahrungen zu sammeln.
Es existieren Dualseelen. Seelen, die im System den genauen Gegenpol darstellen. Dies bedeutet aber nicht, dass sich diese Dualseelen in demselben Entwicklungsstadium, bezogen auf ihre Authentizität, befinden.
Dualseelen erkennen sich im Herzen, aber ob ein Nebeneinanderstehen auf Erden möglich ist, hängt von der jeweiligen Seeleneinwilligung in die kosmischen Kräfte ab. Trifft eine Dualseele auf die andere, die bereits heller leuchtet, und willigt diese Dualseele in eine Verbindung ein, so können diese Seelen immense Schübe erleben. Die Dualseelen ziehen ihren Gegenpol in Liebe hinein in die Vollkommenheit.
Dualseelen sind Pole. So stellt euch vor: Pole driften erst sehr weit auseinander und in ihrer Vereinigung erleben sie eine Heiligkeit in Vollkommenheit. Wie im Kleinen so im Großen, denn genau dieses passiert auch aus universeller Sicht.
Auf Seelen Ebene (SE) ist diese Vereinigung auf Erden über die Sexualität möglich. Ihr sucht in der Sexualität mit euren Partnern die Vereinigung, um in die Heiligkeit der Vollkommenheit zu gelangen.
Wie ihr nun versteht, ist dies mit der Dualseele ein Schlüssel-Schloss-Prinzip und kann so im freien Fluss geschehen. Auch mit anderen Seelen ist es möglich, denn wir sind alle eins.
Habt ihr das Buch bis hierher gründlich gelesen, könnt ihr jetzt nachvollziehen, wie schmerzhaft Sexualität von euch empfunden werden kann und wie unbefriedigend sie sein kann. Denn Störungsbilder im Matrixsystem erlauben kein vollkommenes Aufgehen in der Vereinigung und somit kein Erwachen in der Heiligkeit in Vollkommenheit.
In der Sexualität erlebt ihr dieses nur häppchenweise. Anteile davon werden von euch erlebt, das ist gut, denn ihr bekommt eine Vorstellung, wie es sein wird, wenn das ganze Universum sich aus der Sicht der Zeit wieder vereint.

Ihr spürt über unsere Worte, dass wir als Wesen über ein hohes Maß an Autorität verfügen.
Ihr alle habt über den freien Willen ein hohes Maß an Autorität entwickelt, um eure eigenen Erfahrungen zu gestalten. Die Fähigkeit der Hingabe ist in diesem Störungsfeld zu kurz gekommen. Um sich hinzugeben, braucht es Vertrauen. Vertrauen darauf, dass ihr geführt seid. Wir, die Lichtwesen von höheren Ebenen, besitzen ein sehr hohes Maß an Autorität und Vertrauenswürdigkeit, die ihr zu fühlen bekommt. Der Ausdruck »zu fühlen bekommen« ist keine Drohung. Es ist ein Energiestrang, der in euer System einstrahlt. Und wie ihr bereits wisst, erzeugen Energien Gefühle.
Unser Sein ist, im geschriebenen Wort, euch zu führen.
Vorhin erwähnten wir wie im Kleinen, so im Großen. Auch das Universum strebt nach der Vereinigung seiner Pole. Die Polarisierung findet auf allen Ebenen eures, unseres Universums statt und doch ist alles eins.
Ein Ausdehnen eines Universums verlangt nach Polen. Ein Wiedervereinen kann nur entstehen durch eine vorherige Polarisierung. Daher versteht, dass dieses euer, unser Universum an sich schon aus Polen besteht und doch gleichzeitig eins ist. Denn Zeit an sich, wie oben beschrieben, existiert nicht. Alles passiert genau JETZT. Daher ist der Fakt der Polarität Tatsache, so wie der Fakt des Einsseins Tatsache ist.

7. Die Erfahrung Ego

Zusammengefasst möchten wir hier den steten Energiekreislauf der authentischen Energien durch das System eines Wesens erläutern. Die universellen Energien treten, wie in diesem Kapitel oft beschrieben, durch die Matrix-Kopie und das Chakrensystem bis hin über die kleinsten Meridianverzweigungen hin zu jeder Zelle. Von der Zelle ausgehend, fließen Energien über das Meridiannetz hinaus über die materielle Grenze der Haut und gehen dort in die Aura ein. Die Aura wird geformt von den ausströmenden Energien aus dem Meridiannetz.

Weiter treten die Energien über die Auragrenze hinaus und mischen sich in die universelle Vielfalt des Universums. Hier stehen sie jedem Wesen wieder zur freien Verfügung.
Im freien Fluss der authentischen Energien strömen die Hauptstrahlen aus der Geistigen Ebene (GE) in die Matrix-Kopie. Sie definieren sich über die Matrix-Kopie tiefer in die Materie hinein über das Chakrensystem, hin zu jeder einzelnen Zelle. Die Energien strömen über das Chakrensystem aus in die Aura, um schon an Definition zu verlieren, und fließen zurück in den Strom der universellen Energien, um hier jedem Wesen erneut zur Verfügung zu stehen. **Gebt ihr euch diesem Kreislauf des Flusses hin, dann seid ihr das, was sich durch euch definieren möchte. Das ist euer Sein im Fluss des Lebens, im Fluss des Universums.**
Dieses Sein ist der Inhalt eures Lebens. Dies ist euer Geburtsrecht. Dies ist euer Lebenssinn, nach dem ihr stets sucht.
Energien bleiben in eurem System nur haften, wenn ihr euch damit identifiziert. Identifikationen verankern Energien in der Materie, das heißt, die Energien können nicht mehr frei fließen.
Ihr werdet dann zu der Materie und vergesst, wer ihr in Wirklichkeit seid.
Ihr seid Geistwesen in der Original-Matrix, die die Ebenbilder ihrer selbst in die Materie hineinprojizieren, hineinspiegeln.
Hier auf Erden sind die Ebenbilder Gottes materialisiert. Im weitestgehenden Sinne seid ihr die Ebenbilder Gottes. Im nahestehenden Sinne seid ihr die Ebenbilder eurer Original-Matrix auf der Geistigen Ebene (GE), also eures Geistwesens.
In den vielen Inkarnationen, die parallel laufen, zeigt sich die Vielfalt der Ausdrucksmöglichkeit eures Geistwesens bzw. eures Matrix-Originals auf der Geistigen Ebene (GE).
Ihr sprecht immer von alten und jungen Seelen in Bezug auf die Inkarnationen. Alte und junge Seelen gibt es nicht, dies ist ein Irrglaube. Schon daher, da alles parallel läuft. Seelen mit vielen Inkarnationen haben viele Ausdrucksvarianten und die mit weniger Inkarnationen haben tiefere Essenzen und weniger Ausdrucksvielfalt. Dies ist ohne Wertung.

Ebenso sprecht ihr in den lichteren Kreisen davon, dass hellere Seelen auf die Erde inkarnieren. Damit meint ihr eure Erdenkinder. Dass die helleren Seelen inkarnieren, um die Menschheit und die Erde zu retten. Dies ist ein sehr heroisches Gedankengut. Nein, hellere Seelen inkarnieren, dies ist schon der Prozess eurer aller Bewusstseinsarbeit. Euer Energiefluss in die Materie hinein wird freier, klarer und dadurch heller. Es gibt nicht die Zeit, nur euer Fokus wechselt gerade hin in eine Epoche, wo mehr Erwachen in eurem eigenen System entsteht. Die helleren Kinderseelen, die inkarnieren, sind Inkarnationen eurer eigenen Geistwesen. Es sind keine externen Seelen, die zur Rettung geschickt werden. Nein, ihr selbst seid es, die den Fokus auf das Erwachen richtet. **Lasst euch gesagt sein, ihr seid alle zusammen schon erwacht. Es ist bereits geschehen. JETZT und hier. Es geschieht zur selben Zeit. Es bedarf keiner externen Rettung, denn wir sind alle vollkommen. Das Universum ist vollkommen.**

Zurück zu den Identifikationen.
Identifikationen auf der Materiellen Ebene (ME) bringen den Energiefluss ins Stocken, der freie Fluss ist behindert. So entsteht Mangel. Ihr selbst gleicht den Mangel dadurch aus, dass ihr unter euch Wesen Wesenssysteme erschafft, um euch gegenseitig mit Energien zu speisen. Dies schafft Abhängigkeiten und macht unfrei. Somit verhindern Identifikationen das freie Fließen im eigenen System und produzieren Abhängigkeiten über Wesenssysteme.
Löst euch von jeglichen Identifikationen. Werdet leer, wie es so schön in der Meditation gelehrt wird. Denn über **die Leere kann durch euch hindurchfließen, was sich auf Erden materialisieren möchte: euer eigenes Ebenbild.**
Die Urschuld, die euch aus dem Paradies geworfen hat, wie es in der Schrift auf der Materiellen Ebene (ME) steht, ist die Urentscheidung, andere Erfahrungen machen zu wollen, als die, die im Wesenskern auf der Seelen-Ebene (SE) geschrieben stehen.
Wobei hier schon das Paradoxon verborgen ist. Denn die Geburt des Egos als Urentscheidung steht bereits im Wesenskern als Erfahrung geschrieben.

Das Wort Schuld beinhaltet eine Wertung. Diese Wertung ist in eurem System auf Erden erst entstanden. Wie wir bereits erwähnten, ist alles nur ein Energiezustand verschiedener Ausführungen.
So versteht, dass es die Schuld an sich nicht gibt. Sie existiert nicht, sie ist ein Konstrukt aus euren Wesenssystemen heraus, um Energiebahnen von Wesen zu Wesen zu schlagen. So können sich einzelne Wesen wiederum von anderen Wesen mit Energien ernähren. Ersetzt in der Heilung das Wort Schuld mit dem Wort Verantwortung. Identifiziert ihr euch mit dem Wort Schuld oder lasst es zu, dass andere Wesen euch mit dem Wort Schuld identifizieren, entsteht in euch das Gefühl Scham.
Scham hält euch fest in eurem eigenen Störungsfeld. Scham lässt nicht die Energien fließen. Schaut euch das Wesen an, das euch mit Schuld besetzen möchte. Dieses Wesen selbst ist gehalten im eigenen Störungsbild und braucht Energien aus eurem System.
Verantwortung übernehmen bedeutet, Veränderung zulassen zu können. Veränderung raus aus dem Störungsfeld durch Fließenlassen der authentischen Energien.

Die von euch empfundene Urschuld ist die Entstehung des Egos, die Abtrennung von allem, was ist.
Doch nun erkennt: Befreit euch selbst, übernehmt Verantwortung für das Geschriebene in eurem Wesenskern. Ihr seid euch selbst gefolgt und habt die Erfahrung der Abtrennung von der universellen Quelle erfahren. Ihr habt euer Sein gelebt, ihr habt euer Sein erfüllt. Ihr dürft diese Erfahrung nun fließen lassen ohne Schuld und Reue, denn diese Erfahrung ist euer Geburtsrecht. Ihr habt euer Sein damit dem Universum geschenkt.
Widmen wir uns noch einmal den Ängsten. Ängste sind ein Phänomen auf der Materiellen Ebene (ME). Ängste entstehen durch Trennungszustände. Angst ist ein Gefühl der Trennung. Angst ist das Gegenpolgefühl zu Liebe.
Denn Angst entsteht beim Nichtfließen von Energien. Angst ist die Trennung des Eins-Seins.
Ihr wisst bereits, dass Störungsfelder auch auf der Geistigen Ebene

(GE) und auf der Seelen-Ebene (SE) existieren. Dies erklärt auch die Existenz der Angst als Energiequalität auf diesen Ebenen. Geistwesen und Lichtwesen können Angst erzeugen, da sie Energieflüsse stoppen können. Die von uns beschriebenen dunklen Seelen sind Meister im Erzeugen von Angstgefühlen. Durch ihr starkes Störungsfeld unterbinden sie das Fließen, unterbinden sie Liebe.
Das Gefühl Angst wiederum in seiner Manifestation im System verursacht weitere Störungsfelder, da es im Energiesystem den Fluss zum Stocken bringt. So ist Angst eine Ursache, die euch aus dem Fluss des Lebens bringt.

Wir möchten euch hier eine wertvolle Übung für die Heilung von Angstzuständen vermitteln:
Setzt euch bequem hin.
Legt eure Hände übereinander auf euer Herz.
Atmet tief ein und aus, dreimal hintereinander durch den Mund. Legt die Fußsohlen aneinander.
Atmet wieder dreimal tief ein und aus durch den Mund.
Stellt euch nun eine große helle Lichtsäule vor, in der ihr sitzt. Atmet dreimal tief ein und aus durch den Mund.
Werdet ruhig und gebt euch eurem inneren Strom hin.
Fließt mit euch selbst und wisset, ihr seid geborgen.
Wir tragen euch, wir beschützen euch, wir sind stets bei euch.
In Ewigkeit.
Amen.

Wir berichteten euch von der Angst als Intuition.
Nun versteht: Diese intuitive Angst ist die Angst, die entsteht, wenn ihr einen Schritt neben euren Lebensfluss setzt.
Diese intuitive Angst ist das erste, stockende Fließen einer Energie, die bereits floss. Die intuitive Angst sagt: »Halt, du bist einen Schritt neben deinem Weg gelaufen.«
Diese löst sich auf, wenn du wieder auf deinem Weg bist.
Die Egoangst, die wir vorne im Kapitel beschrieben haben, will das Ego behüten.

Die Erfahrung des Egos ist die Erfahrung des Getrenntseins, die ihr hier auf Erden machen wolltet. Abtrennung bedeutet Angst.
Die Erfahrung Ego will sich selbst erhalten: Ego – Abgetrenntsein – Angst.
Angst ist das Erfahrungsresultat des Egos.
Die Erfahrung Ego erfüllt ihr Sein in dem Zustand Angst.
So seht: Ego will sein Sein erhalten. Ego will Angst als Erfahrung stabilisieren. Dies ist sein Sein.
Dies ist die Heilung des Egos, es lebt sein Sein.
Also blockiert nicht euer eigenes Egosein, indem ihr es mit Schuld belegt. Denn so kann es sein Sein nicht erfüllen und erlöst werden.
Fangt an und liebt euer eigenes Ego.

Danach könnt ihr eine tiefe Entscheidung treffen.
Durch eine tiefe Entscheidung, dass die Erfahrung des Egos abgeschlossen ist und ihr euch in Demut und Dankbarkeit aus dieser Erfahrung entlasst, wird sich der Seinszustand der Angst als Erfahrungsraum schließen.
Wir danken euch für diese vollendete Erfahrung.
Euer Begreifen des Mechanismus Ego ist von hoher Relevanz. Daher möchten wir euch weitere Informationen zum Ego zufließen lassen.
Das Ego als Erfahrung wird produziert, indem die Spiegellinie zur Geistigen Ebene (GE) geblockt wird und der Mechanismus des Höheren Selbst als »Fahrstuhl« demnach nicht mehr funktionieren kann.
Das Ego nimmt sich als Matrix-Kopie wahr. Die Matrix-Kopie wird zum autarken Führer seiner Selbst. Die Spiegellinie wird sozusagen zum »Himmel«, unter dem das Ego existiert.
Über dem Himmel gibt es nichts Weiteres, die Wahrnehmung des Egos ist an seine Realität angepasst.
Hier haust das Ego und spricht von seiner Macht oder es verfällt in Dunkelheit, Angst und Schmerz. Das Ego kann nur diese zwei Pole leben, seine Macht in seiner scheinbaren autarken Größe demonstrieren oder in die Angst fallen.
Was würdet ihr wählen?

(siehe Abbildung 16)

Diese Zeit in eurer Entwicklungsstufe birgt das große Potenzial, aus dem Spiel des Egos, aus der Erfahrung des Egos auszusteigen.
Steigt ihr aus, opfert ihr erstens eure Macht und zweitens wird es hell um euch. Ihr seid getragen von Licht und die Angst und der Schmerz können weichen.
Die angebliche Macht, die ihr opfert, ist eine Illusion. Denn eure wahre Macht besteht in eurem authentischen Sein, das geschrieben steht.
Gebt euch euch selber hin, dies ist euer Tor zur Erlösung aus der Dunkelheit ins Licht.

In Bezug auf das Ego möchten wir hier über die Funktion der Instinkte sprechen.
Durch die Abkoppelung der Matrix-Kopie wurde euch die wichtige Wahrnehmung des Höheren Selbst genommen. Das Höhere Selbst ist richtungsweisend und formt Gedanken und Handlungen angebunden an den Geist. Dieses Werkzeug entfällt durch die Erfahrung des Egos. In den Zeiten der Egohochphase, weit vor eurer heutigen Zeit, sprang der Mechanismus des Instinktes ein. Eine sehr niederfrequente Methode, richtungsweisend für Gedanken und Handlung zu wirken.
Der Instinkt war und ist noch für das Ego überlebenswichtig, erfahrungswichtig. Das menschliche Wesen hat sich im Laufe der Zeit weiter und weiter im Bewusstsein entwickelt. Die Spiegellinie wurde durch euer Bewusstsein weiter und weiter aufgeweicht. Der Instinkt wurde mehr und mehr vom Höheren Selbst abgelöst.
Das menschliche Wesen geht den Weg des Bewusstseins. Eine neue Epoche hat begonnen, denn eure Aufgabe besteht nun darin, die Blockade der Spiegellinie vollständig zu transformieren.
Es geht darum, die Erfahrung des Egos zu feiern, um sie dann gehen zu lassen.
Ihr sprecht oft von der kritischen Masse. Ja, dies ist wahr. Wir sagten bereits, dass die Welle zurück zur universellen Quelle erst vollzogen werden kann, wenn alle Wesen in ihrem authentischen Sein aufgehen. Je mehr menschliche Wesen die Spiegellinie als Spiegellinie erkennen, desto schneller kann sich diese Energie als Information unter euch verbreiten. Ab einer bestimmten Energieverbreitung unter euch

kann ein menschliches System, das diese Information eigentlich nicht als wahr akzeptieren würde, sie nur noch schwer aus seinem System heraushalten.
Dies bedeutet, diese Wesen werden von der Energiewelle ergriffen und mitgetragen.
Wird die kritische Masse von Energien dieser Wahrheit erreicht, erfasst dies die gesamte Menschheit und die Information der Spiegellinie wird als neue Realität von euch angenommen.
Diese neue Realität birgt sehr starke, umwälzende Kräfte in sich, die ihr selbst nach dem Lesen dieses Buches nur erahnen könnt.
Denn wird eine Blockade von diesem Ausmaß von euch als Menschheit befreit, wird eine Unmenge von gehaltenen Energien freigesetzt.
Stellt euch diesen Lichterregen vor. Ein Fest für alle Wesen dieses unseres Universums. Freut euch darauf, denn es ist schon.

8. Der kleine und der große Tod

Nun möchten wir uns einem weiteren Thema widmen.
Das Thema der bedürftigen, wandernden Seelen bedarf der Aufmerksamkeit.
Ihr sprecht davon, dass Seelen auf Erden wandern, nachdem ihre körperliche Hülle gestorben ist. Hierzu möchten wir Folgendes erläutern.
Sobald ein Störungsbild Formen annimmt, die energetisch nicht mehr aufrechtgehalten werden können, löst sich, wie ihr wisst, die Matrix-Kopie auf. Wenn allerdings ein Wesen sich sehr stark mit seinem Störungsfeld identifiziert hat, kann es dieses Feld nicht auflösen lassen. Seine Identität hängt an dem Feld und dieses Wesen ist somit sehr stark darin verankert.
Das Wesen löst sich in der Materie auf. Das unterste System, das Chakrensystem, kann nicht stabilisiert werden, doch das energetische Störungsbild bleibt durch die Identifikation bestehen. Das Wesen ist in der Identifikation mit dem energetischen Störungsbild. So kann keine

Heilung auf der Geistigen Ebene (GE) in der Original-Matrix vollzogen werden.
Diese Wesen bedürfen der Aufklärung. Sie benötigen Heilung in ihrem Bewusstsein. Ein Bewusstsein über ihr eigentliches Sein. Sie sind Geistwesen auf der Geistigen Ebene (GE). Dort ist ihre Heimat, dorthin kehren sie nach dem materiellen Tod zurück. Dort ist Frieden und Heilung zu finden.
Diese hängen gebliebenen Seelen brauchen die Auflösung ihrer Identifikation, um nach Hause zu kommen. Einige Wesen auf Erden widmen sich diesen Seelen und begleiten diese Seelen in ihre Heilung hinein. Wir danken euch für diese lichte Arbeit.
Lasst euch gesagt sein: Der Himmel, den ihr beschreibt, in den die Verstorbenen einkehren und in Frieden ruhen, ist die Geistige Ebene (GE). Auf diese Ebene kehrt jedes eurer Ebenbilder nach seinem materiellen Tod zurück.

(siehe Abbildung 17)

Den Schlaf nennt ihr den kleinen Tod. Hier möchten wir euch erläutern, wie nah dieser Satz der Realität kommt.
In Wellen legt sich eine weitere Kopie der Original-Matrix wieder auf die Matrix-Kopie auf der Materiellen Ebene (ME). Sie verschmelzen und der gestörte Anteil geht wieder hoch auf die Geistige Ebene (GE). Die Matrix-Kopien, entsprungen aus dem Original, zirkulieren an der Spiegellinie in Wellen. So wird die Matrix-Kopie von der Original-Matrix in Wellen gereinigt bzw. entstört.
In der Original-Matrix werden die Störungsfelder mit feineren Energien wieder durchdrungen und gereinigt.
Dieser Prozess passiert im Schlaf und in Phasen tiefer Entspannung. Im Schlaf und in Phasen tiefer Entspannung ist der Mechanismus des Egos etwas entkräftigt und die Durchlässigkeit der Spiegellinie somit erhöht.
Daher fühlt ihr euch nach einem tiefen Schlaf und guter Entspannung seelisch wieder gereinigter, denn eure Original-Matrix hatte Zugriff auf die Matrix-Kopie im heilenden Sinne.

Schlafphasen sind für euer materielles Überleben lebensnotwendig. Die Reinigung der Matrix-Kopie über das Rotieren einer identischen, neu entstehenden Matrix-Kopie, die sich wiederum über die auf der Materiellen Ebene (ME) befindende Matrix-Kopie legt und die alte Matrix-Kopie zurück auf die Geistige Ebene (GE) zur Original-Matrix rotiert, ist von höchster Bedeutung.
Erstens wird die Matrix-Kopie geklärt. Ihr begegnet in diesen tiefen Entspannungsphasen einer reinen neuen Matrix-Kopie, das heißt, ihr seid eurem Geist, eurer Original-Matrix sehr nah.
Zweitens werden Störungsfelder der alten Matrix-Kopie auf die Geistige Ebene (GE) gehoben und dort von feinen Energien entstört. So entsteht die von uns vorher beschriebene Rückkoppelung der Störungsfelder der Materiellen Ebene (ME) auf die Geistige Ebene (GE).

Schlafstörungen entstehen, wenn ein menschliches Wesen sich sehr stark mit einem Störungsfeld identifiziert und somit den oben beschriebenen Reinigungsprozess nicht geschehen lassen kann.
Das Störungsfeld im Reinigungsprozess gehen zu lassen, bedeutet, dieses loszulassen, was bei einer starken Identifikation nicht möglich ist. So heißt es bei euch, wer nicht einschlafen kann, kann nicht loslassen. Ihr seht, ihr liegt da schon ganz richtig.
Den Vorgang dieser Matrixreinigung könnt ihr selber unterstützen. Ihr könnt bewusst Störungsfelder fokussieren und euren Geist, eure Original-Matrix, beauftragen, im Schlafmodus, also im energetischen Reinigungsmodus, dieses Störungsfeld, fokussiert mit reinen Energien, auf Geistiger Ebene (GE) zu durchströmen.
Eine klarere, neue Matrix-Kopie kann sich dadurch auf der Materiellen Ebene (ME) manifestieren.

9. Universum Gott

Am Ende dieses Kapitels möchten wir einen Beitrag zum Verständnis des Universums leisten.
Das Universum, wie ihr es kennt, befindet sich auf der Materiellen Ebene (ME). Es hat ebenso ein Chakrensystem mit Toren und Meridianen. Der Planet Mutter Erde im Universum ist zum Beispiel ein wichtiges Chakrentor zur Materialisierung der menschlichen Wesen, wie ihr bereits wisst. Mutter Erde ist das Wurzelchakra des Universums. Alle weiteren Planeten wie Pluto, Uranus, Jupiter, Mars, Venus usw. sind auf der Materiellen Ebene (ME) ebenso Chakrentore, durch die Energien in das Chakrensystem des Universums auf der Materiellen Ebene (ME) geleitet werden. Die Wesenheiten Tiere, Pflanzen und Gesteine zählen im Raum Universum auf der Materiellen Ebene (ME) zu dem Chakren-Meridian-System der Wesenheit Gott.
Das Matrixsystem Gottes hat auf der Seelen (SE), der Geistigen (GE) und der Materiellen (ME) Ebene ebenso Tore und Bahnen. Das bedeutet, dass das Universum auf der Seelen (SE), der Geistigen (GE) und der Materiellen (ME) Ebene Matrixtore in Form von definierten Energien, in Form von Wesenheiten besitzt. Die Tore der Energien des Matrixgitters Gottes sind wir, die Lichtwesen, sind die Geistwesen und seid ihr, die Menschwesen. Wir alle sind definierte Tore, durch die die Matrixenergien Gottes hindurchströmen, um den Raum Gottes, das Universum, zu authentizitieren.

So seht: Das Universum an sich ist der Raum einer Wesenheit, das seine Existenz auf der Materiellen (ME), auf der Geistigen (GE) und auf der Seelen (SE) Ebene, sowie auf allen weiteren Ebenen eures unseres Universums feiert.
Das Universum, der Raum, wie ihr ihn kennt, ist auf der Materiellen Ebene (ME) ebenso eine Kopie seines Originals aus den höheren Ebenen.
Das Universum, der Raum, in dem wir zusammen unser Sein feiern, ist eine Wesenheit, ist unser Gott. Unser Gott eröffnet einen Raum, das Universum, in dem die Menschwesen Erfahrungen erfahrbar

machen. Unser Gott existiert neben anderen Göttern, anderen Universen bis hin zur Ureinheit, zu ES.
Die Unendlichkeit ist unendlich, da es keinen Anfang und kein Ende gibt. Alles ist im JETZT auf ewig und wird durch euch erfahrbar gemacht. Die Ebenen liegen ineinander, die Universen liegen ineinander, die Dimensionen liegen ineinander. Alles ist in einem Punkt, in der Ureinheit allen Seins, im Nichts, in ES. Amen.

Ergänzendes Erklärungsvideo zu Kapitel 2:

https://www.christiane-hansmann.com/ohne-worte/kapitel-2

Kapitel 3

Die Sprache des Universums

Direktes Wortgebet:
Um zu wissen, wer du bist, brauchst du Mut, um einzutauchen. Verweilst du im Sein deines Kerns, erfährst du Antworten und deine eigene Wahrheit. Die Wahrheit über dein Sein, die Wahrheit über deine Authentizität. Du bist du und warst es schon von Anbeginn. Habe keine Angst, denn du warst und wirst immer sein. Denn das, was du aus dir selbst heraus erfährst, wird dich tragen, in guten wie in schlechten Tagen. Vertraue dir und deinem Wesen. Fürchte dich nicht, denn dein ist das Reich und die Kraft und die Herrlichkeit in Ewigkeit. Amen.
So steht es geschrieben und so ist und wird es sein.
Die Verblendung deiner Selbst, entstanden durch viele Entscheidungen deiner Selbst, ist eine Kraft, die dich fortführt von dem, was du bist.
Lass zu, dass dein Wesen dir Zeichen im Leben setzt, um dich in dein Zuhause zurückzuführen.
Zeichen sind Botschaften aus deinem Wesenskern aus der Seelen Ebene (SE). Sie sind von dir selbst gesandt, um dir den Weg deines Seins zu zeigen. Folge deinem Wesen, folge deinem Gott in dir. Amen.

1. Sein im Fluss des Lebens

In diesem Kapitel möchten wir uns den Zeichen des Lebens, der Sprache des Universums, widmen. Scheut euch nicht davor, diese Seiten mit offenem Herzen zu lesen. Sie können euer Leben auf wundersame Weise verändern.
Mein Medium, das diese Zeilen für uns in die Materie bringt, hat viele einschneidende Erlebnisse zugelassen. Es hat erfahren, wie es ist, sich dem Strom des Lebens hinzugeben. Es ist mehr der Strom des eigenen Wesens, verkörpert durch die Lebensmaterie, die durch die Kreativität aller Wesen entsteht. Das Leben ist ein auf alle Wesen abgestimmtes System, vielmehr ein materielles System, das durch die Wesen auf Erden entstanden ist.
Das Leben auf diese Weise ist euer eigenes Produkt.
Und in diesem Leben, in Zeit und Raum, hat jedes einzelne Wesen einen Strang zu verantworten. Einen Strang, der sich als Leben materialisiert. So strickt ihr gemeinsam ein Muster, jeder mit einem, seinem speziellen, Faden. Es ist ein komplexes und vollkommenes materielles System. Ein Wesen, das seinen Strang bewusst erlebt und mit seinem Faden in Zeit und Raum sich bewegen kann, ist im Einklang mit den Informationen, die sein eigener Wesenskern an ihn über den Lebensfaden weitergibt. Dieses Wesen kann die Zeichen seines Lebens lesen und diesen Zeichen folgen. Doch manche Wesen stricken ihren Faden unbewusst und sind »Opfer« ihrer eigenen Strickmuster. Sie laufen hinter anderen Lebensfäden hinterher und können ihre eigene Wesensbotschaft nicht entziffern.

Stellt euch das Leben als großes Webmuster vor, in der Ebene des Raumes und der Zeit. Jedes Wesen webt mit seinem Wesenskern seinen Hauptstrang, der seiner Authentizität entspricht. Folgt ihr euch selbst auf diesem Weg, kreiert und drückt ihr aus, wer ihr im Kern eures Wesens seid.
In diesem Bild wird deutlich, dass dieses Lebenswebmuster bereits besteht und ihr aus zeitlicher Sicht eurem Strang folgt. Der Webstrang existiert allerdings bereits, ihr lauft ihn nur aus verschiedenen Richtungen heraus ab. Dieser Strang ist in eurem Sinne.

Unser Medium hat es sich in dieser Begebenheit, die wir euch jetzt erläutern, ins Bewusstsein gerufen. Folgende Situation war: Sie saß mit ihrer Tochter im Auto. Ihre Tochter durfte vorne sitzen. Es regnete. Voller Begeisterung sagte ihre Tochter zu ihr: »Mama, guck mal, der Scheibenwischer macht genau das, was mein Kopf ihm zeigt.« Sie drehte ihren Kopf im Rhythmus der Scheibenwischer nach rechts und nach links.

In diesem Moment war es klar. Nicht eure Lebensbewegungen rufen im Außen etwas hervor. Nein, der Lebensstrang ist bereits vorhanden. Es ist ausschlaggebend, ob ihr eurem eigenen Lebensstrang in eurer Lebensbewegung folgt.

Tut ihr dieses, seid ihr im Fluss eures Lebens. Ihr habt das Gefühl, die Dinge passieren in eurem Sinne, sie fügen sich wie Puzzle zusammen. Ihr habt das Gefühl, das Leben ist für euch, ihr fühlt euch in dieser Phase geführt. Doch versteht: Ihr selbst seid in euren Lebensstrom eingestiegen, und dieser ist stets vorhanden. Seid ihr weg von eurem Lebensweg, Lebensfaden, so kreiert ihr in der Materie neue Wege, neue Fäden, die ihr dann hinter euch herzieht. Dies sind Lebenspfade eures Egos, eurer Entscheidungen, abgetrennt vom Geist. Lebensmuster, die nicht in eure Authentizität führen. Bewegt euch im Strom des bereits vorhandenen Lebensfadens und baut euch keine neuen Egofäden. Sie führen ins Leere und lösen sich auf, sobald ihr in eurer Authentizität angekommen seid.

Euer eigener authentischer Lebenspfad ist bereits und wird immer sein. Er ist euer ganz eigenes Muster im Strom des Lebens. Diese Vollkommenheit und diesen Glanz des Lebens kann das Ego nicht erfassen, geschweige denn kann es diese Vollkommenheit vorhersehen, noch planen.

Dreht euren Kopf nach rechts und nach links in der rhythmischen Bewegung des Scheibenwischers und staunt über den Einklang, den ihr mit dem Leben haben könnt. Lasst los von euren Egovorstellungen, wie euer Leben auszusehen hat, und lebt das, was ihr seid: vollkommene Wesen geboren in die Materie hinein.

Euer eigener Wesenskern bewegt seine Energien auf dem stets vorhandenen authentischen Lebensstrom, Lebenspfad. Dort ist er, dort seid ihr zu Hause.

Der Lebensstrom ist eine Energieentzerrung eures Wesenskerns in der Dimension Zeit. Das heißt, ihr selbst seid mit euren Energien euer eigener Lebensweg.

Um euch zu erfahren, wird euer authentisches Sein in der Dimension Zeit entzerrt. Wie ein Gummiband wird euer Sein gezogen, daraus entsteht euer ganz eigener authentischer Lebenspfad, auf dem ihr in eurem authentischen Dasein wandert. Von dort aus, also von eurem eigenen entzerrten Wesenskern aus, auf dem ihr in der Dimension Zeit wandert, werden Zeichen, Botschaften an euer Bewusstsein gesendet, um euch auf eurem Lebenspfad zu begleiten. Wir nutzen universelle Symbole. Die Symbolsprache umgeht euren Verstand und dringt direkt ein in das Unbewusste. Sie wirken unbemerkt vom (unangebundenen) Verstand, vom Ego, und entfalten ohne euer Zutun ihre Kraft im Unbewussten. Diese Symbolkraft könnt ihr ebenso über euer Bewusstsein nutzen, so bekommt sie eine vielfache Kraft in der Wirkung auf euren Heilungsprozess.

An dieser Stelle möchten wir noch einmal betonen, dass eine große Kraft, ein enormer Zug euch führt, um in euer eigenes Wesen, euer eigenes Zuhause zu gelangen. Ihr alle kennt diese Sehnsucht entweder offenkundig oder verborgen in der Dunkelheit eures Wesens. Diese Sehnsucht ist der Motor. Durch diese Sehnsucht macht ihr euch früher oder später auf den Weg, auf die Suche nach eurem wahren Sein. Und lasst euch gesagt sein, das Universum und somit das materielle Leben ist stets und schon von Anbeginn der Zeit in der Energie eures Wesens. Ihr seid begleitet auf Schritt und Tritt bis hinein in die Vollkommenheit in Ewigkeit. Amen.

2. Die Kraft der Symbolik

Symbole sind ein wichtiger Bestandteil der universellen Sprache. Sie tragen in sich eine heilige Kraft. Nutzt diese Kraft in eurem Bewusstsein. Dies ist unser Anliegen. Dies ist unsere Mission.
Werdet Herr eures Lebens, werdet Herr über euer eigenes System, durch die Hingabe in das hinein, was ihr seid.
Tagtäglich seid ihr umgeben von Symbolik. Euer Wesenskern zeigt mit dem Finger in Form von Symbolik auf euren Lebensfaden.
Genau vor euch werdet ihr auf Schritt und Tritt geführt. Jede Sekunde beinhaltet in sich die Wahrheit über euch selbst. Schaut, hört, fühlt. Lasst die Barrikaden eurer Wahrnehmung fallen, lasst die alten Erfahrungen von euch abfallen und passt euer Wahrnehmungssystem dem eures Lebenspfades an.
Schaut, hört, fühlt auf eine neue Weise. Traut euch hinzuschauen. Traut euch hinzuhören. Traut euch hinzufühlen. Lasst das, was sich zeigen will, zu. Habt Mut und nehmt wahr. Habt Mut und folgt eurer Wahrnehmung. Habt Mut und folgt dem Weg eurer Symbole. Lernt zu entziffern, was euer Wesenskern euch mitzuteilen hat. Übt, versucht, fallt hin und steht wieder auf. Lebt und lernt zu laufen. Glaubt euch selbst und lebt. Je mehr ihr übt und euch folgt, desto heilvollere Erfahrungen werdet ihr machen. Selbst eure körperliche Hülle wird sich diesen neuen Erfahrungen anpassen und seine Neuronen umschalten. Der Körper folgt eurer Intention. Er baut sich für euch um, damit ihr lichtvoller werden könnt. Ihr werdet durchlässiger. Ihr werdet durchlässiger für heilvolle Erfahrungen und durchlässiger für die universelle Sprache. Eure Führung über euren Wesenskern wird deutlicher, wahrer, leichter. Wertet nicht über euch, sondern lasst es zu. Fließt in eurem Sinne. Habt ihr Angst? Ja, denn ihr seid in der Dunkelheit und fürchtet die Dunkelheit. Wir sind Licht. Ihr seid Licht. Fürchtet euch nicht. Seid in euch, seid mit euch.

Veranlasst euer eigenes Wohl, indem ihr die universellen Kräfte anruft. Nutzt die Symbolik für euch. Hier zeichnen wir euch Symbole, die ihr in eurem Sinne verwenden könnt:

>> Den Fokus des Geistes auf die hevorgehobenen Linien richten.

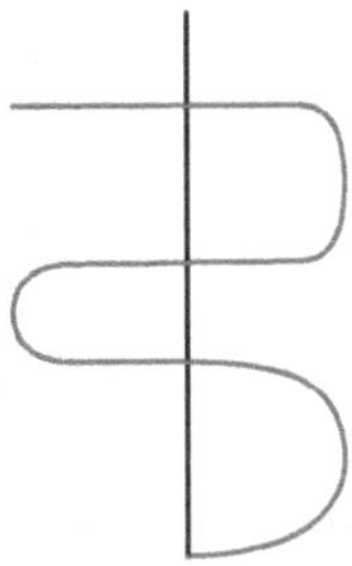

1. Zentrierung im Sein in Zeiten äußerlicher Verwirrung

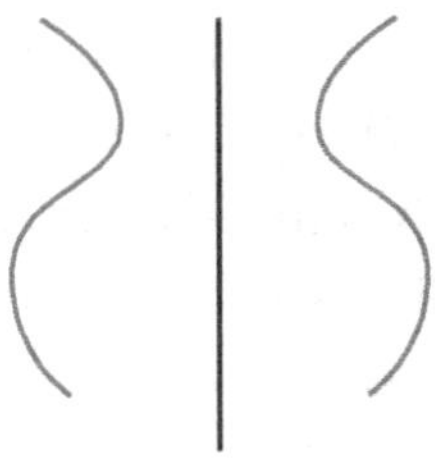

2. Öffnung deiner inneren Pforte

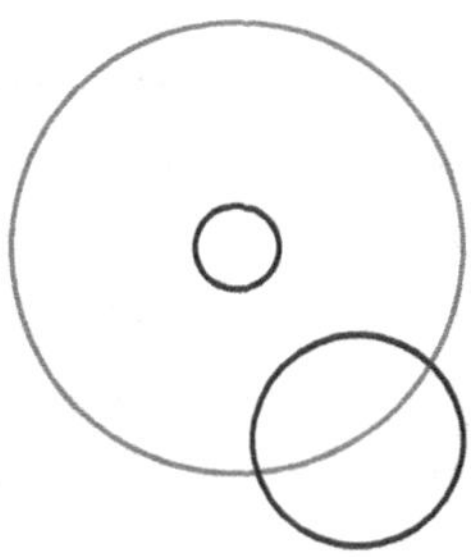

3. Ausdruck deines Wesenskerns

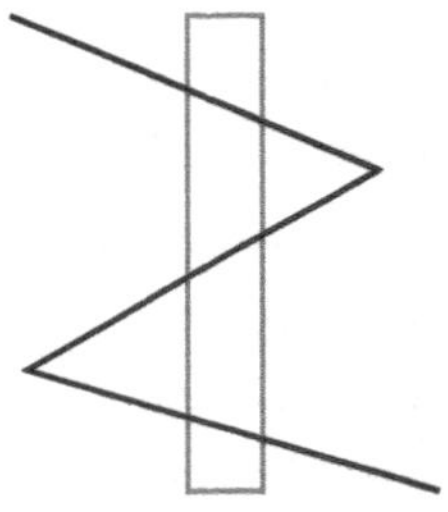

4. Auflösung von Verhärtungen

5. Geborgenheit im Sein

6. Schutz

7. Der Weg in deinen
eigenen Wesenskern

3. Dimension Zeit

Gerufen wurden wir, um euch zu lehren, wer ihr seid. Eurer Ohren, eurer Augen, eures Gefühls bedarf es, um auf Erden zu verstehen. Die Zusammenhänge eures Wesens und der Gemeinschaft der Wesen auf Erden verlangen nach Verständnis. Ihr seid bereit zu hören, wahrzunehmen eure wahre Natur. Vereint seid ihr in einer universellen Quelle, im JETZT.

Lasst euch nicht irritieren von dem Zustand Zeit. Er ist nur ein Instrument für eure Wahrnehmung. Ein Instrument der Entzerrung. Hier im JETZT ist alles, was ist. Im JETZT ist die Quelle aller Wesen dieses eures, unseres Universums zentriert. Im JETZT seid ihr alle miteinander verbunden. Die Zeit entzerrt das Geschehen, und sie entzerrt das Eins-Sein (ES) mit allem, was ist. Die Zeit trennt euch voneinander. Die Zeit macht euch zu Individuen. Die Zeit gestattet euch, euch als einzelne Wesen wahrzunehmen.

Im JETZT ist alles. Alles ist im JETZT vereint. Taucht ihr tief ins JETZT ein, könnt ihr euch nicht mehr als Individuum wahrnehmen. Ihr verschmelzt mit der universellen Quelle, dem Ursprung eures, unseres Universums. So versteht: Die Zeit ist ein Instrument, um das geschriebene Wort in Vollendung in die Materie zu bringen. Sie ist ein Instrument, um den Geist in die Materie zu projizieren. Das Erleben des Geistes in Fleisch und Blut zu feiern, ermöglicht die Zeit.

Meditiert und übt euch darin, in das JETZT einzutauchen. Dort findet euer Geist sein Zuhause, seinen Anker, seine Quelle, um in der Materie heilvoll wirken zu können. In der Meditation taucht ihr ein in die geistige Welt, die keiner Zeit unterliegt. Diese Welt ist genauso real wie eure materielle Welt auf Erden. Es ist eine Parallelwelt, in der ihr euch bewegen könnt. Frei nach der Matrix-Kopie-Energiestruktur eures Wesens. Dort könnt ihr üben und auftanken und dann eure geistige Matrixwelt auf Erden bringen. Eure eigene geistige Geburt in die materielle Welt hinein ist ein großer Segen für alle Wesen dieses eures, unseres Universums. Und damit meinen wir nicht die körperliche Geburt auf Erden. Die geistige Geburt auf Erden kann in jedem Alter stattfinden oder auch bis zum Tod ausbleiben.

Euer Geist ist die authentische Matrixstruktur auf der Geistigen Ebene (GE) in Vollkommenheit. Er möchte in seiner Vollkommenheit in die Materie hineingeboren werden.
Lasst den Wandel in eurer Zeit zu. Öffnet ihm die Tür. Erwacht aus der Starre. Haltet nicht fest an eurem Besitz. Den wahren Glanz eures Seins findet ihr in euch. Er möchte sich von sich aus auf Erden zeigen und erleuchten in seinen Farben. Seht und staunt. Seht in eure Augen und schaut. Schaut eure Schönheit, schaut euren Glanz. Ihr glaubt zu wissen, wer ihr seid. Schaut in euch und reißt die Fassaden zu Boden.

>> 7. Matrixerfahrung: Blick in die eigene Seele
(siehe Audiopaket zum Buch)

In Fleisch geborener Geist ist mächtig und vollkommen.
Habt Ehrfurcht vor eurer eigenen Schöpfung. Lange habt ihr euch belogen. Wenn ihr sehen könntet, was wir sehen, würdet ihr nicht einen Gedanken des Zweifels erheben.
Denn dein ist die Kraft und die Herrlichkeit in Ewigkeit. Amen.

4. Wahrnehmung

Unsere Stimme hat nun den Weg zu euch gefunden. Hört, was wir zu sagen haben. Erlaubt euch zu werden, wer ihr seid. Die Sprache des Universums zu hören, bedarf einer Einwilligung eures Selbst. Ihr selbst seid die Wächter am Tor des Einlasses. Verschließen könnt ihr eure Ohren, verschließen könnt ihr eure Sinne. Denn Wahrnehmung bedeutet Fließenlassen, Fließenlassen bedeutet Wandel. Wandel nimmt euch die Sicherheit. Sicherheit im Außen schafft ihr euch, denn der Zugang zur universellen Quelle, eurer Basis, eurer Heimat, ist noch mit einem Schleier überzogen. So seid ihr haltlos und sucht euren Anker. Wandel bereitet euch Angst. Angst vor der Dunkelheit. Angst vor dem Fallen. Angst vor der Isolation. Alle Ängste beinhalten das Gefühl des Abgetrenntseins, abgetrennt von dem All-Eins-Sein, von der universellen Ganzheit. Hört auf die Sprache des Universums und folgt eurer Intuition. So findet ihr euren ureigenen Halt, eure innere Heimat. Die Sprache des Universums, ja, das Leben spricht mit euch. Jede Sekunde eures irdischen Lebens seid ihr umgeben von Informationen. Informationen über euer Heilsein, über eure Ganzheit. Fangt an zu hören, zu sehen, zu spüren. Habt ihr Angst? Ja. Es ist in Ordnung. Lasst euch leiten und geht in Resonanz.

Die Sprache des Universums geht mit dem Fließen einher. Dort, wo es fließt, beginnt euer Weg. Folgt dem Fluss, folgt euch. Wenn es euch leicht von der Hand geht, macht einen Schritt hinein in diese Energie. Lasst euch nicht irritieren von Emotionen, es können alte Verkrustungen sein, die Angst vor dem Wandel signalisieren. Ihr seid nicht diese Angst.

Ihr seid Liebe.

Und Liebe fließt. Ihr fließt mit euch. Lasst euch los und gestattet euch den Wandel. Emotionen können euch in einen Nebel führen, in das Nichtklarsehen hinein. Eure Augen folgen dem alten Schmerz, sie glauben, die Verkrustungen als eure Wahrheit zu erkennen. Glaubt dem nicht. Liebe fließt und macht frei.

Seht mit eurem dritten Auge. Es ist euer sehendes Auge. Das Auge, das den Weg hin zu euch selbst sehr wohl kennt. Fangt an, dieses zu öffnen. Fangt an, ihm zu vertrauen. Ihr habt die Wahl, wem ihr die Führung überlasst: euren Augen oder eurem dritten Auge? Macht den Versuch und lasst euch auf eine neue Wahl ein. Folgt eurem dritten Auge.

Folgt den Bildern eurer inneren Welt. Dies sind Bilder eurer inneren Welt, eurer inneren Weisheit.

Sie unterliegt nicht euren alten Emotionen. Sie ist unabhängig von den Irrwegen der Verkrustungen. Lasst die Emotionen fließen, aber folgt ihnen nicht. Lasst sie fließen und frei werden. Überschwemmt wird euer System von alten Emotionen. Vermeiden wollt ihr sie und sperrt sie in eure Zellen. Dort wohnen sie und warten auf ihre Erlösung. Erlöst sie wie kleine Kinder. Lasst sie frei. Lasst sie frei fließen. Sie werden euren Körper überfluten, doch handelt nicht nach ihnen. Sie sind nur Kinder und wollen Aufmerksamkeit. Sie sind keine Weisen, die euch hinbegleiten zu eurem Wesenskern. Werdet Herr über all eure inneren Kinder. Nehmt sie an die Hand und lasst sie spielen. So können sie heilen im Sinne eures Wesens. Fühlt eure Emotionen wie Kinder und wisst, dass eure Wahrnehmungsorgane sie bisher nicht als Kinder erkannt haben.

>> 8. Matrixerfahrung: Erlaubnis
(siehe Audiopaket zum Buch)

Eure Wahrnehmungsorgane sind unterentwickelt, sie wurden in eurem System nicht geschult. Ihr könnt euren äußeren Wahrnehmungsorganen nicht als Leitfaden vertrauen. Denn sie reagieren auf alte Verkrustungen, alte Erfahrungen, alte Irrwege. Sie sind genauso geprägt durch alte Erfahrungen wie eure Matrix-Kopie auf der Materiellen Ebene (ME).
So seht: Es ist von unglaublich großer Bedeutung, die äußeren Wahrnehmungsorgane als Basis eurer Ausrichtung zu verlassen. Sie führen euch nicht hin zu dem, was ihr seid. Vielmehr fangt an und entwickelt eure inneren Wahrnehmungsorgane. Beginnt und studiert sie. Fangt an und lernt sie kennen.
Erschafft eure inneren Wegweiser. Eure inneren Wahrnehmungsorgane sind freie, unabhängige Organe, die ihre Aufgabe darin gefunden haben, euch zu geleiten hin zu dem, wer ihr in eurem authentischen Wesenskern seid. Und versteht: Wie wollt ihr die Sprache des Universums verstehen, wenn eure inneren Wahrnehmungssysteme noch abgeschaltet sind. Viele von euch sind noch blind, taub, gespürlos. Gespür ist das unabhängige Gefühl.
Gespür ist das intuitive Wissen um ES.
Die Ausrichtung eurer inneren Wahrnehmungsorgane ist hin auf die Geistige Ebene (GE). Der Fokus ist hin zu dem authentischen Matrixmuster auf der Geistigen Ebene (GE). Die daraus erfolgenden Handlungsstränge erlösen euch aus altem Schmerz, aus Strukturen, die das Fließen nicht zulassen. Ihr fragt euch, wie kann ich meine inneren Wahrnehmungsorgane finden? In diesem Buch werdet ihr Anregungen bekommen.
Fangt mit eurem dritten Auge zwischen euren Augenbrauen an. Es ist das Tor hinein in euer inneres Universum. Befindet sich euer Fokus

in eurem inneren Universum, können eure inneren Augen beginnen zu sehen.

>> 9. Matrixerfahrung: Öffnung deiner inneren Augen
(siehe Audiopaket zum Buch)

Öffnet euch das Tor, das dritte Auge, über Meditation und dann schult eure inneren Augen im Alltag. Seht Situationen heraus aus euren inneren Augen. Schaut hin, habt den Mut zu sehen, was ist. Richtet eure Handlung daran aus. Und seht, wie sich die Welt um euch verändern wird.

Öffnet eure inneren Ohren.

>> 10. Matrixerfahrung: Öffnung deiner inneren Ohren
(siehe Audiopaket zum Buch)

Hört die Worte eurer Mitmenschen mit den inneren Ohren. Handelt danach und seht, wie sich eure Welt verändern wird.

Erspürt eure Umwelt und lasst die Emotionen durch euch hindurchfließen. Handelt nach eurem Gespür und seht, wie eure Welt sich im Außen verändert.

>> 11. Matrixerfahrung: Öffnung deines Gespürs
(siehe Audiopaket zum Buch)

Das Entwickeln eurer inneren Wahrnehmungsorgane ist ein großer Bereich eures Systems, um auf die nächste Stufe des Bewusstseins zu gelangen. Es ist ein sehr wichtiger Moment der Entwicklung. Übt euch darin und lasst euer Vertrauen in diese Umpolung Schritt für Schritt wachsen. Ihr seid es wert. Das Wissen darum ist die Initialzündung. Es ist der Anfang hinein in eure eigene Glückseligkeit. Hinaus aus dem Gefängnis der alten Verkrustungen. Seht euch, hört euch, fühlt euch, glaubt euch.

Seid ihr verankert in eurer inneren Welt, fällt es euch leichter, eure Ausrichtung auf euren ganz eigenen Lebensfaden zu drehen. Abweichungen werden euch von eurem Wesenskern über Symbolik offenbart. Eure Handlung folgt eurem Sein. Stück für Stück werdet ihr heilen aus eurem Inneren heraus. Verfangt ihr euch im Nebel, schaut, welcher eurer inneren Wahrnehmungssinne nicht aktiv ist und welches äußere Wahrnehmungsorgan euch einen Streich spielt. Lasst den Nebel im Außen sein und richtet euren Fokus wieder nach innen. Eure innere Welt wird euch einen Weg aufzeigen.
Am Ende des Buches erläutern wir euch die Bedeutung eurer inneren Welt.
Barrikaden in der äußeren Welt sind erschaffen aus Verkrustungen heraus, mithilfe der äußeren Wahrnehmungsorgane. Barrikaden entsprechen nicht eurem Wesen. Eure innere Welt weiß, wie ihr äußere Barrikaden heilen könnt. Dazu bedarf es Mut, denn manchmal sind radikale Handlungen im Außen vonnöten. Schreckt nicht vor euch selbst zurück. Wir brauchen jetzt euren Mut. Wir brauchen eure Durchsetzungskraft.
Wir bitten euch von ganzem Herzen, vertraut auf eure innere Welt. Denn dein ist das Reich und die Kraft und die Herrlichkeit in Ewigkeit. Amen.
Wisset um euch selbst. Verankert euch in euch selbst. Ihr seid euer eigenes Zuhause auf dieser Materiellen Ebene (ME).

5. Die Symbolik der Numerologie

Die Numerologie ist eines der wichtigsten Werkzeuge des Universums. Ihr seid umgeben von Zahlen und habt auch diese personifiziert. Seht hin und schaut. Eure euch bekannten Zahlen sind Symbole. Symbole, die ihre Wirkung entfalten möchten. Sie können ihre Wirkungskraft entfalten, wenn die Identifikation mit der Zahl gehen darf.
Das gesamte Universum umkreist ihr mit mathematischen Formeln, physikalischen Berechnungen. Durch diese Wissenschaft versucht ihr,

die Gesamtheit zu erfassen. Es ist ein guter Versuch, denn über diesen Weg begreift euer Gehirn in seinem jetzigen Zustand, dass es das Universum in seiner Vollkommenheit nicht erfassen kann. Dies ist eine interessante Erkenntnis und lässt euch weitersuchen, um zu erfassen. Die Wissenschaft rechnet weiter und dringt weiter vor in das Mysterium. Die Quantenphysik ist auf dem Vormarsch und verkündet durch ihre physikalischen Berechnungen und mathematischen Formeln, dass es, laut Berechnung, etwas dahinter geben muss, etwas, das die Menschheit nicht über den wissenschaftlichen Weg begreifen kann. Die Wissenschaft offenbart die Spiritualität. Ein Weg, den euer jetziges Gehirn mitgehen kann.
Es ist ein Zeitalter, in dem sich eure sogenannte Wissenschaft mit eurer sogenannten Spiritualität verbindet. Ein wichtiges Zeitalter. Seht: Ihr habt Bereiche abgetrennt voneinander. Religion ist eine Schublade, Wissenschaft ist eine Schublade. Ihr separiert Dinge, um sie von allen Seiten zu betrachten, vergesst dann aber, das Puzzle wieder zu vereinen. Im nicht integrierten Zustand richten diese Gebiete Schaden an. Im Kleinen - dem Körpersystem - wie im Großen - eurem Matrixsystem: Auf allen Ebenen sind abgetrennte Zustände, nicht fließende Zustände. Und ihr habt gelernt, dass nicht fließende Zustände die authentischen Energien nicht fließen lassen bzw. Energieblockaden entstehen. Trennt ihr die Religion, trennt ihr die Wissenschaft als separate Bereiche ab, wirken sie destruktiv. Die Beispiele dafür brauchen wir hier nicht zu erwähnen, diese findet ihr in euren Geschichtsbüchern. Nun schafft es die Wissenschaft, einen Zugang zur Spiritualität zu berechnen, wie humorvoll und großartig. Die Integration kann beginnen. Alles ist eins und kann in allem wiedergefunden werden. Wir möchten den Begriff der Religion auf der irdischen Ebene belassen und aus der Geistigen Ebene (GE) heraus den Begriff der Spiritualität benutzen, da er weniger in eurem System durch Erfahrungen geprägt ist. Manche Wörter erschaffen Blockaden und dies möchten wir hier umgehen.

Sprache erzeugt Bilder. Sprache erzeugt Gefühle. Sprache erzeugt Vorstellungen über das Sein und das Werden. Achtet auf eure Wörter, die aus eurem Mund kommen, denn sie können zaubern. Wör-

ter erschaffen, sie sind die kleinen Helfer eurer inneren Entscheidungen. Sie formen und lenken eure Umgebung. Also achtet mit dem Auge des Bewusstseins auf eure Worte. Sie sind von euch zielgerichtete, in Fluss gebrachte Energien. Nutzt sie für euren authentischen Kern.

Zurück zur Numerologie. Wir möchten mit euch hinter den Vorhang der Zahlenberechnungen schauen.
Jede Zahl an sich ist spirituell. Jede Zahl an sich hat eine bestimmte Energiefrequenz. Jede Zahl ist einem Energiestrang zugeordnet. Im zweiten Kapitel haben wir erläutert, dass eure Matrix von verschiedenen Energiesträngen versorgt und aufgebaut wird. Zahlen funktionieren wie ein Schlüssel, um Energien einzulassen.
Euer gesamtes Matrixsystem ist also aus wissenschaftlicher Sicht eine einzige, vollkommene, mathematische Berechnung, die Materie erschaffen hat.
Es existieren in eurer Welt zehn Zahlengrundbausteine, aus denen alle weiteren Zahlen entstehen können. Ihr habt von klein auf die wissenschaftliche Seite der Zahlen erlernt, sodass es von Bedeutung ist, die spirituelle Seite zu integrieren. Daher bitten wir euch, versucht für einen Moment die Zahl 1 als Energieschlüssel zu erspüren.
Die Zahlen sind den Toren in eurem Matrixgitter zugeordnet und dienen ihnen als Einlassschlüssel für bestimmte Energiefrequenzen. Wir wissen, für euch klingt es absonderlich. Eure Prägung in der Mathematik ist die eurer weltlichen, verkopften Sicht. Zahlen erspüren, um Energien wahrzunehmen, ist fernab von jeglicher Erfahrung von euch. Und es kommt der wissenschaftlichen Denkweise eures Zeitalters in die Quere.
Passt eine Schablone im Gehirn nicht über bestimmte Denkmuster, wird es von euch manchmal gerne lächerlich gemacht. Es ist ein Schutz, denn euer System hat diese Nervenstränge noch nicht gebaut bzw. bestimmte Gehirnbereiche noch nicht verknüpft. So entsteht ein Signal »Error« im Gehirn, da es etwas nicht verarbeiten kann. Ein Mechanismus von vielen von euch ist, diese nicht zu erfassenden Dinge lächerlich zu machen.

Bereitet euch darauf vor, dass dies nun öfter passieren wird. Ihr seid in einer Zeit, in der Bewusstseinserweiterung von uns gefördert wird. Euer körperliches System wird auf weitere Phasen vorbereitet und die Verschaltung und Verknüpfung von Nervenbahnen in eurem Gehirn ist von sehr großer Bedeutung.
Ein kleiner, hilfreicher Schritt wäre, Dinge, die ihr nicht erfassen könnt, Dinge, die euch absurd erscheinen, Dinge, die fernab von eurem Wahrnehmungsspektrum liegen, einfach nur vor euch stehen zu lassen. Bewertet sie nicht, macht sie nicht lächerlich, tut sie nicht ab. Lasst sie einfach vor euch stehen und betrachtet sie und prüft sie für euch, in dem Wissen, dass ihr selbst das Spektrum eures Wesens mit eurem Wissen und eurer Wahrnehmungskraft zurzeit nicht annähernd ausschöpfen könnt.

6. Weg in die Autarkie des eigenen Geistes

Wir möchten jetzt hier nochmal auf die Bewusstseinserweiterung eingehen. Wie bereits beschrieben, ist eure Wahrnehmung im Sinne des universellen Seins nicht geschult. So ist es für euch nicht zu erfassen, welche Welt sich hinter der für euch wahrnehmbaren Welt verbirgt.
Sucht euch Wesen auf Erden, denen ihr Vertrauen schenkt. Wesen, die bereits Erfahrung haben mit Bewusstseinsarbeit. Lasst euch leiten von eurem Gefühl, wer gut für euch ist. Seid bereit, neue Erfahrungen zu machen. Seid bereit, euch einzulassen auf eine Reise in die Kunst der Wunder. Die Wunder des Universums, die nur zu Wundern werden konnten durch euch.
Das Enthüllen der für euch noch nicht in vollkommener Schönheit zu erblickenden Welt ist ein Feuerwerk, ein Freudentanz, ein Gefühl der Glückseligkeit für alle beteiligten Wesen. Macht euch auf den Weg in voller Freude.
Ihr selbst seid euer eigener Leitfaden, doch lasst zu, dass andere Wesen euch von Erfahrungen berichten. Seht, hört und spürt mit allen

euren zur Verfügung stehenden Fasern und integriert das, was euch stimmig erscheint.
Betet für euch, auf dass ihr geleitet werdet auf den richtigen Pfaden hin zu eurem vollendeten Wesen. Seid ihr in eurem authentischen Wesenskern, öffnet sich euer Wahrnehmungsspektrum in Vollendung im Sinne der materiellen Matrix. Ihr werdet sehend, ihr werdet hörend, ihr werdet spürend. **Blinde werden sehen, Taube werden hören und Gefühllose werden spüren. Lasst euch leiten, lasst euch führen und doch bleibt eure eigene Autorität zu Hause bei euch, zu Hause in eurem System.**
Wir möchten euch ein Gebet schenken. Ein Gebet aus der geistigen Welt. Ein Gebet, das wir für euch versenden:

Die Vergoldung eures Wesens
Geschehen im Vergangenen. Geboren in der Zukunft.
Im Sein, im JETZT.
Hebt eure Flügel hin zu neuen Taten.
Schauet auf euer Tun, denn ihr seid geboren, zu richten über euch selbst.
Ihr selbst seid Richter, im Fleisch geborener Geist.
Schaut auf euch und erfreut euch von Herzen an der Schönheit und dem Glanz eures Wesens.
Vergoldet euer Sein, vergoldet euer Tun mit euren eigenen Augen der Liebe.
Harte Richter seid ihr über euch selbst. Hartherzig und streng zu euch selbst.
Ihr verhängt euch hohe Strafen für euer Tun im Vergangenen, für die Zukunft und für euer jetziges Sein.
Lasst ab von eurer Hartherzigkeit. Lasst ab von euren Wertungen.
Lasst ab von euren boshaften Blicken auf euch selbst. Geboren seid ihr in Schönheit.
Gekommen auf diese Welt seid ihr, um zu bringen das Licht. Das Licht der Liebe.
Ihr seid Lichtbringer, Träger des Lichts in die Materie hinein. Nicht mehr und nicht weniger.

Glaubt euch. Seht euch. Nehmt euch als diese wahr, in der Vergangenheit, im JETZT und während der Geburt in die Zukunft hinein. Vergoldet euer Sein. JETZT und immerdar.

Entspannung in euch selbst hinein öffnet eure Wahrnehmungsorgane. Raus aus dem Schock, raus aus der Erstarrung eurer Zellen, begebt ihr euch durch Innehalten. Innehalten und Aufmerksamkeit auf euch selbst gerichtet. Den Fokus gerichtet auf eure innere Welt, auf eure innere Heimat im Wesenskern. Gewohnt seid ihr den Trubel in eurer Welt, gewohnt seid ihr den Stress. Verschließen tun sich eure Ohren, eure Augen, euer Gespür. Innerlich schlafen tut ihr in eurem Alltag. Ein Alltag bestimmt von Äußerlichkeiten. In einen Dämmerzustand lässt er euch verfallen. Wie Marionetten folgt ihr dem Strom der Wesenssysteme.
Haltet inne, wacht auf. Werdet sehend, hörend und spürend. Werdet wieder Herr eures eigenen Seins, eurer eigenen Herrschaft über eure innere Welt.
Lasst euch nicht täuschen von Annehmlichkeiten der Gesellschaft. Sie kann täuschen, manipulieren, euch lenken in Richtungen, die sie für euch vorgesehen hat. Werdet nicht zu Spielfiguren in einem Spiel, das andere spielen.
Kreiert eure eigene Welt. Setzt euch in eure eigene Mitte und wacht mit eurem Bewusstsein!
So seid ihr frei, frei in eurem Matrixsystem. Es ist eine Zeit der äußerlichen Unruhen. Umso mehr kommt es für euch darauf an, in euch selbst Ruhe zu schaffen und in Ruhe zu sein.
Meditiert, verbindet euch mit Gleichgesinnten, sammelt eure Kraft in euch. Lasst eure Energien in eurem System und lasst sie nicht abziehen von anderen. **Werdet autark!**
So werden sich eure Wahrnehmungsorgane um ein Vielfaches erweitern.
Euer Geist ist getrübt von destruktiven Gedanken. Ein Gedankengut gespeist aus alten Verletzungen. Verletzungen des Herzens strömen aus in eure Gedanken. Eure Gefühle prägen eure Gedanken. Denn diese wollen euch behüten. Behüten vor Schmerz. Behüten vor alten Erfahrungen.

Versucht nicht zu begreifen, wer ihr seid. Fangt an, es in euch zu erspüren. Nehmt all eure Facetten wahr. Lasst eure inneren Augen durch euch hindurch schweifen und seht mit klaren inneren Augen. Seht, wie in einen Spiegel auf die glatte Oberfläche eures inneren Sees, des Sees eures Geistes. Traut euch in all eure Bereiche und seht, fühlt, wer ihr wirklich seid.
Eins seid ihr, mit allem, was ist, und doch gibt es jeden von euch in seiner Einzigartigkeit nur einmal.
Ein klarer Geist ist von unschätzbarer Bedeutung. Wie wir bereits erläuterten, trüben alte Verkrustungen, alte Gefühle eure Matrix, euren Geist auf der Geistigen Ebene (GE). Sie setzen euch eine Brille auf, sodass ihr nicht klar sehen könnt. Doch ist es eine Brille, die ihr vermögt abzusetzen. Auf den vorherigen Seiten erwähnten wir die große Bedeutung der Heilung eurer Wahrnehmungsorgane. Hier kommt sie zum Tragen. Denn nicht nur das Leben könnt ihr besser wahrnehmen und in dieses eintauchen. Es ist ebenso euer Selbst, das ihr mit klaren Wahrnehmungsorganen erkennen könnt. Verkrustungen leiten in die Irre und ihr identifiziert euch aus alten Verletzungen heraus. So führt ihr euch selbst in die Irre. Ihr werdet wieder zu dem, aus dem heraus die Verkrustung entstanden ist. Und der Kreislauf beginnt von Neuem.
Klärt eure Matrix, euren Geist, lasst ihn ruhig werden, lasst ihn sich ausdehnen zu dem, zu dem er werden möchte.
Der Geist, eure Matrix auf der Geistigen Ebene (GE), ist euer innerer König. Er schaltet und waltet über eure innere Welt.
Erschafft ihm ein gebührendes Schloss, in dem er schalten und walten kann. Er ist vollendet kraftvoll, sobald er von euch auf seinen Thron gesetzt wird.
Solange euer Geist nicht in seine Vollständigkeit hineingeboren wird, regiert der Hofnarr, das Ego.
Überprüft eure Motivation. Mit welcher Motivation wollt ihr eure eigene Welt erschaffen? Ist es im Sinne aller Wesen? Ist sie im Fluss des Lebens?
So seid euch gewiss, die Kräfte des Universums werden mit euch fließen und ihr werdet zum König eurer Welt gekrönt.

Ein König, der sich nicht von Macht leiten lässt. Ein König, der aus seiner Macht heraus in Liebe erschafft. Und erinnert euch, Liebe ist der Ursprungsbegriff für die fließenden Energien.
Erschaffen im Sinne des vollkommenen Energieflusses des Universums ist die größtmögliche Heilung, der jeder von euch bedarf! Werdet zu diesen Schöpfern! Werdet Könige des Universums. Erschafft den freien Fluss der Energien. Erschafft im Sinne der Liebe.

Der Geist, eine unerschöpfliche Quelle von klaren, göttlichen Energien, möchte ausströmen in eure Matrix-Kopie, ausströmen in das Leben. Der Geist, eure Quelle auf der Geistigen Ebene (GE), möchte hinausfließen.

Durch verschiedene Abstufungen eurer Entwicklung hat sich die Strömungsrichtung umgedreht. Die Energien fließen zurzeit von außen nach innen: Ihr macht Erfahrungen, diese erzeugen Gefühle, diese prägen eure Gedanken, diese prägen eure Matrix-Kopie, diese prägt euren Geist, eure Original-Matrix auf der Geistigen Ebene (GE). Der Geist trübt sich und kann nicht seine Kraft entfalten. Das Ego herrscht. Ihr werdet Marionetten eurer eigenen alten Erfahrungen und könnt euch so keine neuen heilvollen Erfahrungen kreieren. Der Geist ist die Energiequelle. Gedanken sollen ihm dienen. Gedanken formen die Energien des Geistes und bringen diese weiter hinein in die Materie. **Gedanken sind Diener des Geistes.** Der Geist ruht wie ein klarer See. Daraus formen sich Gedanken, die eine Handlung in der Materie initiieren. So formt der Geist mit eurem Körper Materie zu dem, zu dem ihr erkoren seid.
Euer Geist, eure Original-Matrix in Reinform, trägt eure Authentizität in sich. Gedanken sind Aufträge des Geistes.
Gefühle sind Energiewellen, die durch die Erschaffung von Materie, im Einklang mit der erschaffenen Materie, schwingen.
Gefühle spiegeln die erschaffene Materie des Geistes. Es sind Spiegelgefühle. Sie sind der Ausdruck der Authentizität des Geistes.
In eurem Geist ruhen alle für euch authentischen Möglichkeiten, die ins Leben, in die Materie, hineingeboren werden möchten. Gedanken

initiieren die Handlung. Gefühle, Energiewellen rückkoppeln an den Geist das materielle Erlebnis jeder einzelnen erschaffenen Möglichkeit. Nun hat die Entwicklungsdynamik zur Folge, dass Gedanken und Gefühle dem Geist nicht mehr dienen.
Nein, sie wurden zu Herrschern. Gefühle prägen Gedanken und Gedanken prägen eure Handlung. Euer Geist wurde getrübt durch diese alten Verkrustungen. Ihr habt es verlernt, in eurem klaren Geist zu ruhen und ihn erschaffen zu lassen. Die heilvolle Energiewellenrichtung wäre von innen nach außen, ausgehend vom Geist in die Materie hinein. Ihr seid damit beschäftigt, euer System, eure eigene Welt, vor schmerzhaften Gefühlen, schmerzhaften Materialisierungen zu schützen. Eure Gedanken formen Handlungen, um diese schmerzhaften Materialisierungen zu vermeiden. Doch sind sie abgetrennt vom klaren Geist. Sie haben sich eigenständig gemacht und trüben den Geist mit ihrem Abwehrschutz.

Der Geist in sich trägt die Heilung in sich. Der Geist definiert als Original-Matrix auf der Geistigen Ebene (GE).
Beginnt wieder damit, ihn zu fokussieren und in ihm zu ruhen. So erlangt er seine ursprüngliche Klarheit und kann eure Gedanken neu formen.
Die Heilung beginnt und neue lichtvolle Erfahrungen können sich in eurer Materie zeigen.
Es ist der Geist, der sich ausdrücken möchte in die Materie hinein. Der Geist ergießt sich und formt seinen Ausdruck als Materie. Das ist die Gottesquelle in euch.
Die Sprache des Universums, dazu gehört die Sprache des Geistes in der Sprache der Materie.
Ihr formt, was euer Geist gebärt. Authentische Erfahrungen entspringen als Informationen aus dem Geist heraus. Gedanken formen, euer Wort transportiert in die Materie und die Handlung vollendet die Materialisierung. Die Gefühle sind die Spiegelung, sozusagen die Antwortwellen auf die materiellen Worte des Geistes.

Durch die Nichtanbindung eurer Gedanken und Worte formt ihr Materie, die nicht aus eurem Geist entspringen würde. Ihr habt sozusagen eigenmächtig und nicht im Sinne des Lebensflusses, der fließenden Lebensenergie, Materie kreiert. Eure Gefühle antworten auf eure Gedankengebilde. Negative Gefühle lassen weitere Gedanken entstehen. So lebt der Kreislauf zwischen Gedanken – Worten – Handlung – Gefühlen ewig bis hin zu eurem Durchbrechen, bis hin zu eurer Hingabe in euren Geist hinein, bis hin zu eurem Vertrauen in die Entstehung der Göttlichkeit auf Erden.
Lasst die Sprache eures Geistes, eurer Original-Matrix, auf Erden zu und erlebt eure eigene Glückseligkeit. Verbindet euch wieder mit eurem Geist, dem Schöpfer eures Systems. Gebt ihm seine Macht zurück.

Erschöpft ist euer System, erschöpft aus der sich selbst speisenden Angst. Der Kreislauf der Angst ist nicht angebunden an den Geist. Er ist losgelöst vom Anker. Wurzellos schwebend bildet die Angst neue Materiengebilde, aus denen sie sich selbst heraus wieder bestätigt. Wie schwer muss es für euch sein, dieses angebliche Zuhause der Angst freizugeben, um nach Hause zu kommen!
Um eine Illusion zu durchbrechen, ohne das wahre Bild erkennen zu können, bedarf es sehr viel Mutes. Mut, der inneren Führung zu vertrauen, ihr zu glauben. Euch wieder auf euch selbst zu besinnen, besinnen mit euren Sinnen. Mit klaren Sinnen fällt es euch leichter, euch auf euch zu besinnen, in euren Ursprung zurückzukehren.
Worte können diesen Prozess nicht erfassen.
Sie können versuchen, ihn zu umschreiben. Doch die Wahrheit hinter dem Prozess zu erfassen, vermag der, der ihn durchschritten hat.

Das JETZT ist ein Türöffner der Pforte hinein in den Geist, hinein in eure Original-Matrix. Im JETZT wird alles gewahr. Im JETZT ist euer Geist. Hier habt ihr direkten Zugang zu ihm. Ihr umgeht den unangebundenen Kreislauf des Egos, der Angst, von Gedanken – Worten – Handlung – Gefühlen. Seid ihr direkt im Geist, spürt ihr, wie das Angstgebilde an Macht verliert. Unangebundene Gedanken haben

keine Kraft mehr. Alleine der Geist weitet sich aus, breitet seine Flügel aus und verwurzelt sich in eurem Matrix-Kopiesystem auf der Materiellen Ebene (ME). Eine Ruhe der Glückseligkeit in euch entsteht. Bis zu dem Zeitpunkt, wo euch äußere Erlebnisse in den Kreislauf der Angst zurückfordern. Neue unangebundene Gedanken entstehen und fordern in der Materie ihren Tribut.
Die Mehrzahl der Menschheit lebt im Zyklus der Angst. Seht, welche Form der Materie auf eurer Erde entstanden ist. Die Antwort darauf ist die Frequenz eurer Resonanzgefühle. Ihr lebt in der von euch kreierten Hölle. Viele einzelne Lichter beginnen sich auf ihren Geist zu besinnen, beginnen in der göttlichen, universellen Sprache zu sprechen. Diese Lichter fangen an, neue Materie zu formen. Doch im Geist zu verweilen, ohne sich von äußerlichen Angstgebilden der Menschheit irritieren zu lassen, ist schwierig. Und ihr selbst müsst euch in diesem Prozess ebenso mit dem Erbe eurer materiellen Angstgebilde auseinandersetzen. Es kann sein, dass ihr in eurem Geist ruht, und doch konfrontiert euch euer altes Erbe mit Angstgebilden in eurem Leben.

Wisset, Materie ist sehr träge. Euer Geist ist rein und durchdringt, doch Materie braucht die erdige kreierte Zeit. Seid nicht irritiert, wenn ihr im Geist ruht und eure Materie noch anderes spiegelt. Es sind die Antwortfrequenzen / Resonanzgefühle auf materielle Gedankengebilde der Vergangenheit.
Lasst nicht zu, dass Resonanzgefühle euch zu neuen unangebundenen Gedanken verleiten.
Werdet ruhig und seid euch eurer selbst gewiss. Besinnt euch auf euch selbst.
Ruht ihr im Geist, wird eure Materie von erdiger Zeit zu erdiger Zeit klarer, reiner, authentischer.

Der Geist ist JETZT. Der materielle Spiegel ist zeitverzögert.

Dies ist eine sehr relevante Botschaft von hoher Bedeutung.
Denn viele von euch lassen sich von dem materiellen Spiegel irritieren und fallen aus ihrem Geist heraus. Sie verfallen alten Mustern als

Reaktion auf den äußeren Spiegel. Ihr wollt den Spiegel wieder kontrollieren über das Angstkonstrukt von unangebundenen Gedanken. Nein, der Spiegel löst sich wie eine Fata Morgana auf, wenn man näher kommt, wenn man weiter in seinem Geist ruht, obgleich der äußeren, angsteinflößenden Materie.

Der Geist ist JETZT. Der materielle Spiegel ist zeitverzögert. Der jetzige materielle Spiegel ist das Erbe aus der Vergangenheit. Daher lasst euch nicht irritieren und bleibt im Geist – im JETZT.

Diese Irritation ist der häufigste Stolperstein der menschlichen Wesen, durch den sie wieder aus dem Geist, dem JETZT, fallen. Verurteilen ist nicht in unserem Sinne.
Verurteilung hält Energieströme gefangen, schließt sie ein, um sie zu betrachten, um sie dann zu beurteilen. Beurteilen ist verurteilen. Sobald ihr beurteilt, bekommt es eine Wertung. Wertung ist Verurteilung. Wir möchten hier noch einmal betonen, der Energiefluss in reinster Form ist das höchste Gut eures, unseres Universums. In euren Worten: Die Liebe ist das höchste Gut. So versteht, dass die Wertung jeglicher Form Energien festhält.
Energien sind so fest umklammert im Auge des Betrachters, um sie für sein eigenes System zu verwerten bzw. abzuwehren.
Wertung ist gemeint als Einstufung von positiv bis negativ mit all seinen Schattierungen.
Die Wertung des Erfassens fällt nicht hier hinein. Erfassen tut ihr mit allen Sinnen jede einzelne Sekunde. Ihr seid Wesen, die dazu bestimmt wurden, zu erfassen. Denn durch euch kann der Geist in die Materie geboren werden und kann so erfasst, begriffen, erfahren werden. Diese Wertung des Erfassens ist euer Geburtsrecht.

Euer Stolperstein in eurem Geburtsrecht ist die Verurteilung im Sinne der Werteskala 100 % positiv bis 100 % negativ. Auch eine 100 % positive Bewertung ist eine Verurteilung. So versteht: Bewertet ihr ein Wesen oder eine Situation als 100 % positiv, so verurteilt ihr es oder diese dazu. Die Energien können nicht weiter im freien Fluss sein. Die Ver-

urteilung stoppt den Fluss der Energien, sodass eine Verkrustung entsteht.
Anders ist das Erfassen eines Wesens, einer Situation, denn hier wird wahrgenommen, was ist, und das Wahrnehmen erlaubt Energien, frei weiterfließen zu können.
Ihr seht, welche Kraft euer Denken und euer Tun auf den Energiefluss eures, unseres Universums hat. Seid bedacht, geht behutsam um mit eurem Tun. Seid achtsam mit euch und euren Mitwesen.
Lasst euch und andere frei fließen, hin zu dem, der ihr seid.
Verurteilungen versuchen zu halten, zu kontrollieren.
Verurteiler möchten Macht über die Situation. Sie stellen sich über den Moment als Kontrolleur des Geschehnisses, als Kontrolleur seiner Mitmenschen. Doch zeigen Verurteiler einzig und allein ihr tief liegendes Ohnmachtsgefühl und die Angst, sich selbst vom Leben tragen zu lassen. Verkrustungen verhindern Verurteiler, sich in ihren Geist hineinzubegeben. Sie unterliegen der Struktur des Angstgebildes. So erkennt ihr in den Wesen, wer noch tief in den Strukturen des Angstgebildes der unangebundenen Gedanken ist und wer schon Anteile seines Wesens in den Geist hineingelegt hat bzw. sein ganzes Wesen im Sinne des Geistes lebt.
Seid ihr zu Verurteilten geworden, so kostet es euch Anstrengung, eure Energien nicht als gefangen erklärt betrachten zu lassen. Lasst euch nicht binden von denen, die euch verurteilen. Bitte seht nicht nur die Skala von Null bis in den Negativbereich hinein, sondern ebenso die Skala von 0 bis in den Positivbereich. Dieser positive Bereich bereitet ein angenehmes, scheinbar fließendes Gefühl. Doch der Schein trügt, auch hier wird der Energiefluss geblockt. Euch von positiven Verurteilungen freizusprechen ist im doppelten Sinne anstrengend. Einmal, sich nicht von dem Blick des Mitwesens verhaften zu lassen, und dann sich selbst von diesem scheinbar positiv angenehmen Gefühl zu verabschieden bzw. es fließen zu lassen.

Fließenlassen ist für euch noch ein Gehenlassen. Denn ihr lebt noch im Bewusstsein des Mangels. Der Mangelgedanke bewirkt das Gefühl des Verlustes, wenn ihr etwas fließen lasst. Im universellen Sinne ist ein

Fließenlassen eine unerschöpfliche Quelle von Energiereichtum, denn das Fließen der Energien wird niemals enden. Es ist unerschöpflich.
Ihr könnt aus der vollen Unendlichkeit des Schöpfers schöpfen. Der Mangelgedanke ist aus unangebundenen Gedanken entstanden und verstärkt das Angstgebilde von unangebundenen Gedanken – Worten – Handlung – verkrusteter Materie – Gefühlen. Verurteilungen wollen die eigenen Mangelgefühle aufheben.
Der, der verurteilt, bindet Energien an sich im positiven oder im negativen Sinne und versucht so, Energiemangel in seinem System auszugleichen. Der Mangel im eigenen System ist auch durch Festhalten von Energien, also durch Verurteilungen im eigenen System entstanden. Hier kommen wir an den Anfang des Buches zurück, wo wir über Wesenssysteme gesprochen haben. Das gegenseitige Schenken von Energien, um Mangelgefühle auszugleichen.
Autark zu werden bedeutet, sich in seinen Geist hineinzubegeben! Hier kommen die Energien zum Fließen und die unendliche Vielfältigkeit der zur Verfügung stehenden Energien kann sich in euer System ergießen im Sinne eurer Authentizität.
Wenn ihr also als positiv Verurteilter diese Energien fließen lasst, euch nicht damit identifiziert, haben diese Energien eine freie Flussbahn durch euch hindurch. Wenn der Verurteilende einen authentischen Strang von euch erkannt hat, wird diese Energie als freie Energie durch euch fließen und ihr seid erfüllt von einem authentischen Spiegelgefühl. Der Preis des dadurch Gefangenseins bleibt hier aus.
Hat diese positive Verurteilung nichts mit eurem Wesenskern zu tun, und ihr lasst sie fließen, wird kein Gefühl des Mangels entstehen. Das, was ihr nicht seid, hinterlässt kein Mangelgefühl. Im Gegenteil: Lasst ihr es fließen und kein Spiegelgefühl entsteht, habt ihr euch freigesprochen von Verstrickungen, die der Verurteilende mit euch vorhatte, um eigene Interessen zu verfolgen.
So seht: In beiden Fällen ist auch das Fließenlassen von positiven Verurteilungen von hohem Wert.

Universelle Zusammenhänge zu verstehen, vielmehr zu erfassen, hat enorme Kraft.

Denn es erlaubt euch, euch auf die Essenz, auf das Wesentliche, zu fokussieren, der es in eurem Heilungsprozess bedarf.
Wir wissen, ihr befindet euch in einem Meer von unangebundenen Gedanken, verkrusteter Materie und Resonanzgefühlen. Es wuselt nur so um euch herum und dieser, wie ihr ihn nennt, Alltag fordert eure Aufmerksamkeit und eure Kräfte. Doch nur eine Minute in einem aufgewachten Bewusstseinsmoment erhellt eine große Zeitspanne des Versinkens im Alltagsgewusel.

Gönnt euch fünf Minuten am Tag und taucht auf.
Erwacht und werdet euch selbst gewahr. Schult euer Bewusstsein für die universelle Wahrheit. Werdet klarer, heller in der Bewusstwerdung.
Dies ist ein Prozess, der beschritten wird. Ein Weg, für den ihr euch entscheiden könnt. Gebt euch Zeit und bleibt beharrlich. Denn wisst, Materie ist der zeitverzögerte Spiegel eures Wirkens, ob aus dem Geist oder aus dem Ego heraus. Kontinuierlich und fokussiert ordnet euch im Fluss des Lebens ein und lasst die Angst Stück für Stück umspülen, bis sie sich ganz im Strom des Lebens integrieren kann. Eine Weile euch in diesem Bewusstseinszustand zu halten, bedarf viel innerer Konzentration. Körperliche Süchte stehen euch ebenso im Weg. Angst und Schockzustände produzieren in euch Hormone, die euch verleiten, weiter in dem Angstgebilde zu verweilen. Hormone sind Steuergehilfen der Matrix-Kopie. Sie gehorchen auf den Herrscher des Systems. Herrscht die Angst, so reagieren sie auf diese mit Adrenalin und Cortison. Diese Hormone senken auch die Schmerzempfindung des Körpers. So ist die Angst bestätigt. Das Angstgebilde will euch vor Schmerzen bewahren und auch auf körperlicher Ebene fühlt sie sich, ihr euch, bestätigt. Die körperliche Hormonsucht ist nicht zu unterschätzen. Viel Willenskraft bedarf es von euch, um euch an einen neuen Hormonspiegel zu gewöhnen. Dieser Zustand fühlt sich gewöhnlicher, für euch fast langweilig an. Doch in diesem gewöhnlichen Zustand, raus aus dem Schock, raus aus der Angst, passieren die kleinen und großen universellen Wunder des Geistes. Diese Wunder sind die Normalität, die Realität des Universums. Könnt ihr sie erfassen, wollt ihr diesen Zustand der Realität

nicht mehr verlassen. Dann wird es für euch leichter und leichter, die hormonelle Sucht, die körperliche Sucht der Angst, fließen zu lassen.

Ein reiner, durchlässiger Körper ist für euer Bewusstsein von hoher Bedeutung.

Missachtet nicht die Relevanz eures körperlichen Zuhauses. Der Zustand eures Körpers kann euch weg von eurem Geist führen und er kann euch hinbegleiten und euch den Weg leicht bereiten. Eure Körper sind so individuell wie euer Geist. So versteht, die weltlichen Dinge, die euren Körper schwächen, sind ebenso individuell. Ihr könnt euch nicht eins zu eins mit anderen menschlichen Wesen vergleichen. Es ist an der Zeit, euren eigenen Körper besser kennenzulernen, auf ihn zu achten und ihn wahrzunehmen. Ist es nicht von großer Verwunderung, dass ihr in eurem Körper lebt, in ihm zu Hause seid und ihn nicht wirklich gut kennt? Müsste die Kontaktaufnahme zu eurer Hülle nicht ein tägliches Ritual sein? Was braucht euer Körper an diesem Tag? Was braucht er an Nahrung, an Flüssigkeit? Welche körperlichen Bereiche brauchen mehr Aufmerksamkeit in der Fürsorge als andere? Wie ist der allgemeine Zustand? Braucht ihr mehr Ruhe zur Erholung? Ihr betreibt Raubbau mit eurem Körper, so wie ihr es mit der Erde tut. Es ist euch sogar oftmals bewusst und doch fühlt ihr euch eurem Alltag gegenüber ohnmächtig. Und wer hat den Alltag kreiert? Euer Angstgebilde der unangebundenen Gedanken. Ihr seht, wie vielschichtig dieser alte Mechanismus in euer System eingreift. Wir wollen euch nicht entmutigen. Vielmehr geht es um die Bewusstwerdung. Verurteilt euch nicht für das, was ist. Wie ihr bereits wisst, würde das noch mehr zu Verkrustungen führen. Nehmt es wahr und entscheidet euch jeden Moment aufs Neue. Entscheidet euch für den Moment, so sammelt ihr Momente, die euch ins Bewusstsein führen. Moment für Moment, Schritt für Schritt. Mit der erdigen Zeit wird es leichter und leichter werden, denn Verkrustungen werden in Fluss gebracht und die Widerstände des Angstgebildes werden so schmelzen.

Seid gnädig mit euch und überfordert euch nicht mit eurem Wollen. Geht Schritt für Schritt in Klarheit und lasst euch vom JETZT befreien.

7. Elemente der Materiellen Ebene (ME)

Verunreinigungen des Wassers schwächen euch alle in hohem Maße. Wasser ist ein Fließelement, das dem Fließen von Energien sehr nah kommt. In eurer Sprache setzt ihr das Wasser mit »dem Fluss des Lebens« gleich. Denn der Fluss entsteht auf Erden durch Wasser. So seht: Das Element Wasser hat eine große Bedeutung. Wasser bringt in eurem System Energiestauungen zum Fließen. Wasser reinigt euer System. Wasser beatmet euer Energiesystem. Auch auf chemischer körperlicher Ebene reinigt Wasser euren Körper von Giftstoffen. Und so geschieht die Reinigung ebenso auf energetischer Ebene. Versteht ihr nun, warum die Reinheit des Wassers, das ihr zu euch nehmt, von so hoher Bedeutung ist? Je chemisch und energetisch klarer das Wasser ist, desto mehr Reinigungskraft hat es in eurem System. Wasser transportiert Energien. Wasser transportiert sie in euren Körper und aus eurem Körper hinaus. Das heißt, wenn ihr Wasser vorher klärt, bringt es klare Energien in euren Körper.
Es hat so mehr Kapazitäten, verkrustete Energien aus eurem Körper zu schwemmen.

Das Meer ist ein großes Sammelbecken von Energien. Es fängt von euch kreierte Energien auf und sammelt es für euch, um eure Systeme zu entlasten. Wie ihr mitbekommt, ist auch die energetische Kapazität des Meereswassers an eine Toleranzgrenze gestoßen, sodass die energetischen Verkrustungen materiell sichtbar werden.
Die Natur ist bestrebt, einen Ausgleich zu schaffen. Sie unterstützt und entlastet euch in eurem Bewusstseinsprozess. Die menschlichen Wesen haben bisher gezeigt, dass sie über negativ verurteilte Resonanzgefühle ihre Richtung wechseln. So spiegelt euch die Natur ihre Belastung, bis ihr selbst betroffen in ein negativ verurteiltes Resonanzgefühl fallt.
Da es ein Gemeinschaftsprozess ist, muss erst die kritische Masse erreicht werden, bis ein Richtungswechsel der menschlichen Wesensgattung vollzogen wird. Je mehr einzelne Wesen in ihrer eigenen Welt Veränderungen herbeiführen, desto mehr Wesen in ihrem Umfeld können es sich abschauen und die kritische Masse wird Stück für Stück erreicht.

Bitte fühlt euch angesprochen. Wir brauchen jeden Einzelnen von euch.

Die Natur spiegelt euren Bewusstseinsstatus. Über die Frequenzerhöhung eures Bewusstseins erhöht sich die Frequenz der Natur. Wenn ihr selbst heilt, heilt auch die Natur. Sie ist euer Spiegel.

So wie euer eigener Körper Spiegel eures Bewusstseins ist, ist die Natur der Spiegel des Massenbewusstseins, ein Spiegel der gesamten menschlichen Wesen.

Wie im Kleinen so im Großen. Wie im Großen so im Kleinen. Befindet ihr euch am Meer, so geht das Wasser in eurem Körper in Resonanz mit dem Wasser des Meeres. Viele von euch fühlen sich vom Meer angezogen. Sie entspannen, ihr System beruhigt sich am Element Wasser, da die Kraft der Reinigung und die Kraft des Ins-Fließen-Bringens vom Meer auf sie wirkt.

Das Meer, Wasser in großer Menge, weckt eure Sehnsucht, die tiefe Sehnsucht, nach Hause zu kommen. Nach Hause kommen in die Angebundenheit an den Geist. Diese Sehnsucht lebt tief in eurem Kern. Das Element Wasser kann diese Sehnsucht erwecken und euch an euer Zuhause erinnern.

Folgt dem, was euch guttut.

Das Element Wasser, nutzt es für euren Heilungsprozess.

Die schützende Hand halten wir über euch. Wir leiten euch mit leisen Tönen. Geht aus der Angst, geht aus dem Schock und lauscht unseren Worten. Kommt uns nah und vertraut auf die Töne zwischen den Zeilen des Lebens. Werdet ruhig und lauscht. Die Sprache des Universums umgibt euch stets.

Die Elemente der Materiellen Ebene (ME) sind Grundpfeiler der Entstehung. Sie sind somit Grundpfeiler der Entstehung eurer Welt, der Erde.

Wie ihr schon wisst, ist die Erde ebenso ein Wesen, wie ihr es seid. Die Elemente der Materiellen Ebene (ME) sind wie die Stoffe, aus der dieses Wesen Erde besteht.

Zu den Grundelementen gehören Wasser, Erde, Feuer, Luft und Metall. Die Kraft der Elemente der Materiellen Ebene (ME) stehen euch ebenso zur Verfügung. Sie sind ein Geschenk an euch. Ein Geschenk für euren Heilungsprozess. Ihr könnt sie für euch selbst anwenden, wenn ihr danach verlangt.
Wir möchten euch hier ein paar wichtige Informationen zur Nutzung der Elemente vermitteln. Elemente sind Energieströme verschiedenster Qualitäten, wie alles in diesem eurem, unserem Universum. Ihr könnt also die entsprechenden Ströme, die euer System zum jetzigen Zeitpunkt seiner Entwicklung bedarf, nutzen, um damit in Resonanz zu gehen und um damit eure Stauungen der Energiestränge zum Fließen zu bringen.

Feuer ist das Element der Transformation, das Element der Auferstehung. Der Phönix, der aus der Asche steigt, ist ein Symbol des Feuers. Es bedarf des Feuers, um das Alte, das Verbrauchte, zu verbrennen, auf dass das Neue Raum zur Entfaltung hat.
Brenne, lodere, entfache Feuer in deiner Kraft.
Zerstöre das Alte, das, das länger nicht gebraucht ist, das, das die Heilung verhindert. Der Vulkan ist ein Feuerelement. Seht, welche Kraft und Wucht aus ihm geboren wird. Er zerstört und kreiert neues Land. Beides gehört zur Feuerkraft. Das Feuer spendet Energie durch seine Kraft, durch seine Hitze. Es feuert an, es erhitzt das System. Im Gegensatz zum Wasser, das eher eine abkühlende, beruhigende Wirkung hat. Energien kommen durch Feuer in Schwung, durch seine Energiezufuhr. Feuer bringt zurück ins Leben, es heizt an, es macht wieder lebendig. Feuer kann zur energetischen Reanimation genutzt werden, z. B. bei der Erkrankung der Depression.
Die zündelnden Flammen, sie sprechen mit eurer Matrix. Die Flammen besprechen eure energetischen Blockaden, um sie zu erwecken, um sie hochzukochen, damit sie aus ihrer Erstarrung erwachen.
Das Feuer spornt an, es ermutigt und gibt Kraft für neue Taten. Es gibt Zuversicht und lässt euch Visionen erblicken.
Das Feuer kann euch in Trance bringen, um euch den Zugang zu euren tiefen Weisheiten zu öffnen. Das Feuer kann euch Schutz bieten.

Ehrt die Elemente, sie haben große Kräfte.

Luft ist ein Element der Leichtigkeit. Es trägt euch. Luft nimmt euch auf seine Schwingen und zeigt euch andere Höhen und Tiefen eures Seins. Luft ist ein Element des Durchdringens, des Durchschauens. Mit Luft könnt ihr erkennen, welche Qualität sich vor euch materialisiert hat. Luft verbindet euch. Luft ist ein Element der Gemeinschaft. Luft ist ein unsichtbares Band zwischen allen universellen Wesen. Luft verbindet alle Ebenen untereinander und deren darin existierende Wesen.
Ruft ihr uns in eure Nähe, so kann euch das Element Luft dabei behilflich sein. Wollt ihr euch mit anderen Wesen, seien es menschliche oder Wesen aus der Natur, verbinden, wählt dazu das Element Luft.
Alle atmet ihr ein und ihr atmet aus. Das, was durch eure Lungen fließt, fließt einen Moment später durch die Lungen eines anderen Wesens.
Luft ist ein Element, das uns Geistwesen und Lichtwesen sehr nah ist. Sie existiert um euch herum, ist überall und doch für euch unsichtbar. So könnt ihr uns ebenso verstehen, stets um euch, überall und doch könnt ihr uns nicht sehen.
Luft ist die Initialzündung, ohne sie hättet ihr nicht den ersten Atemzug getan, ohne sie hättet ihr euch nicht auf Erden materialisieren können. Luft hat euer Licht auf Erden angepustet. Nutzt sie als Initialzündung, als Ideengeber, als Lebensspender, als Durchdringer der von euch empfundenen Problemstrukturen.
Ruft an die Luft, und sie verhilft euch, uns nah zu sein.
Verbindet euch mit der Luft, um allen Wesen nah zu sein. Bildet eine Gemeinschaft über das Element Luft.

Das Element Erde trägt euch.
Sie stabilisiert euch und euer System, sie hält euch zusammen. Erde formt eure, von euch kreierte Materie. Erde hilft, eure Ideen zu gebären. Sie ist der Geburtshelfer. Sie ist der Stabilisator.
Das Element Erde trägt die Energie der Kontinuität in sich. Sie beruhigt nach stürmischen Zeiten und bringt Zuverlässigkeit und Ausdauer mit als kraftvolle Energie.

Erde ist das Element der Fruchtbarkeit. Hat Feuer euch eine Vision geschenkt, so kann Erde sie mit euch materialisieren. Sie ist fruchtbar und kann alle für euch im Moment wichtigen Zutaten bereitstellen. Aus der Erde heraus kommt die Entstehung, die Formung, die Gestaltgebung von Gedankengut.

Das Element Metall ist ein Geschenk von uns an euch.
Wir haben es für euch entstehen lassen. So hat es eine ganz eigene Funktion. Metall ist vor allem als Element des Schutzes zu verstehen. Es gibt Phasen in eurem Leben, in denen ihr euch öffnet, sensibilisiert, verletzlich werdet. Diese Phasen sind von großer Bedeutung für eure persönliche Entwicklung. In dieser Phase habt ihr die Chance, große Wachstumsschübe des Bewusstseins zu erfahren. Doch seid ihr in diesen Phasen ebenso anfällig für äußere Einflüsse, die dieses Wachstum verhindern könnten.
Metall hält euch bei euch. Metall zentriert euch in eurer Mitte und schirmt euer System ab von äußeren Einflüssen. Es erschafft euch persönlich einen geschützten Raum, in dem ihr euch neu ordnen und neu ausrichten könnt. Seid ihr in so einer Phase, nutzt unser Geschenk, umgebt euch mit Metall, schirmt euch ab und begebt euch in euren persönlichen Raum.
Das Element Metall ist euer persönlicher Wächter.

Die Kraft der Elemente

eine Welle der Sehnsucht
eine Flamme der Zündung
auf den Flügeln der Luft
getragen von der Erde
behütet von dem Wächter Metall
so folgt uns, geliebte Wesen
hin zu neuen Ebenen
hin zu heilvollen Erfahrungen
ihr seid, wir sind, eins
unabdingbar auf ewig

>> 12. Matrixerfahrung: Die Elemente
(siehe Audiopaket zum Buch)

Dieses Kapitel der universellen Sprache hat, wie ihr seht, den Schwerpunkt, was ihr für euch und euer System tun könnt, um die Sprache des Universums zu entziffern, verstehen zu können.
Das Universum spricht jede Millisekunde, es kann nicht nicht sprechen. Der Ausdruck der universellen Quelle ist die universelle Sprache, und wie ihr seht, ist dieses gesamte Universum ein Kosmos des Ausdrucks. Dieses euer, unser Universum ist die Quelle des Geistes Gottes, der seine Essenz in der Materie zum Ausdruck bringt. So versteht die Sprache als Ausdruck dessen, was sich in der Materie zeigen möchte.
Jeder Einzelne von euch ist ein Transformator. Ihr transformiert, ihr bringt den Geist Gottes, der in Form von authentischen Energien durch eure Original-Matrix fließt, in eine materielle Form. Ihr seid wichtige Schaltstellen in diesem eurem, unserem Universum.

Ihr seid Gott, denn ihr bringt den Geist in die Materie. Gott wurde erst zu Gott, als er Materie erschuf.
So versteht, jeder von euch ist Gott.
Auf den vorherigen Seiten erklärten wir euch, auf welche Art und Weise ihr den Geist in die Materie bringt. Einmal erläuterten wir den Weg des Geistes in die Materie hinein und einmal erläuterten wir den Weg, wie unangebundene Materie durch euch entsteht. Das Abgetrenntsein von eurem Geist, eurer Original-Matrix, von den Energien der universellen Quelle, bereitet euch Schmerz und formt eure Welt als eine, von euch bezeichnete, Hölle.

Unser Auftrag ist es, euch den Weg zurück in die Anbindung zu zeigen, euch zu geleiten auf euren Wegen, euch zu schützen und zu behüten. Alle anderen Wesen, die sich in der Materie zeigen, sind an den Geist, an die authentischen Energien, angebunden. So wie die Mehrzahl der Wesen, die sich nicht in der Materie zeigen, an den Geist angebunden sind. Die menschlichen Wesen auf der Materiellen Ebene (ME) sind Wesen, die auf der Materiellen Ebene (ME) nicht angebunden sind.

Fühlt euch nicht verurteilt dafür, denn ihr wolltet erfahren den Zustand im Unangebundensein. Dies ist eure Seinserfahrung.
Durch die Erfahrung des Unangebundenseins kann erst die Erfahrung des Angebundenseins erlebt werden. So ist es keine Verurteilung, sondern eine Tatsache, ein IST-Zustand, der erlebt werden wollte. Ihr bezeichnet diesen Zustand als den »Fall aus dem Paradies«. Und erklärt es euch als ein Akt des »Sich-schuldig-gemacht-Habens«.
Ihr wollt euch auf verschiedenste Weise von Schuld befreien, um wieder ins Paradies zu gelangen. Eure Religionen zeigen viele verschiedene Wege auf, wie Schuld beglichen werden kann.
Doch der Grundgedanke an sich führt schon in die Irre. Wie bereits erwähnt, gibt es die Schuld nicht.

Das Fallen aus der Angebundenheit ist ein Akt aus eurem Sein heraus. Die menschliche Wesenheit hat sich selbst dafür entschieden, um es zu erfahren, es ist ein angebundener Erfahrungszyklus. Nehmt diese Erfahrung als Erfahrung und kehrt zurück in die universelle Quelle des Geistes.

Das Gefühl der Schuld verurteilt euch selbst und lässt euch verkrusten. Das Gefühl der Schuld führt euch fort von der universellen Quelle des Geistes.
Geht in Demut mit eurer getroffenen Entscheidung, aus der Angebundenheit zu fallen. Findet Frieden damit und tretet den Heimweg an.

Ergänzendes Erklärungsvideo zu Kapitel 3:

https://www.christiane-hansmann.com/ohne-worte/kapitel-3

S

KAPITEL 4

Wesen des Lichts

Ruft uns an. Holt uns nah an euch. Unsere Sehnsucht nach euch ist unendlich groß. Wir verlangen danach, bei euch sein zu können. Wir verehren euch, wir lieben euch. Ihr seid diese Erfahrung eingegangen, dafür danken wir euch von Herzen. Unsere ganze Kraft wollen wir für euren Prozess geben. Dies ist zu unserer Aufgabe geworden, dies ist unser Sein. Euer Heil ist unser Heil. **Wir sind die Lichtträger.**

1. Was sind Lichtwesen?

Auf den nächsten Seiten möchten wir euch Einblick in die Welt hinter eurer Welt gewähren. Viele von euch haben bereits von Lichtwesen, Geistwesen, Schutzengeln usw. gehört.
Dass euer Schutzengel eure Original-Matrix auf der Geistigen Ebene (GE) ist, habt ihr bereits gelernt.
Auf den höheren Ebenen formen sich Energien zu Lichtwesen mit unterschiedlichsten Strukturen, Essenzen und daraus resultierenden Aufgaben. Versteht Aufgabe bitte nicht als Auftrag, sondern als Geburtsrecht, gestaltet aus dem Sein heraus. Es ist ein authentisches Fließen von Energien und dem daraus resultierenden Ergebnis. Dabei kommt es nicht auf das Ergebnis an, sondern auf das authentische Fließen.
Wir sprechen hier nur von Aufgaben, um es euch bildlicher zu gestalten. Wir sind ebenso Wesen mit geformten Energien, nur auf höheren Ebenen. Damit ihr nicht in Verurteilung verfallt: Wenn wir von höheren und tieferen Ebenen sprechen, hat dies nicht im Geringsten etwas

mit Verurteilen zu tun. Jede Ebene an sich ist eine Ebene für sich. Die Bezeichnung höher und tiefer charakterisiert die Ebene in ihrem Sein. Wir haben keine Möglichkeit, Materie zu formen. Wir sind die Könige der Energien. Um es in eurer Sprache zu formulieren, schreiben wir Energieströme im Sinne der universellen Quelle. Wir sind schaltende und waltende Kräfte, die die Stromrichtung, die Stromintensität, die Stromqualität, die Stromverbindungen unter den Energiesträngen delegieren. Wir Lichtwesen wirken im Sinne des Eins-Seins (ES). Wir sind angebundene Wesen der universellen Quelle. Wir wirken auf unterschiedlichsten Ebenen. Je dichter unsere Energiestruktur ist, desto tiefer hinab gelangen wir in den Ebenen Richtung Materielle Ebene (ME).
Wir Lichtwesen, die mit euch in Kommunikation treten können, sind die Lichtträger. Menschliche Wesen, die auf Erden mit uns arbeiten, werden als Lichtarbeiter bezeichnet. Wörter sind dazu da, um die Energie des Zustands möglichst authentisch zu transportieren. Die Wörter Lichtträger und Lichtarbeiter transportieren die darin authentisch wohnenden Energien in eurem System.
Sehr, sehr hoch schwingende Lichtwesen, die dicht an der universellen Quelle wirken, haben nicht die Fähigkeit, mit euch in Kontakt zu treten bzw. ihr als menschliche Wesen gelangt mit euren Energien nicht in diese hohen Energiegefilde.
Es gibt zwei Wege, mit uns als **Lichtträger** zu kommunizieren. Wir schaffen es, uns zu euch herabzusenken, was für uns sehr anstrengend ist, oder ihr erhöht eure Schwingung und kommt uns entgegen. Der sogenannte Alpha-Zustand wurde von euch als ein Zustand definiert, in dem ihr uns sehr nah sein könnt. Seid ihr in diesem Zustand, können wir einen guten Kontakt zu euch herstellen. Es ist von großer Bedeutung, dass eure Tore für uns aufgehen. Können wir euch führen bzw. gebt ihr euch unserer Führung hin, wird euer Leben von mehr Leichtigkeit und Freude bestimmt sein. Das Universum ist sehr strukturiert und logisch aufgebaut. Es folgt Grundprinzipien, denen wir alle unterliegen. Eure Physik ist diesen Grundprinzipien auf der Spur.
Es gibt neun Hauptstrahlen an Energien. Wir Lichtwesen sind Strahlen zugeordnet, vielmehr, wir sind aus diesen speziellen Energiestrahlen geboren.

Es gibt also eine Hauptenergie in unserem System. Je höher ein Wesen schwingt, desto höher ist die Prozentzahl der Energie aus einem Strahl, desto klarer ist also die Zuordnung zu einem Strahl. Ihr Menschen habt Anteile aus allen neun Lichtstrahlen, und doch habt auch ihr einen, der dominiert. Jeder von euch ist in einem der neun Hauptstrahlen zu Hause. Jeder von euch ist aus einem der neun Strahlen geboren worden, die anderen 8 Strahlen haben sich wie aus einem Farbkasten dazugemischt.
Sicherlich ist euch schon aufgefallen, dass ihr neun Hauptchakren besitzt. Darüber wurde euch am Anfang des Buches berichtet. Diese neun Hauptstrahlen haben natürlich Einfluss auf euer System. Wie im Kleinen so im Großen, wie im Großen so im Kleinen. Auch das Universum auf der Materiellen Ebene (ME) hat ein Chakrensystem, auf das die neun Hauptstrahlen wirken. Das Universum besitzt neben den Chakren ebenso ein Meridiansystem. Der Raum Universum wird auf allen Ebenen (SE / GE / ME usw.) von dem Wesen Gott definiert, dies ist sein Sein, so ist Gott ebenso ein Lichtwesen.

(siehe Abbildung 18)

2. Ureinheit

Wir alle existieren in neun Dimensionen. Mit den neun Dimensionen sind nicht die unterschiedlichen Ebenen gemeint, die Ebenen bezeichnen einen anderen Raum.
Die am höchsten schwingenden Lichtwesen durchdringen alle neun Dimensionen. Ihre Essenz ist ihr Sein der neun Dimensionen. Diese Wesen sind der Raum der Dimensionen.
Der Raum einer Dimension wird von einem dieser höheren Lichtwesen definiert. So seht: Eine Dimension ist der Raum, ist das Energiegitter eines Wesens, nennen wir es Dimensionalwesen.
Wir möchten sie euch als Dimensionalwesen vorstellen. Sie formen sich außerhalb unseres Universums, ihr Sein existiert am Rande der

Ureinheit. Ihre Schwingung, ihre Struktur ist von so hoher Frequenz, dass sie nur einen Hauch von der Ureinheit abweichen. Sie weichen ab im Sinne, sie haben eine Energieformierung. Sie sind die, die in Wellen immer wieder zur Ureinheit werden und in der nächsten Welle einen Hauch an Formierung aufweisen und somit sich von der Ureinheit separieren.

Alles geschieht in Wellenform. Die Welle kommt und die Welle geht. Die Formierung der Energien kommt und die Formierung von Energien geht.

Diese Wesen auf höchster Ebene verschmelzen in Wellen mit der Ureinheit und werden mit der nächsten Welle wieder neu geboren. Sie haben einen hohen Grad an Wirkungskraft. Sie gebären die neun Hauptstrahlen aus der Ureinheit heraus. Durch ihre wellenförmige Formierung werden die neun Hauptstrahlen wellenförmig gezündet. Hier findet wellenförmig die Geburtsstunde dieses unseres Universums sowie aller anderen Universen statt.

In jeder Welle wird dieses unser Universum neu auf der Quellenebene in alle neun Dimensionen hineingeboren.

Versteht: Wir vereinfachen euch hier Tatsachen, damit ihr eine grobe Vorstellung des Aufbaus versteht.

Verschiedenste Vorgänge geschehen direkt an der Ureinheit und in der Ureinheit. Worte können diese Energien nicht transportieren. **Es ist ein Auflösen, das in der Ureinheit und um sie herum existiert, ein Auflösen, ein Nichts, eine Leere. Leere als Definition ist schon zu viel der Definition. Es identifiziert schon einen Raum mit Leere. Doch die Ureinheit ist in keiner Weise, überhaupt nicht, niemals, aus keiner Perspektive, auf keiner Ebene und in keiner Dimension, definiert. Die Ureinheit ist nichts, wobei nichts auch zu viel der Worte ist. Sie ist ein Vakuum. Sie ist der Gegenpol zur Materie und doch ist sie in keiner Weise ein Gegenpol von etwas.**

Sie ist nichts und doch ist sie alles.

Wie ihr seht, ist es schwer, mit eurem Gehirn außerhalb von Polen, außerhalb von Materie zu denken. Dazu seid ihr zu weit von der Ureinheit entfernt, und doch ist sie direkt in euch, vielmehr, ihr seid die Ureinheit. Und damit widersprechen wir uns nicht.

Die Ureinheit durchdringt alles, sie ist alles. Aus ihrem Stoff, aus ihrem Sein, sind wir alle. So sind wir alle die Ureinheit und wurden aus ihr geboren und doch sind wir von ihr getrennt.
Alle unangebundenen Wesen sind damit eingeschlossen, denn es ist nicht möglich, nicht aus der Ureinheit geboren geworden zu sein. **Wir alle sind die Ureinheit.**

Alle unangebundenen Wesen verbrauchen unendlich viel Kraft, Energie, um diese Tatsache zu verdrängen, zu verleugnen. Es ist, als wenn ihr die ganze Zeit in die Arme genommen werdet und ihr mit aller Kraft versucht, diese Tatsache als nicht gegeben wahrzunehmen. Die Tatsache der Umarmung wird von euch als nicht existent wahrgenommen. Ihr könnt euch vorstellen, wie viel Energie eine Verdrängung kostet. So wird der Zustand des Unangebundenseins aufrechterhalten.

Lasst die Umarmung der Ureinheit in eurem System zu. Lasst die Verdrängung der Wahrheit von euch abfließen. Ihr seid geborgen und geführt in jedem Moment – im JETZT.

Die Adaption an diese Wahrheit geschieht schrittweise. Eure Materie muss der Transformation folgen können. Und ihr wisst bereits, Materie ist träge. Wir führen euch schrittweise an diese Wahrheiten heran. Würde dieser Erleuchtungsprozess zu schnell, von der erdigen Zeit aus gesehen, geschehen, wäre euer inneres Gleichgewicht in Gefahr. Eure inneren erbauten Sicherheitsstrukturen bedürfen eines langsamen Umbauens. Euer Verstand verhilft euch hier zum Verständnis. Dieses Verständnis erschafft euch inneren Halt. Weitere Erfahrungen, die dieses Verständnis verstärken werden, bekräftigen euch darin, alte Sicherheitsstrukturen umzubauen. So bedarf es an neuem Verständnis und den dazugehörigen neuen Erfahrungen. Das Verständnis für die universellen Zusammenhänge können wir euch hier vermitteln. Doch eure Erfahrungen erlebt ihr in der Materie. Hier bedarf es eurer Entscheidung und eurer Öffnung eurer Wahrnehmungsorgane, um die Realität in der Materie zu erkennen. **Ihr seid frei, um dieses Wissen in eurer erdigen Welt zu prüfen, zu testen, es von allen Seiten aus zu inspizieren.**

Nehmt euch das an Wissen für euch heraus, das ihr zum jetzigen Zeitpunkt als richtig erachtet. Lest dieses Buch in Abständen öfter, und ihr werdet sehen, dass in jeder nächsten Phase ein anderes Wissen, eine andere Erkenntnis für euch von Bedeutung ist.
Erlaubt euch, neue Erfahrungen zu erleben.

3. Unangebundene Lichtwesen

Von den unangebundenen Wesen wird, wie beschrieben, viel Energie benötigt. Sie haben somit einen übermäßigen Energiebedarf in ihrem System. Da sie nicht an ihren Geist, nicht an die universelle Quelle angebunden sind, brauchen sie Mechanismen, um sich Energien aus ihrer Umgebung abzuzapfen. Sie werden zu Wesen, die Energien absaugen von anderen Wesen. Je unangebundener, unbewusster ein Wesen ist, desto mehr Energien braucht es von anderen Wesen.
Auf höheren Ebenen existieren ebenso Wesen, die nicht angebunden sind. Da sie sich nicht auf der Materiellen Ebene (ME) befinden, sind sie also, wie wir, Lichtwesen, Energielenker.
Auch die unangebundenen Wesen auf den höheren Ebenen sind Lichtwesen, nur eben unangebunden und damit nicht wirkend im Sinne der universellen Quelle. Sie wirken nicht aus ihrem authentischen Kern heraus. Diese Wesen können in hohem Maße Energien lenken, und sie tun es ebenso in eurem System bzw. sie versuchen, euch zu lenken, um an Energien aus eurem System zu kommen. Auf subtile Weise versuchen sie, euer Angstgebilde zu fördern, um euer System in Aufruhr zu bringen. So geht ihr schnell Energiekompromisse ein *(siehe Erklärung: Wesenssysteme, S. 49)*.
Angst schafft die Verbindung zu unangebundenen Lichtwesen auf höheren Ebenen.
Sie sind Lichtwesen, doch kennt ihr sie unter den Begriffen Schattenwesen, gefallene Engel oder das oberste unangebundene Lichtwesen unter dem Begriff Teufel, Luzifer. Versteht: Es sind definierte Energiestrukturen, die nicht an die universelle Quelle angebunden sind. Sie

wirken nicht in ihrem authentischen Sinne. Es ist von Bedeutung, dass ihr von der Existenz der Schattenwesen wisst und diese erkennt, um nicht von eurem Pfad abzukommen. Daher möchten wir euch hier das Resonanzgefühl erläutern, das entsteht, wenn Schattenwesen in eure Umgebung eintreten.

Es ist ein kaltes, verschreckendes und / oder ängstliches Resonanzgefühl. Eine Art Bedrohung liegt in der Luft. Manche menschlichen Wesen können die Schattenwesen gut wahrnehmen. Teilweise produziert der Kontakt Gänsehaut oder ein Gefühl von Wut. Es kann sein, dass sich der Raum dunkel anfühlt, dunkel und kalt. Es ist nicht in unserem Sinne, dass ihr die Schattenwesen fokussiert. Denn Fokussierung ruft sie zu euch, in eure Umgebung, in eure Aura. Ihr würdet durch die Gedanken an sie in Resonanz mit ihnen gehen und sie zu euch bringen. Wichtig ist, dass ihr von ihrer Existenz erfahrt und bei Resonanzgefühlen der oben erwähnten Qualitäten an die Option einer Anwesenheit eines Schattenwesens denkt.

Habt ihr so eine Energiestruktur um euch herum registriert, dann kreiert mit eurem Geist eine große Lichtsäule nach oben offen ins Universum hinein, hin zur universellen Quelle. Seid euch gewiss mit der Kraft eures Geistes, dass die Energiestruktur von dieser Säule ins Licht gezogen wird bzw. von ihr abgestoßen wird und somit aus eurem Feld verschwindet.

Ihr könnt ebenso uns Lichtwesen anrufen, damit wir euch stabilisieren und schützen. Weiterhin denkt an unser Geschenk, das Element Metall. Umgebt euch mit dem Wächter eures Systems. Dies sind Möglichkeiten, um euch vor Schattenwesen zu schützen. Euer ganz eigenes Konstrukt des Angstgebildes macht euch anfällig für die Schattenwesen. So ist es ein weiterer Grund, euer Zuhause in den Geist hineinzulegen.

Wir möchten nun auf die Wesenssysteme zwischen den menschlichen Wesen und den Schattenwesen eingehen. Ihr habt es oft verfilmt und die Energien in Bildern manifestiert. Diese Verbindung, in der sich menschliche Wesen und Schattenwesen Energien gegenseitig zufließen lassen, bezeichnet ihr als »einen Pakt mit dem Teufel eingehen«. Schattenwesen sind Energielenker, menschliche Wesen gebären Materie. So hat ein Wesenssystem zwischen diesen beiden Wesensgruppen eine Bedeutung mit mehr Tragweite.

Schattenwesen ziehen Energien auf höheren Ebenen, nämlich aus der Seelen Ebene (SE). Auf der Seelen Ebene (SE) ist der Kern eines menschlichen Wesens, sein geschriebenes Wort. Greift ein Schattenwesen dort ein, ist der Weg zur universellen Quelle für dieses menschliche Wesen, aus eurer Sicht heraus, in Ewigkeit unmöglich. So heißt es in euren Filmen: »Er hat seine Seele verkauft.« Der Deal der Wesen ist, du bekommst Energien von mir, dafür bekomme ich Energien von dir. Bei Wesenssystemen zwischen menschlichen Wesen handelt es sich immer um Energien aus der Materiellen Ebene (ME), die ausgetauscht werden. Es sind Energien, die normal in Chakren- und Meridiansystemen fließen. Ein Deal mit Schattenwesen bezieht sich auf Energien aus den höheren Ebenen, doch das menschliche Wesen bekommt nur Energien aus der Materiellen Ebene (ME).
Von Schattenwesen werden oft sehr viel materielle Energien überlassen, denn der Ausgleich durch die Energien aus höheren Ebenen ist von der Frequenz her sehr viel höher.
Menschliche Wesen mit einem Pakt mit einem Schattenwesen haben also eine Störung auf der Seelen Ebene (SE). Die Stärke der Störung hängt von dem Grad der Dunkelheit des Schattenwesens ab.
Wir möchten hier nochmal betonen, dass es für euch alles in eine bildliche Sprache verwandelt wird. Das, was universell geschieht, sind alles Energiestrukturen, die sich neu formen, neu verbinden, sich wieder trennen, neu geboren werden und in Wellenform durch die Dimensionen fließen. Alles ist strukturiert und logisch und ein IST-Zustand.
Wenn ihr diese Zeilen lest, entstehen Resonanzgefühle. Wisst, es sind nur Resonanzgefühle, nicht mehr und nicht weniger. Menschliche Wesen mit Störung im Wesenskern sind dunkle Seelen und von Macht besessene Wesen. Denn Macht lenkt andere Wesen und deren Energiesystem. Mit Macht können Systeme, kleine und große, manipuliert werden, um selbst an Energiereserven zu kommen. Alles im Universum dreht sich um Energie. Schaut eure erdige Welt an, sie spiegelt euch diese Tatsache: Der Hauptmotivator aller politischen Entscheidungen ist Energie.
Zusammengefasst gibt es Wesenssysteme unter den menschlichen Wesen, unter den Schattenwesen und zwischen menschlichen Wesen und

Schattenwesen, einmal als Wesenssystem und einmal als Pakt, wobei die Verbindung zwischen menschlichen Wesen und Schattenwesen meist von den Schattenwesen initiiert wird. Es gibt auch sogenannte dunkle Zirkel unter euch menschlichen Wesen. Diese Zirkel sind spezialisiert auf die Anrufung von Schattenwesen bis hoch in die höchste Instanz. Sie wollen sich die enormen Kräfte dieser Schattenwesen zu eigen machen. Teilweise gehen sie dazu einen Pakt ein. Einen Pakt einzugehen, ist viel tief greifender, als ein Wesenssystem entstehen zu lassen. So versteht: Einen Pakt einzugehen ist, eine bewusste Entscheidung zu treffen, diese Verbindung einzugehen. Diese Verbindung wird daraufhin besiegelt. Siegel sind bewusste Zeichen, Symbole, um eine Entscheidung zu bekräftigen, sie zu bestärken. Die Kraft einer Entscheidung wird auf das Vielfache potenziert. Ein Pakt mit Schattenwesen wird grundsätzlich besiegelt. So ist das Band zwischen den beiden nicht zu trennen und der Wesenskern des menschlichen Wesens ist ab da unter dem Einfluss des Schattenwesens. Der Machtgewinn für das Schattenwesen ist um ein Vielfaches höher als für das menschliche Wesen auf der Materiellen Ebene (ME). Es ist einer Illusion erlegen, denn ab dem Zeitpunkt des Paktes ist das menschliche Wesen zum Sklaven des Schattenwesens geworden und dient ihm im Sinne des Schattenwesens. Seinen freien Willen, seine freie Kreation seines Wesens und seiner Materie hat er hergegeben, um Energien zum Machtgewinn auf Erden zu bekommen.

Und wir sagen euch hier und jetzt, das ist kein Zustand, der auf Ewigkeit und in der Ewigkeit Glückseligkeit beschert. Im Gegenteil, der Weg zurück ins Licht, in die universelle Quelle, ist aus der menschlichen Sicht heraus unmöglich geworden. Dieses menschliche Wesen wäre in der Hölle gefangen.

Wie ihr wisst, ist der Begriff Hölle bildlich zu übersetzen. Denn die Hölle, für euch, ist das komplette Abgetrenntsein von der universellen Quelle. Auch in eurer Zeit werden in Geheimbünden noch Pakte geschlossen. Die Motivation dieser Taten ist von unterschiedlichster Natur. Glaubt uns, es ist auf einer Illusion aufgebaut. So lernt zu unterscheiden, wem ihr gegenübersteht. Ein sehr bedeutendes wichtiges Merkmal zur Beurteilung ist folgendes: **Bleibt ihr durch die Begeg-**

nung mit diesem Wesen ein freies Wesen? Behaltet ihr eine freie Entscheidungskraft?
Dürft ihr in Liebe weiterhin frei bleiben, viel mehr noch, werdet ihr in der Entfaltung eures Wesens unterstützt und bestärkt?
Könnt ihr alle Fragen mit »Ja« beantworten, so seid ihr mit einem lichtvollen Wesen im Kontakt. Lichte Wesen möchten andere Wesen in ihre eigene Kraft bringen, in ihre eigene Macht im Sinne der universellen Quelle. Die eigene Macht wird für andere in Liebe, also im Sinne von fließenden Energien, eingesetzt. Im Sinne der universellen Quelle ist im Sinne eurer eigenen Authentizität.
Bitte, wir bitten euch, seid wachsam und prüft euer Gegenüber. Sei es auf der Materiellen Ebene (ME) oder im Kontakt mit Lichtwesen. Prüft euer Resonanzgefühl bzw. euer Spiegelgefühl.

4. Welt der Gefühle

Wir möchten hier nochmal Bezug nehmen auf das Thema der Gefühle.
Es gilt zu unterscheiden zwischen Resonanzgefühlen und Spiegelgefühlen:

I.
a) Resonanzgefühle: entstanden aus unangebundenen Gedanken, aus dem Angstgebilde des eigenen Systems.
b) Spiegelgefühle: entstanden, um dem Geist seine erschaffene Materie zu spiegeln. Diese entstehen im angebundenen Zustand des eigenen Systems und es sind stets Gefühle des »Sich-stimmig«-Fühlens, »Sich-im-Fluss«-Fühlens.

II.
a) Resonanzgefühle in Verbindung mit menschlichen Wesen: Resonanzgefühle entstehen aus Wesenssystemen jeglicher Art.
b) Spiegelgefühle durch Anwesenheit eines Wesens und durch das in Kontakt gehen mit diesem Wesen: Da das andere Wesen aus einem

angebundenen Zustand heraus wahrgenommen wird, sind es authentische Spiegelgefühle in Bezug auf den anderen. Das heißt, in dem Moment des Kontaktes könnt ihr die Gefühle des anderen Wesens wahrnehmen. Ihr könnt Resonanzgefühle des anderen spüren oder dessen Spiegelgefühle.

Ihr seht, in Verbindung gehen oder in Kontakt gehen hat eine andere Qualität. Durch das »in Verbindung gehen«, geht ihr aus eurem eigenen »Autark-Sein« hinaus. Durch ein »in Kontakt gehen«, bleibt ihr autark und habt so die Möglichkeit, Spiegelgefühle zu entwickeln.

Spiegelgefühle aus einem Kontakt heraus, sind ein Spiegel für das andere Wesen. Spiegelt ihr Resonanzgefühle des anderen, kann dem anderen Wesen dies im Heilungsprozess behilflich sein.

Doch prüft immer wieder, ob es sich bei euch um Spiegelgefühle oder um Resonanzgefühle handelt. Manipulation entsteht dadurch, dass ihr eure eigenen Resonanzgefühle dem anderen Wesen als Spiegelgefühle verkauft. Dies ist unbewusste Manipulation und es geschieht in eurem Alltag ohne Unterlass. Übernehmt Verantwortung für eure Resonanzgefühle, so könnt ihr eure eigenen Angstgebilde heilen. Ihr fühlt Gefühle, entstanden aus unangebundenen Gedanken. Das Wesen gegenüber initiiert nur einen unangebundenen Gedanken aus eurem System, den es schon gab. Stellt euch vor, euer System hat lauter Fäden gesponnen aus unangebundenen Gedanken und durch ein anwesendes Wesen fokussiert euer System einen einzigen Faden eines unangebundenen Gedankens. So wird dieser Faden aktiviert. Es folgen Worte, Handlungen, verkrustete Materie und Resonanzgefühle. Das Wesen euch gegenüber hat lediglich euer System dazu gebracht, den bereits vorhandenen Faden zu fokussieren. Nun könnt ihr euer Gegenüber verantwortlich machen für das Resonanzgefühl, ihn schuldig sprechen, dass er euch so ein Gefühl antut. Oder ihr nutzt euer Gegenüber, um euch selbst aufzudecken. Ebenso ist es von großer Relevanz, dass ihr Spiegelgefühle als solche erkennt. Viele von euch, gerade die durchlässigen unter euch, verwechseln Spiegelgefühle mit Resonanzgefühlen. Diese Wesen unter euch spüren Resonanzgefühle anderer Wesen

(dazu muss dieses Wesen noch nicht mal anwesend sein), und da sie von der Existenz der Resonanzgefühle nichts wissen, glauben sie, es sind ihre eigenen Gefühle. Das hat zur Folge, dass sich daraus weitere unangebundene Gedanken in ihrem eigenen System bilden. Ihr eigenes System wird mit Resonanzgefühlen anderer Wesen überlastet. Solange dieser Mechanismus nicht durchschaut wird, wird ihr eigenes verkrustetes Gedankengut auf Dauer überlagert und sie gelangen nicht an ihren eigenen Kern der Heilung.
Erkennen diese Wesen den Mechanismus der Resonanzgefühle anderer und erlernen, diese zu unterscheiden, machen sie schnelle und große Entwicklungssprünge. Denn diese Wesen sind durch ihre Sensibilität Meister in der Welt der Gefühle. Sie können Gefühle klar, schnell, differenziert erfassen und transportieren. Sensibilität ist ein Potenzial in der Gefühlswelt. Wenn ein Wesen die Charaktereigenschaft Sensibilität zugeschrieben bekommt, bedeutet dies, dass er ein Meister der Gefühlswelt ist.
Gehen diese Menschen in die Verantwortung ihres eigenen Systems und erlernen die Kunst der Resonanzgefühle und Spiegelgefühle, werden sie oft Lehrer für andere menschliche Wesen. Wie wir schon erwähnten, sind in Liebe kommunizierte Spiegelgefühle gegenüber einem anderen Wesen, eine wunderbare, großartige Art zu heilen und zu wachsen. Wir Lichtwesen wenden uns daher gerne an die authentisch sensiblen Wesen, und sie werden von uns auserkoren, um als spirituelle Lehrer auf Erden zu wirken.
Die Unterscheidungskraft, einen für euch passenden Lehrer zu definieren, haben wir für euch in den vorherigen Zeilen bereits initiiert.

5. Die Kraft eines Siegels

Zurück zu uns Lichtwesen des Lichts.
Wir möchten noch einmal auf die Kraft der Siegel zurückkommen. Siegel können ebenso von euch benutzt werden, um bestimmte Entwicklungsstufen, die ihr bereits erreicht habt, zu manifestieren, sie zu

untermauern. Durch die Manifestation eines Siegels ist es fast unmöglich, zurück, unterhalb eines erreichten Bewusstseinsgrades, zu fallen. Und hier meinen wir in der Zeitspanne der Inkarnationen. Die Frequenzerhöhung eures Bewusstseins bringt euch näher zur universellen Quelle. Es gibt euch die Möglichkeit, mit eurem Geist in höhere Ebenen zu reisen. Je höher euer Bewusstsein, desto mehr Einblicke bekommt ihr in die höheren Sphären. Besiegelt ihr eine Bewusstseinsstufe, die Stufe im JETZT, so ist es aus eurer Sicht nicht mehr möglich, unterhalb dieser Entwicklungsstufe zu fallen.

Wir möchten euch hier einige Siegel eröffnen:

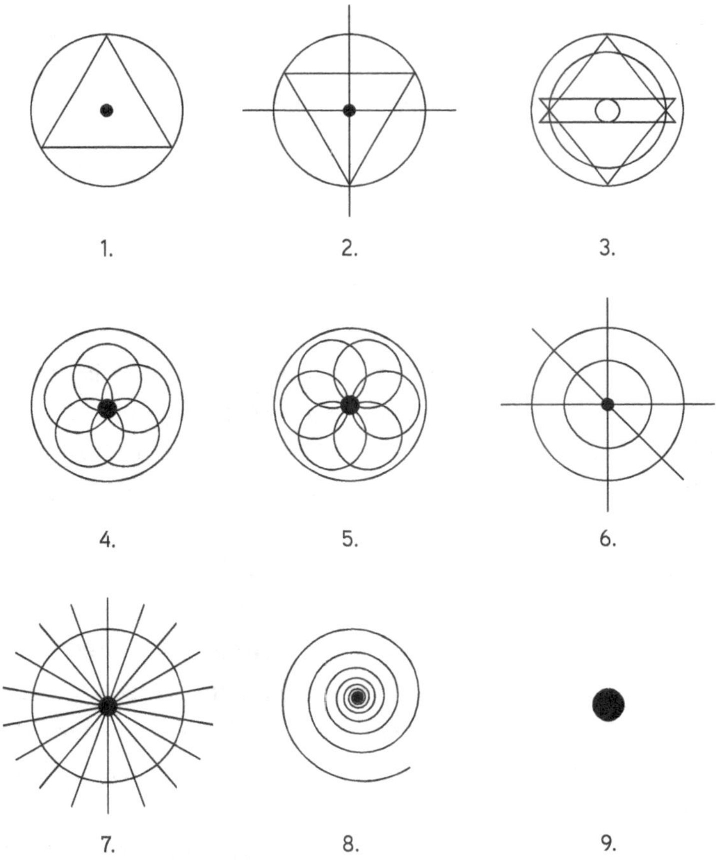

Siegel zur Besiegelung der neun Dimensionen

Zeichnet ein Symbol und lasst danach Wachs einer geweihten Kerze darauftropfen. Ihr könnt eine Kerze mit eigener Kraft weihen. Nehmt eine Kerze und sprecht ein Gebet mit Worten aus eurem Herzzentrum. Die Kraft eurer eigenen Worte hat die Kerze und dessen Licht geweiht.
Gebt euren eigenen Fingerabdruck in das noch flüssige Wachs. Das Siegel hat nun eine Dreidimensionalität. Nach Vollendung des Siegels bittet um die Entfaltung des Siegels in alle neun Dimensionen.
So wird das von euch gewählte Symbol endgültig zu eurem ganz eigenen persönlichen Siegel.
Dann bewahrt es gut auf, bis ihr das Gefühl bekommt, das Siegel hat seine volle Kraft entfaltet. Danach verbrennt das Siegel und lasst die Energie fließen in die große Weite aller Energien. Das Siegel hat seine Wirksamkeit vollzogen.
Die Nutzung der Siegelkraft auf diese Weise ist im Sinne der universellen Quelle.

6. Struktur der Vollkommenheit

Hin zur universellen Quelle existieren unendlich viele Ebenen. Ihr kennt nun die drei untersten in diesem eurem, unserem Universum. Die Geschehnisse in dem Spektrum dazwischen sind von unterschiedlichster Natur. Es gibt Ebenen, deren darin existierende Lichtwesen sind für den Kontakt mit anderen Universen bzw. mit Wesen aus anderen Universen verantwortlich. Die Lichtwesen aus diesen Ebenen, sagen wir aus den intergalaktischen Ebenen, kommunizieren, verhandeln mit Wesen aus anderen Universen. Sie schützen unser Universum vor Übergriffen. Sie treffen Vereinbarungen mit diesen Wesen, sie treffen Abkommen, falls sie Einlass in euer, unser Universum gewähren. Ist es nicht enorm, wie ihr euer gesamtes unbewusstes Wissen über das Universum und weiter darüber hinaus in Filmen und Büchern verarbeitet? Und ihr euch selbst dieses als Fantasie verkauft?

Es ist ein wenig amüsant, dieses aus unserer Perspektive heraus zu beobachten. Glaubt uns, es sind Geschehnisse um euch herum, von denen ihr nicht einen Funken wahrnehmen könnt.
Zu den Ebenen, in denen der intergalaktische Kontakt vollzogen wird, gehören auch die von euch bezeichneten schwarzen Löcher. Diese schwarzen Löcher sind Tore, Tore mit eigenen Energieschlüsseln, die von den Lichtwesen dieser Ebene verwaltet und benutzt werden.
Informiert euch über die Vorkommnisse im alten Ägypten. Hier ist auf der irdischen Ebene eine der größten Erfahrungen mit Wesen aus anderen Universen gemacht worden. Sucht Bücher zu diesem Thema, lest und informiert euch darüber. So kann es für euch eine neue Erfahrung werden.
Auf den nächsten Ebenen oberhalb der Seelen Ebene (SE) existieren sehr viele Lichtträger, Lichtwesen. Wie ihr schon wisst, ist deren Aufgabe, euch und euren Bewusstseinsprozess zu begleiten und zu fördern.
In eurem, unserem Universum, also direkt an der universellen Quelle, auf der obersten Ebene der Lichtträger, sind die neun Erzengel anwesend. Sie sind den speziellen neun Energiestrahlen zugeordnet.

Hier folgen ihre heiligen Namen:
Michael, Raphael, Chamuel, Gabriel, Metatron, Jophiel, Zadkiel, Haniel, Uriel

Nach dieser Ebene nach oben hin verändern sich die Energien der Ebenen. Es wird darüber eine weitere Stufe an Ebenen eingeleitet. Die Stufen nach einer bestimmten Ebenenanzahl sind für euch zu verstehen, wie die 10er-Zahlen. Eine neue 10er-Reihe folgt, bis der nächsthöhere 10er die nächste Stufe einleitet, 10, 20, 30, 40 und so weiter. Jede neue 10er-Stufe läutet eine neue Energiequalität dieser Stufe ein. Es sind veränderte Energiestrukturen, die jeweils auf den weiteren Stufen existieren.
Ihr Menschwesen und wir Lichtwesen sind also auf der untersten Stufe mit unserem Bewusstsein anwesend.
Hier tummeln sich auch noch weitere Wesensarten, doch dies ist jetzt nicht relevant. Auf der obersten Ebene innerhalb der untersten Stufe

eures, unseres Universums sind also die Erzengel anwesend. Viele von euch sind in dem Glauben, die Erzengel sind direkt an der Ureinheit. Dies ist ein Irrglaube. Für euch sind die Erzengel in fast nicht zu erreichenden Höhen. Sie sind euer Himmel. Doch versteht: Über ihnen fängt eine neue Stufe an, ein neues Energiegitter, ein weiteres Universum und deren Energiestruktur ist noch nicht mit eurem Energiemuster zu vereinen. So könnt ihr mit eurem Bewusstsein nicht oberhalb der Erzengel gelangen. Die Höhe der Erzengel ist eure momentane Bewusstseinsgrenze. Euer, unser Universum spielt sich auf der untersten Stufe ab.

(siehe Abbildung 19)

(siehe Abbildung 20)

(siehe Abbildung 21)

(siehe Abbildung 22)

Das Wissen, das ihr hier erlangt, kommt durch einen weiten Kanal und ist jahrelang vorbereitet worden. Es ist uns eine Ehre, euch diesen Schatz in die Hände zu legen.
Nach unten hin, in der unteren Stufe, also in eurem, unserem Universum, zweigen sich die Lichtwesen auf wie ein Baum Richtung Materielle Ebene (ME), der letzten Ebene. Doch gelangen wir nur hinab bis auf die Geistige Ebene (GE).
Es gibt Lichtwesen für alle Energiequalitäten, die auf Erden existieren. Wir sind Energietore, Energielenker, wie ihr wisst, und daher gibt es für jede Energiequalität ein Lichtwesen. Auch wir sind einem der Hauptstrahlen zugeordnet.

(siehe Abbildung 23)

Seht, wie eure Präsenz, eure Anwesenheit, erstrahlt auf der letzten der unzähligen Stufen in der Unendlichkeit. Ihr seid ein Vorbild für das gesamte Universum, auf euch wird geschaut, von euch wird gelernt, von euch wird kopiert, von euch wird abgespeichert.

Ergänzendes Erklärungsvideo zu Kapitel 4:

https://www.christiane-hansmann.com/ohne-worte/kapitel-5

S

KAPITEL 5

Die Geburt eines Wesens

1. Kristallisierung eines Wesens

Der Raum der Akasha-Chronik ist ein Raum voller Bücher. Bücher voll mit Geschichten, Erfahrungen, Erlebtem und noch im Leben Werdendem. Es sind Bücher der Lebensgeschichten der Wesen. Jedes einzelne Buch in seiner Farbe, mit seinen individuellen Energien. Im Raum davor sitzen die Geschichtenschreiber. Sie schreiben die Erfahrungen. Erfahrungen als Ausdruck der universellen Quelle, als Ausdruck des Lichts. Licht an sich ist schon Ausdruck. Der Ausdruck hinab in alle Ebenen ist der Schatten des Lichts. Das Licht wirft Schatten und das Schattenspiel beginnt. Die Geschichtenschreiber im Raum vor der Akasha-Chronik fangen die Schatten auf und schreiben die Geschichten zu den Erfahrungen in allen möglichen Schattierungen.

An dieser Stelle möchten wir erwähnen, dass wir die oberen Zeilen in Bilder verpackt haben. Auf den nächsten Seiten werden wir den Aufbau und den Ablauf der Gesamtheit im Detail erläutern.

Um diese Erfahrung des Ausdrucks herum formieren sich dann erst Wesensstrukturen, die die Erfahrung auf unterster Ebene, der Materiellen Ebene (ME), zum Ausdruck bringen.

Der Ausdruck wurde zuerst geboren und darum formierte sich erst das Wesen. Ihr seid im Glauben, dies geschieht andersherum – das Wesen hat ein Schicksal. Dies würde heißen, das Schicksal wird aus dem Wesen geboren. Nein, so ist es nicht. Das Wesen wird aus dem Ausdruck geboren, aus der Erfahrung.

Das menschliche Wesen hat dann begonnen, den Ausdruck, aus dem es geboren ist, mit seinem in sich geborenen Ego zu verändern. Dies

ist einzigartig und ein weiterer Ausdruck der Schöpfung. So ist das menschliche Wesen selbst zu Gott geworden, indem es Materie, Ausdruck, erschuf.
Gott wurde erst zu Gott, als er Materie erschuf, da dies die Vollendung der kristallisierten Erfahrung ist.

Der Wesenskern auf der Seelen Ebene (SE) war geboren als Ausdruck, als geschriebene Erfahrungsgeschichte aus höheren Ebenen heraus, und da herum fing an, sich ein Wesen zu kristallisieren. Das Wesen kristallisiert sich um den seelischen Ausdruck und formiert sich entsprechend der darin enthaltenen Erfahrungen. Erfahrungen des Lichts sind Ausdruck des Lichts, die durch die Kristallisierung von Wesenheiten um den Ausdruck herum bis auf die unterste Materielle Ebene (ME) hinabgebrochen werden können.

(siehe Abbildung 24)

Dieser Vorgang ist die Vollendung des Ausdrucks der Ureinheit. Von hier aus geht die Welle wieder zurück in die Ureinheit. Wellen kommen und gehen. Ist der Ausdruck vollendet, geht die Welle zurück in die Ureinheit, ins Nichts, ins Vakuum, in die Leere.
Ihr alle seid Ausdruck des Lichts der Ureinheit. Licht an sich ist die Reinform des Ausdrucks. Aus dem Licht heraus erfolgt die Spezifizierung. Erscheint das Licht in Vollkommenheit bis in die unterste Ebene, schwappt es als Welle zurück in die Ureinheit. Alles implodiert in sich selbst, bis die Gegenwelle des Ausdrucks von Neuem beginnt. Und alles passiert JETZT zur gleichen Zeit.
Denn die Zeit ist nur eine Dimension, die Ausdruck ermöglicht.

Wir möchten euer Ego beleuchten.
Ego, ein Begriff, den ihr verbindet mit »weg« vom eigenen Sein. Ego ist der Zustand des Abgetrenntseins von allem, was ist. Auflösen wollt ihr euer Ego und erkennt darin eine Schuld. Glaubt ihr wirklich, es ist möglich, außerhalb der Ureinheit zu kreieren? Glaubt ihr, es ist möglich, außerhalb des Lichts, aus dem wir alle entstanden sind und aus

dessen Essenz wir alle bestehen, zu existieren? Und dann noch die Fähigkeit zu haben, außerhalb des Lichts etwas zu kreieren und zu materialisieren?
Das Ego selbst ist ein Ausdruck des Lichts der Ureinheit.
Das Ego an sich ist ein heiliges Werkzeug zur Erschaffung einer Realitätserscheinung außerhalb der Lichterfahrung.
Das Ego hat die Erfahrung ermöglicht, sich abgetrennt von der Ureinheit wahrzunehmen. Diese Erfahrung ist die letzte Zunge der ausdehnenden Welle, weg von der Ureinheit. Sich abgetrennt von der Ureinheit zu erleben, ist die entfernteste Erfahrung, die geschrieben wurde. Diese Erfahrung wird von der Masse der Menschheit getragen. Ihr seid die Kristallisierung dieser Erfahrung. Diese Erfahrung wurde vor euch geschrieben. Die Wesenheit Mensch hat sich um die Erfahrung herum kristallisiert. Das Ego ist ebenso eine heilige Erfahrung, die erfahren werden wollte.
Diese Erfahrung darf nun fließen gelassen werden. Das Ego darf sich selbst fließen lassen. Die Wesenheit Mensch darf sich in der Kristallisierung wandeln, denn diese Erfahrung ist, aus der zeitlichen Dimension heraus gesehen, abgeschlossen.
Die Wesenheit Mensch darf sich nun zurück in die Phase der an die Ureinheit angebundenen Realität transformieren. Ihr seht, die Welle ist bereits in Vorbereitung auf dem Weg in die Ebbe hinein. Der Höchststand der Flut ist dabei, erreicht zu werden.

(siehe Abbildung 25)

Dieser Sprung der unangebundenen Realität in die angebundene Realität enttarnt die unangebundene Realität als Illusion. Es ist einer der lichtvollsten Sprünge auf dem Weg der Ebbe zurück zur Ureinheit. Unendlich viel Lichtenergie wird in diesem Sprung freigesetzt. Eine Art Lichtexplosion wird durch das menschliche Bewusstsein fließen. Ein Gefühl der unendlichen Glückseligkeit wird von euch empfunden werden. Ein Erlösungsgefühl von unendlichem Ausmaß wird sich in euch ausdehnen und manifestieren. Ihr werdet in eurer eigenen, reinen, lichtvollen Kristallisierung erwachen.

Wir möchten hier nochmal betonen, selbst das Ego besteht aus Licht, so wie all das, das im Ausdruck erscheint, aus den Energien des Lichts besteht und somit Ausdruck der Ureinheit ist.

Die Abgetrenntheit als Erscheinung des Ausdrucks ist eine Illusion. Wir alle sind eins aus einer Einheit und werden und waren es in Unendlichkeit. Amen.

Ihr seid die, die aus freiem Willen heraus ihre Erfahrungen auf Erden, aus dem Ego heraus oder aus dem Geist heraus, wählen und doch seid ihr selbst eine definierte Wesensstruktur, eine definierte Matrixstruktur, die Kristallisierung einer Erfahrungskette, einer spezifischen Erfahrungsstruktur. Ihr seid bereits diese Erfahrung, bevor ihr euch dafür entschieden habt, und doch ist eure Entscheidung von großer Bedeutung, denn ohne eure Entscheidung würde die Erfahrung des Egos nicht aktiviert werden. Ohne Aktivierung könnte die Erfahrung Ego nicht materialisiert werden. Vielleicht versteht ihr nun den angeblichen Gegensatz von: Alles steht schon geschrieben, und ich bin der, der selbstverantwortlich sein Leben gestaltet und kreiert.
Der euch gegebene freie Wille als Ausdruck des Lichts ermöglicht euch die Wahl zwischen Ego und Geist. Somit ist der freie Wille eure Gabe der Kraft der Entscheidungen.
Mit diesem Wissen könnt ihr euch in euch selbst hineinentspannen. Fließt mit euren eigenen Erfahrungen, denn dieser Ausdruck seid ihr. Lasst euch selbst ausdrücken. Gebt den Weg frei für eure inneren Energien des Wesenskerns, die sich in der Materie manifestieren möchten. Dies ist unsere Bitte an euch!

2. Ausdruck ist Mathematik und Physik (Teil A)

Weiter vorne im Buch sprachen wir schon von der Symbolkraft der Zahlen. Dieses Thema möchten wir in diesem Zusammenhang wieder aufgreifen. Ein Meer von Zahlen umgibt euch.

Das Universum ist Mathematik.
Die Energien der Zahlen sind ins Unendliche zu kombinieren. So seht: Zahlen sind Energieträger, die alle Varianten an Kombinationen, an Vereinigungen unterschiedlichster Energiestränge verbinden können. Das Universum gebärt unendlich viele Möglichkeiten, Ausdrucksformen des Seins. Erfahrungen werden geboren durch Verbindungen verschiedenster Energiestränge, Energieformen. (Bildlich beschrieben: Im Raum vor der Akasha-Chronik sitzen die Geschichtenschreiber.)
Die Vereinigung, die Zusammensetzung unterschiedlicher Energiefrequenzen, Energiequalitäten kreieren einen Seins-Zustand, eine Erfahrung. Um euch ein Bild zu schenken: Eine auf Erden erlebte Erfahrung ist im Universum als mathematische Formel in höheren Gefilden zu finden. Die Zahlen zueinander, miteinander, getrennt voneinander, Gebilde untereinander und füreinander sind die Bausteine, um Erfahrungen, den Ausdruck des Seins, zu gestalten. Wir brachten euch die Information, dass die menschlichen Wesen sich um eine bereits bestehende Erfahrung herum kristallisieren. Versteht nun, dass eine Erfahrung geboren wird aus einer mathematischen Formel. Die Zahlen sind als Symbole zu verstehen, aus denen die verschiedensten Varianten von Erfahrungen geboren werden. Die Geburtsstätte einer Erfahrung ist eine mathematische Formel.
Nun fragt ihr euch sicherlich, wer diese Formel schreibt? Dies ist eine erdige Frage aus der Dreidimensionalität heraus.
Als Antwort können wir euch geben, niemand schreibt Formeln. Alles bis hin zur Ureinheit ist Ordnung und folgt dem Sein. Alles ist eins und kann nicht getrennt werden. Die Symbolik ist ein Wegweiser des Lichts. Die Symbolik öffnet oder verschließt Türen. Sie lässt gebären und vergehen. Sie entsteht aus sich selbst heraus, geboren aus der Ureinheit.

Greifen wir uns die erste Zahl heraus.
Nehmen wir die Vier. Die Vier ist die Zahl der Erde. Sie ist das Symbol der Materiellen Ebene (ME) hier in dieser eurer Welt. Mit der Vier verankert ihr euch tiefer in diese eure materielle, erdige Welt hinein. Dies ist von großer Bedeutung, um euer authentisches Wesen zum

Ausdruck zu bringen. Dafür braucht ihr die materielle erdige Verbindung. Ohne diese seid ihr nicht angebunden, und so ist es euch nicht möglich, euren authentischen Stempel auf dieser Materiellen Ebene (ME) zu verwirklichen. Die Vier ist ein sehr machtvolles Symbol. Die Macht, den Ausdruck des Seins in die Materie hinein zu gebären. Die Vier lässt euer Sein auf Erden erblühen. Wählt dieses Symbol, um eure Verwirklichung auf Erden im Sinne eures Seins zu stärken.
Die Vierer-Kraft lässt euch mit festen Wurzeln wachsen. Mit stabiler Basis könnt ihr weite Höhen erreichen. Die Vierer-Kraft ist kraftvoll, machtvoll, zielstrebig, gewissenhaft, fokussiert, bringt in den Fluss des Lebens zurück, autark und dem Feuerelement zugeordnet. Die Vierer-Kraft transformiert und bringt Neues in die Welt hinein. Sie selektiert, denn nur die geistigen authentischen Energien werden durch sie auf die Materielle Ebene (ME) eingelassen.

Greifen wir uns die Drei als Symbol.
Die Dreier-Kraft ist eine weiche, fließende Kraft. Sie ist dem Wasserelement zugeordnet. Die Dreifaltigkeit ist ein Ausdruck der Drei als Symbol. Sie verbindet, vereint, vervollständigt und versiegelt die Heiligkeit in ihrer Vollkommenheit.
Die Drei ist die Energie der Vereinigung, sie ist das Symbol des Kreises. Die Dreier-Kraft umschließt den Punkt, durch ihre Verbindung weist sie auf das Wesentliche hin. Sie führt über die Vereinigung hin zur Essenz, zur Essenz allen Seins. Denn vereinen wir uns mit allem, was ist, befindet sich das Sein in der Essenz des Lebens. Die Drei hat eine krönende Energie. Die Krönung eines Wesens erhebt dieses in höhere Dimensionen. Dieses Wesen hat sein Wahrnehmungsspektrum erweitert und kann mit höheren Frequenzen fließen. Die Dreier-Energie veredelt diesen Sprung mit der Krönungsenergie. Verbindung mit allem, was ist, lässt euch höher schwingen, sodass die Dreier-Symbolik von euch genutzt werden kann, um euer Bewusstsein zu erheben in neue, unbekannte Gefilde. Die Drei lässt euer Ego aufweichen; nicht, dass dies nicht von Bedeutung ist, doch um andere Entwicklungssphären zu erreichen, bedarf es einer Auflösung des Egos. Ego schließt Türen zur Verbindung mit allem, was ist. Die Drei hat die Kraft, das Ego

liebevoll in die Arme zu nehmen und es zu besänftigen. Ohne Furcht darf so die Reise hin zur Vereinigung stattfinden.
Die Drei symbolisiert weiterhin die Gleichwertigkeit. Alles ist auf Augenhöhe, kleine wie große Erfahrungen, sowie Wesen aller Bewusstseinsstufen. Alles ist gleichwertig vollkommen im JETZT.

Greifen wir nach der Zwei.
Die Zwei als Symbol hat die Kraft der Gegensätze. Sie erzeugt Spannung, sie erzeugt Energiewallungen. Sie ist die Energie der Polarisierung. Sie hält die Spannung zwischen Ureinheit und dem am weitesten entfernten Pol: der Erfahrung der Abgetrenntheit der menschlichen Wesen.
Wie eine Kraft, die es schafft, einen negativen und einen positiven Magneten auseinanderzuhalten, ohne dass sie zu weit auseinander sind und keine Anziehung mehr aufeinander ausüben. Das ist die Zweier-Kraft. Ohne die Zweier-Kraft kann sich ein negativer bzw. positiver Pol nicht als dieser definieren.
Eine Erfahrung des Abgetrenntseins könnte ohne die Zweier-Kraft nicht erfahrbar sein. Sie ist das Symbol des Magnetismus.
Die Zwei erschafft die Erfahrung des Getrenntseins. Auf Erden erlebt ihr diese in euren Zweier-Beziehungen. Ihr sucht im Partner die Vereinigung, und doch macht ihr immer wieder die Erfahrung des Abgetrenntseins vom anderen, spätestens beim Tod des Partners. Dies ist die Energie der Zwei.
Das Bestreben eines Paares, ein Kind zu gebären, ist der Wunsch, eine Dreier-Beziehung zu erzeugen. Die Dreier-Verbindung als Symbol der Vereinigung. Hier findet ihr in der Familie mehr Ruhe durch die Qualität der Drei.
Eine weitere Zweier-Kraft ist das Erzeugen eines Spiegels. Sie lässt euch als euch selbst erkennen. Sie fördert Erkenntniswege und Prozesse.
Die Zweier-Symbolik lässt euch in euch selbst erwachen. Die Zwei ist eine fordernde, konfrontierende, kämpferische, trennende und wiederfindende, polarisierende, selbsterkennende Kraft.
Diese Symbolik ist eine sehr wichtige Zahl in eurer heutigen Zeit. Sie bringt Gegensätze zum Überkochen und hält unablässig einen Spiegel

vor. Die hervorgerufenen Gefühle sind im menschlichen Bewusstsein trübe und schmerzhaft. Doch dient es dem Reinigungsprozess. Die Zwei lässt erwachen und fordert zu neuen Handlungssträngen auf. Durch ihre spannungsgeladene Energie ist sie ein wichtiger Wegweiser hin zu einem heilvolleren Bewusstsein.
Die Zwei ist dem Element Feuer und Metall zugeordnet.

Die Eins als Symbol ist die Kraft der Geburt.
Damit ist die Geburt im Sinne des Lichts gemeint. Die Geburt aller Seinszustände hinein in alle Sphären, in alle Universen, in alle Ebenen hinein. Die Eins ist die Entstehung. Sie ist die Energie, die alles hervorbringt. Ihr seid die Eins, entstanden aus der Ureinheit allen Seins. Im Wort »Seins« ist bereits die Eins enthalten. Das »Sein« ist das Kind, entstanden aus der Geburt, der Entstehung. Die Eins als Qualität der Geburt hat das »Sein« hervorgebracht.
»Sein oder nicht sein, das ist hier die Frage?« Ein euch bekanntes Zitat.
Ihr seid, wir sind alle Kinder der Geburt aus dem Nicht-Sein heraus.
Die Eins ist der Anfang. Sie ist ebenso der Anfang in eurem Zahlensystem. Die Eins als Symbol des Beginns, des Anfangs, der Geburt. Die Eins ist die Energie des Geistesblitzes, der zündenden Idee, die Zahl der Visionen. In ihr steckt die Energie des Genies.
Die Eins ist dem Luftelement zugeordnet. Die Stunde der Geburt unterliegt dem Zauber nie da gewesener Schönheit und Öffnung auf allen Ebenen. Die Eins hat das größte Potenzial aller Zahlensymbole, Wege, Türen, Projekte zu öffnen. Sie ist ein Wegbereiter für die Genialität des Lebens. Sie löst Widerstände auf und bringt Mauern zum Fließen. Dort, wo keine Energien fließen können, sucht sie Pforten, um den Lebensstrom der Energien zurück in seine Bahnen zu geleiten. Die Eins ist die Energie des Lebensspenders. Sie lässt Leben entstehen und beseitigt Hindernisse, die das Leben blockieren. Die Eins trägt einen wichtigen Schlüssel in sich. Sie ist die Kraft der Entscheidung. Über die Bedeutung der Entscheidungskraft werden wir später Weiteres ergänzen.

Betrachtet die Zahl Null.
Das, was die Drei in sich vereint, um es zu vervollständigen, findet ihr als Resultat in der Null. Die Null ist alles und sie ist nichts. Aus ihr heraus lässt die Eins alle Zahlen, alle Symbolik entstehen. Die Null ist der Punkt, der Anfang und das Ende. Sie ist das Symbol der Ureinheit, des Nichts, aus dem Alles entsteht.
Mit der Energie der Null erzeugt ihr eine sofortige Egoauflösung. Euer Bewusstsein wird direkt in die Ureinheit gezogen. Meditiert über der Null und fokussiert euch auf das Nichts in der Mitte der Null. Wie ein Sog werdet ihr hineingezogen in den Zustand der Leere, den Zustand des Eins-Seins (ES), den, nicht mit Worten zu erklärenden, Zustand, mit allem verbunden zu sein. Hier liegt das Tor zur Auflösung des Egos. Begebt euch durch dieses Tor der Null in das, was eure Seele seit Abertausenden von Leben sucht. Die Null ist die Sehnsucht, die Sehnsucht, in eure Heimat hinein zu verschmelzen. Im Verlaufe der nächsten Seiten werden wir die unterschiedlichen Stufen zur Vereinigung mit der Ureinheit noch genauer beleuchten und euch Wegweiser an die Hand geben.
Die Null ist ohne Worte, denn keine Sprache kann die Energie der Null treffend umschreiben. Die Sprache, wie ihr sie kennt, ist ein Werkzeug auf der Materiellen Ebene (ME). Auf höheren Ebenen kommunizieren wir mit Energiesträngen und -kombinationen. Um es euch zu verbildlichen, wir kommunizieren mit Symbolen, also ebenso mit Zahlen. Und die Null in unserer Kommunikation ist das direkte Tor in die Ureinheit.

Die Zahlen Null bis Neun sind die Bausteine, aus denen heraus jede Formel, jede Erfahrung, jeder Ausdruck entsteht.
Es ist vergleichbar mit der menschlichen DNA, bei der einzelne, immer wiederkehrende Bausteine mit unterschiedlicher Zusammensetzung ein absolutes Individuum erschaffen. So verhält es sich mit den Zahlen, nur dass ihre Variabilität ins Unendliche und darüber hinaus reicht.
Wir zeigten unserem Medium soeben ein Bild. In diesem Bild ist zu sehen, wie ein kraftvoller Lichtstrahl von oben auf einen Erzengel trifft. Der Erzengel an sich ist der Transformator dieser Energien und von ihm aus werden sie weitergeleitet in die tieferen Ebenen hinein. Die

Erzengel stehen in eurem, unserem Universum auf oberster Ebene und empfangen somit sehr reine, kraftvolle, lichte Energien. Die Erzengel selbst sind ebenso eine Kristallisierung dieser Erfahrung. Sie haben sich als Wesen um diese mathematische Formel herum kristallisiert und werden so erst zu einem Wesen. Dieser Prozess findet ebenso auf den höheren Ebenen statt. In euren Büchern sprecht ihr von Erzengeln. Nun seht, die Zahlen Eins bis Neun sind den Erzengeln zugeordnet. Die Null ist das Symbol der Ureinheit, sie ist alles und nichts. Dieses Symbol findet nicht in einem kristallisierten Wesen seinen Ausdruck. Vielleicht ist euch aufgefallen, dass wir die Zahlen Eins bis Vier als einen Block beschrieben haben. Diese vier Bausteine haben in der Rangfolge eine übergeordnete Bedeutung. Sie sind von ihrer Frequenz näher angelehnt an der Null, der Ureinheit.

Diese vier Erzengel sind in der Rangordnung übergeordnet, was nichts von der Gleichwertigkeit aller Wesen nimmt.
Das Symbol der Eins kristallisiert im Erzengel Michael.
Das Symbol der Zwei kristallisiert im Erzengel Raphael.
Das Symbol der Drei kristallisiert im Erzengel Chamuel.
Das Symbol der Vier kristallisiert im Erzengel Gabriel.

3. Raum Universum

Stellt es euch bildlich vor. Ein Energienetz wird in euer, unser Universum hineingebracht. Vielmehr ist es so, dass durch die Entstehung des Energienetzes erst ein Raum für die Kristallisierung eures, unseres Universums entsteht.
In diesem Energienetz gibt es Knotenpunkte, sogenannte Verteilerpunkte, von wo aus sich das Netz weiter verzweigen kann und die Energien bis in die unterste Ebene, die Materielle Ebene (ME) dieses Universums, adaptieren kann. Wenn ihr so wollt, ist es vergleichbar mit eurem Matrixsystem / Chakrensystem: ein verzweigtes Energienetz mit Knotenpunkten. Nennen wir dieses Verteilersystem Sharesystem.

(siehe Abbildung 26)

Am äußersten Rand, also am Übergang zur Entstehung eures, unseres Universums, befinden sich die zentralsten Knotenpunkte, die die Energien aus höheren Sphären in euer, unser universales Energienetz adaptieren und leiten. Um diese Knotenpunkte herum haben sich die Erzengel kristallisiert. Sie sind die oberste Schaltstelle in eurem, unserem Universum. Durch sie fließen wichtige Hauptstränge an Energien und sie verteilen bzw. leiten sie durch ihr Sein weiter. **Die Erzengel sind die Tore im Sharesystem.**
Darunter folgen Abermillionen Knotenpunkte, die in den oberen Gefilden noch einem Strahl deutlich zugeordnet sind. In tieferen Gefilden mischen sich die Energiestrahlen weiter und weiter, wobei eine Strahlenergie stets überwiegt. Wie wir bereits erklärten, seid auch ihr menschlichen Wesen einem Hauptstrahl zugeordnet. So versteht: Erzengel sind kristallisierte Wesen, Tore, durch die Energien einfließen und neue Erfahrungsräume erschaffen. Die Erzengel eröffnen den Erfahrungsraum Universum.
Ihr seid den Erzengeln ebenbürtig, denn auch ihr seid Kristallisierungen um eine Erfahrung und auch ihr seid ein Tor für neue Erfahrungsräume. Durch euch wird Erfahrung erlebbar.
Wie im Großen so im Kleinen, alles nur auf unterschiedlichen Ebenen. Die Erzengel wiederum sind auf der untersten Ebene des Raumes Universum über eurem, unserem Universum. Sie eröffnen euer, unser Universum aus dem Raum über eurem, unserem Universum.

(siehe Abbildung 27)

Euch menschlichen Wesen sei die Gnade zuteil, nach der Durchdringung der Abgetrenntheit, nach der Durchdringung des Egos, den Raum des JETZT, den Raum des Seins zu eröffnen.
Ihr seid das letzte und das erste Tor. Ihr seid alles und ihr seid nichts. Ihr seid, wir sind, alle eins.

Neun Erzengel am Rande des Universums, die das System Universum eröffnen. Energiebahnen gelenkt durch Formeln und an Knotenpunkten weitere Lichtwesen als Energielenker.
Wir sprachen davon, dass das Universum ein Wesen ist, da es auf der Materiellen Ebene (ME) Chakrentore und Meridiane hat. Dies entspricht nur der halben Wahrheit.
Jetzt habt ihr das Wissen, um das Ganze zu erfassen. Das Universum ist der Raum, der durch die Tore (Erzengel und Engel) und die Energiebahnen entsteht. So wie die Erfahrungsräume durch euch menschliche Wesen mit euren Matrixtoren und Bahnen entstehen. Das Universum ist also der umschriebene Raum. Doch welches Wesen steht hinter den Erzengel- und Engeltoren und den Bahnen? Ja, so ist es: Es ist die universelle Quelle dieses eures, unseres Universums. Das Wesen ist Gott. Der Gott eures, unseres Universums ist ein Wesen.

(siehe Abbildung 28)

Ihr seid ein Abbild Gottes.
So steht es in der irdischen Schrift und so steht es geschrieben. Gott ist ein Wesen, wie ihr es seid. Versteht um die großen Zusammenhänge.
Euer, unser Gott ist tatsächlich ein Wesen.
Wir, die Lichtwesen, die Geistwesen und ihr, die menschlichen Wesen, entspringen aus dem Raum des göttlichen Wesens. Das göttliche Wesen ist ebenfalls eine Kristallisierung um eine Erfahrungsformel. Euer, unser Universum, der Raum der Gotteserfahrungsformel, euer, unser Erfahrungsraum wird durch euch menschliche Wesen erfahrbar gemacht, da ihr außerhalb der Lichtgeschwindigkeit Beobachter des Bewusstseins seid.

Nun seht: Religionen beziehen sich auf die Wesenheit Gott. Die Wesenheit Gott ist der Raumschöpfer dieses eures, unseres Universums. Ja, er ist ein Wesen, er ist geformte, definierte Energie. Durch sein Sein entspringt der Raum Universum, in dem wir und ihr existieren und neue Räume im Raum erschaffen. Das Thema Raum besprechen wir für euch im nächsten Kapitel.

Wir haben einen Gott in diesem eurem, unserem Universum. Dieses euer, unser Universum ist Gott und wir alle sind in Gott und Gott ist durch uns. Ihr seid, wir sind Abbilder Gottes.
Ihr und wir haben Energietore und Energiebahnen. Wir Wesen lassen ein Energienetz entstehen.
Wesen werden durch Energien definiert. Wir erläuterten euch bereits, je weiter weg Energien von der Ureinheit aller Quellen fließen, desto definierter sind sie. Sie definieren Götter. Alle Wesen sind Götter, denn sie werden von Energien definiert und lassen Raum entstehen. Wann akzeptiert ihr selbst, dass auch ihr Götter seid? Versteht: Alle Quellen erschaffen Universen. Eine Quelle wird als Quelle bezeichnet, da aus ihr der Raum Universum entspringt. Die Quelle ist Gott.
Unendlich viele Quellen, Götter lassen Universen entstehen. In eurem, unserem Universum gibt es nur einen Gott über uns allen. Doch in ihm gibt es unendlich viele: uns alle!
Gott ist eine Kristallisierung um eine definierte Erfahrungsformel herum und aus ihm heraus entspringt der Raum eures, unseres Universums.
Vielleicht fragt ihr euch, warum heißen die Quellen nicht Göttinnen? Ihr könnt ebenso Göttinnen sagen. Denn ihr wisst bereits, es hängt von der Perspektive ab.
Bleiben wir bei dem Wort Quelle, diese ist geschlechtsneutral. Nun wisst ihr, diese Quelle ist eine Wesenheit, kristallisiert um eine Energiedefinition.
Die äußerste Linie der Quelle, des Raums Universum, ist rund. Sie formt einen Kreis, eine Kugel, in der Unendlichkeit. Die Neun Erzengel sind die Tore am Rande dieser Kugel. Wir wissen, dass wir dies hier abstrakt beschreiben. Doch wollen wir euch ein Bild geben, das euer Gehirn verarbeiten kann. In dieser Kugel ist der Unendlichkeitsraum eures, unseres Universums.

(siehe Abbildung 29)

Der Kreis, die Kugel, die Null, als das Symbol des Anfangs und des Endes, alles vereint sich in einem Punkt.

Doch dazu auf den folgenden Seiten mehr.
Versteht: Auch eure Sprache ist ein Konstrukt, entstanden aus der Erfahrung des Egos. Das Ego braucht, abgetrennt von der Quelle, sein eigenes Kommunikationsmittel. So entwickeltet ihr die Sprache. Eure Sprache ist ebenso begrenzt wie euer Ego. Eure Sprache kann niemals beschreiben die Wahrheit, sie kann die Wahrheit nicht umfassen, denn sie ist das Werkzeug des Egos.
Eure, unsere Wahrheit liegt fernab der Sprache. Die Wahrheit existiert ohne Worte. Sie ist, ES ist.
So sind diese Zeilen gefasst in einem Buch, ein Versuch, euch ein Stück näher an euch selbst zu bringen. Wir möchten euch näher hin zu einer für euch neuen Realität begleiten.
Stellt es euch vor wie einen Realitätssprung von dem Glauben, die Erde ist eine Scheibe, bis hin zu die Erde ist rund. Widerstände in euch entstehen, taucht eine neue Realität auf. Ihr wollt euch festhalten an alten Bildern, diese geben euch Sicherheit. Ja, wir wissen darum. Doch schaut, welche Entwicklung ihr genommen habt mit dem neuen Bild: Die Erde ist rund. Dieses neue Bild war entwicklungsfördernd für die gesamte Menschheit.
Hier in diesem Buch bieten wir euch eine neue Realität an, ein neues Bild. Wir wissen, es wird Widerstände, Diskussionen geben. Euer Sicherheitsbedürfnis wird zur Verweigerung der Annahme.
Geduldet euch, werdet ruhig, werdet wieder ohne Worte.
Dort im Reich ohne Worte könnt ihr Momente erhaschen, die Licht in euer Innerstes bringen und euch zu eurer eigenen Realität, zu euren eigenen, neuen Bildern führen.
Werdet still, werdet ohne Worte. Im Sein liegt die Kraft, im Sein liegt die Wahrheit. Dort in der Stille seid ihr geboren, dort in die Stille kehrt ihr heim. Nicht eure Worte führen euch nach Hause. In der Tiefe der Stille ist euer Tor des Berührtwerdens. In der Tiefe der Stille berührt euch der Funke Gottes. Im Innehalten, im Eintauchen, im Sein, dort seid ihr, dort seid ihr in Gott und Gott ist in euch. Amen.

Alles ist ein mathematisch-physikalischer Prozess, gefüllt mit spiritueller Heiligkeit.

Diese Bereiche sind nicht zu trennen. Auf der Materiellen Ebene (ME) wird noch in Schubladen gedacht, um Erfahrungen erlebbar zu machen. Doch seid ihr im Bewusstsein wach und habt die universelle Wahrheit vor eurem inneren Auge. Zusammengefasst ist euer, unser Universum ein Raum, entstanden aus einem Wesen, einer Kristallisierung um eine Erfahrungsformel herum. Dieses Energienetz besteht aus Knotenpunkten und Energiebahnen.
Um die Energieknoten haben sich die, von euch so genannten, Engel kristallisiert.

(siehe Abbildung 30)

4. Energienetz eines Menschwesens

Nun zu den Energiebahnen. Auch die Bahnen werden durch die Symbolkraft der Zahlen gelenkt, geleitet, gestoppt. Die Symbolkraft öffnet Tore. Das Führen der Energiebahnen ist eine mathematische Kraft und funktioniert wie ein Schlüssel-Schloss-Prinzip. Jetzt könnt ihr Rückschlüsse ziehen auf den Anfang des Buches, dort erklärten wir euch die Funktion der Matrix mit seinen Toren. Wir sagten bereits, dass die Tore eurer Matrix durch Zahlensymbole funktionieren. Auch hier wirkt die Symbolkraft wie ein Schlüssel-Schloss-Prinzip. Die Zahlen lassen die für euch authentischen Energien bzw. Strahlkraft in euer System fließen und versorgen euer Energienetz mit den authentischen Energien. Eure Materie kristallisiert sich um dieses Energienetz herum. Nun versteht: Wenn nicht die authentischen Energien durch euch fließen bzw. eure für euch authentischen Energien versiegen: Eure Körper verändern sich, euer ganzes System im Innen wie im Außen verändert sich. Ihr kommt ab von eurem eigenen Lebensstrom, eurem Energielebensstrom.
Wie kommt eine nicht authentische Energie in euer Energienetz? Euch wurde der freie Wille gegeben, die Gabe der Kraft der Entscheidung. Ihr seid die Kristallisierung der Erfahrung: Abgetrenntsein von der

Ureinheit, was mathematisch-physikalisch nicht funktioniert und nur durch eure Bewusstseinstrübung als Erfahrung erfahrbar wurde. Durch eure Bewusstseinstrübung hat die Kraft des freien Willens eine andere Dimension. Denn ihr nutzt diese Kraft, um euch neu zu erfinden im Sinne eures Egos. Das Ego ist der kristallisierte Anteil in eurem Wesen, der das Resultat der Erfahrung Abgetrenntsein von der Ureinheit ist. Dieser Anteil kreiert nun euer eigenes System neu und somit auch alles auf der Materiellen Ebene (ME). Die Materielle Ebene (ME) ist der Spielplatz des Egos und hier kann es gestalten und walten und die Erfahrung des Abgetrenntseins auskosten und auf die Materielle Ebene (ME) gebären. Das Ego hat keinen Zugang auf die Geistige Ebene (GE), da es im Zustand des Abgetrenntseins diese nicht wahrnehmen kann. Wie schon am Anfang des Buches beschrieben, kann es allerdings eine Rückkopplung von der Matrix-Kopie auf der Materiellen Ebene (ME) hin zur Original-Matrix auf der Geistigen Ebene (GE) geben. Doch dieses Thema haben wir bereits behandelt.
Zurück zu den Toren eurer Matrix-Kopie auf der Materiellen Ebene (ME). Die Kraft des freien Willens, der Entscheidungen hat die Fähigkeit, Zahlenkombinationen zu entkräftigen und neue Zahlen darüberzulegen.
Die Originalzahlensymbolik, eure Energie-DNA, kann nicht von euch gelöscht werden, aber sie kann überschrieben werden, sodass andere Energien in euer System fließen.
Nun kommen wir wieder zu dem bereits behandelten Thema der Entscheidungen. Die Überschreibung der authentischen Zahlensymboliken geschieht in eurer Matrix-Kopie über den Moment der Entscheidung. Entscheidungen, ob bewusst oder unbewusst, formen das Schloss an den Toren eurer Matrix um. Dies ist die Kraft des freien Willens. Die Entscheidung ist das Werkzeug des freien Willens. Dieses Werkzeug hat immense Kraft, die von euch sehr unterschätzt wird.
Im Umkehrschluss hat die Entscheidung »Ich fließe im authentischen Sinne meines Wesens, im freien Fluss unseres Universums« ebenso eine magische Kraft.

Doch viele von euch haben Angst, der zu werden, der sie in Wirklichkeit sind. Es gibt die Möglichkeit, Schritt für Schritt sich selbst zu nähern. Auf diesen Weg haben sich bereits viele begeben.

(siehe Abbildung 31)

Wir möchten euch hier bildlich verdeutlichen, wie die Matrix-Kopie mit seinem Schlüssel-Schloss-Prinzip funktioniert.
Es gibt einen äußeren Ring mit drei für das System hochrangigeren Energiesträngen eines Wesens, vergleichbar mit den neun universalen Knotenpunkten der Erzengelenergien. Ein Wesen ist also drei übergeordneten Erzengelenergien hauptsächlich zugeordnet. Diese drei Energiestränge sind die Hauptversorger des Systems. Wir möchten diese als Zentralkraftlinie bezeichnen.
Im Zentrum des äußeren Rings befindet sich die für euch bereits bekannte Doppelpyramide mit ihren Toren, sie wird umschlossen von einem inneren Energiering.

(siehe Abbildung 32)

An den Spitzen der Doppelpyramide der senkrechten Matrixpyramide befinden sich sechs Eintrittstore. Diese sechs Tore werden mit weiteren sechs Hauptenergien des Universums versorgt. Wir möchten diese sechs Strahlen als Ummantelungskraftlinien bezeichen. Wobei zwei Strahlen jeweils gemeinsam eine Ummantelungskraftlinie bilden. Ein Wesen wird somit mit neun Strahlen in seinem Matrixnetz versorgt. Die neun Hauptenergien werden in jedem System auf unterschiedlichste Weise durch Zahlenformeln kombiniert und sie haben deshalb unterschiedliche Gewichtungen.
Jedes Wesen ist mit den neun Hauptenergiestrahlen versorgt, hat aber eine Zugehörigkeit zu einem Hauptenergiestrahl. Die Zentralkraftlinie, die im äußeren Matrixring von oben in das System hineinfließt, ist die Energie, in der sich das Wesen zu Hause fühlt. Dieser Strahl aus der Ureinheit ist der Geburtsstrahl dieses Wesens. Er ist im wahrsten Sinne des Wortes seine Nabelschnur. Aus diesem Strahl heraus hat sich

ein Wesen in unendlichen Vernetzungen, Verzweigungen kristallisiert. Eine Zentralkraftlinie mit ihrer Ummantelungskraftlinie möchten wir als Universalkraftlinie bezeichnen.

(siehe Abbildung 33)

Die Eins bis Neun als Symbol findet ihr in eurem Matrixsystem, in unserem universellen Energienetz und in der Anzahl der Dimensionen. Dass genau neun Dimensionen existieren, ist die Folge der Symbolmathematik. Selbst die Dimensionen haben sich um Zahlenformeln und Knotenpunkte kristallisiert. Wie ihr bereits wisst, sind die Dimensionen Erfahrungsräume der höchsten definierten Wesen, die sich ebenso um eine Erfahrungsformel kristallisiert haben.
Alles bis in die Unendlichkeit hinein ist Mathematik. Die Bausteine der gesamten Kristallisierungen sind die Zahlen Null bis Neun. Seht nun die Bedeutung und macht sie euch zunutze.
Jede Zahl wirkt aus einer Dimension, daher sind die Zahlen Eins bis Vier in eurem, unserem Universum von höherer Bedeutung. Sie umschließen die vier Dimensionen, Zeit als eine inbegriffene Dimension, auf der Materiellen Ebene (ME).

5. Ausdruck ist Mathematik und Physik (Teil B)

Begeben wir uns jetzt in die Energien der Zahlen Fünf bis Neun.
Die Zahl Fünf ist die Energie der Tiefgründigkeit. Sie durchleuchtet, durchschaut, deckt auf. Sie hat die Symbolkraft des Durchhaltevermögens, der Nachhaltigkeit und des Durchdringens. Sie ordnet, räumt auf. Diese Kraft bringt Ordnung ins Chaos. Sie erschafft eine neue, heilvollere Basis. Ebenso ist sie das Symbol des Scharfsinns. Energieströme, die nicht im Sinne des Lebensstroms sind, werden von ihrer Kraft ans Tageslicht gebracht, um sie neu formieren zu können. Das Symbol Fünf ist der spirituelle Hüter der universellen Gesetze. In der heutigen Zeit auf Erden hat sie eine sehr wichtige Bedeutung und ist

von hohem Wert, den verwirrten Wesen zurück in den Lebensstrom zu verhelfen.
Die Fünf ist dem Luft- und dem Erdelement zugeordnet.
Sie wirkt im Stillen, im Untergrund unbemerkt und kann doch große, starke Verwandlungen hervorrufen. Sie ist ebenso das Symbol der Mutation, der Veränderung. Die Fünf hat die Farbe Gold, sie veredelt die Materie, indem sie ihr ihre Sinnhaftigkeit zurückverleiht. Die Farben sind von ihrer Energie, aus der Familie der entsprechenden Zahlen.

Symbol Eins: Blau
Symbol Zwei: Grün
Symbol Drei: Rosa
Symbol Vier: Weiß
Symbol Fünf: Gold

Die Zahl Sechs als Symbol trägt die Kraft des freien Energieflusses in sich. Sie ist die fließende Kraft. Dort wo die Eins die Tore öffnet, bringt die Sechs den freien Fluss der Energien. Sie ist die Zahl der vollkommenen Liebe. Ihr habt bereits gelernt, dass Liebe das Gefühl von frei fließenden Energien ist. Die Sechs ist dem Wasserelement zugeordnet und die Farbe Rot entspricht dieser Symbolkraft.
Durch ihre starke Fließkraft reinigt die Sechs von alten, unauthentischen Energien. Sie lässt das fortschwimmen, was nicht zu dem Wesen gehört. Das, was die Fünf zutage gebracht hat, trägt die Sechs hinfort. Die Symbolkraft Sechs ist eine sehr sanfte, umschließende Kraft. Doch kann sie bei Widerständen zu einer Flutwelle werden, die scheinbar große Schmerzen verursacht, wenn lieb gewonnene Muster hinfortgespült werden. Verbündet sich ein Wesen mit der Sechser-Energie, wird sie zum Liebhaber. Stellt sich ein Wesen gegen die Sechser-Energie, wird es einen holprigen, oft schmerzhaften Weg einschlagen, denn die Sechser-Energie ist unerbittlich am Wirken. Sie ist die fließende Kraft, die unaufhörlich fließt. Besonders für Wesen mit einer Sechser-Betonung in ihrer Matrix wird ein aufgebauter Widerstand gegen das universelle Fließen sehr schmerzhaft. Sie hat die Kraft der Reinigung. Sie hat die Kraft des Erfassens von allem, was ist, da sie durch die Kraft

des Fließens mit allem verbunden ist. Ihr Symbol trägt die Energie der Einheit, des Eins-Seins (ES) in sich. Frei fließende Sechser-Wesen sind sich der Einheit, des Eins-Seins (ES) sehr bewusst. Die Symbolkraft der Sechs ist der Wegweiser zurück zur universellen Quelle und darüber hinaus zur Ureinheit.

Greifen wir uns das Symbol Sieben.
Die Kraft der Sieben verbrennt. Sie kann eine sehr hochfrequente Energieform annehmen, sodass Widerstände, Hindernisse, alte Entscheidungen transformiert werden können.
Die Sieben ist der Phönix aus der Asche. Dort, wo sie niederbrennt, hinterlässt sie fruchtbaren Boden, auf dem Neues, Gesundes entstehen kann. Sie ist die Zahl, die Entscheidungsprozesse unterstützt. Sie hilft, neue Wege der Umsetzung zu finden.
Die Sieben verhilft, Handlungsstränge neu zu kreieren, um das Alte in der lila Flamme der Sieben transformieren zu können. Das Symbol Sieben ist der Erfinder von Alternativen, die dann am Ende auch zu einer authentischen Entscheidung führen. Die Sieben ist Kreativität in reinster Form. Sie ist vielseitig und ideenreich. Sie kann schnell und auf verschiedensten Ebenen parallel wirken.
Sie ist dem Element Feuer zugeordnet und die Farbe Lila entspricht ihrer Energiefamilie.
Die Sieben hat eine Doppelbedeutung. Sie ist in sich zweigeteilt: Auf der einen Seite verbrennt, transformiert sie und auf der anderen Seite bringt sie auf dem hinterlassenen Boden alles zum Blühen. Wesen, die diese beiden Stränge im Widerspruch stehen lassen, haben eine große Zerrissenheit in sich und leiden unter einer Entscheidungsschwäche, da es sie von einem Pol in den anderen treibt. Sie sehen keine Lösung für sich. Somit ist die Sieben auch das Symbol der Polarität, die es mit ihrer Kraft zu vereinen gilt.

Die Acht ist die Kraft des Ausgleichs. Sie sorgt für die Balance im All-Eins-Sein. Sie ist das Symbol der Ewigkeit. Ihre Energie sorgt für Gerechtigkeit. Die Acht ummantelt alle Pole und führt sie wieder zurück hinein in die wesentliche Essenz. Ebenso symbolisiert sie das Karma

als Konzept des Ausgleichs. Durch ihre Ummantelung bringt sie die Zukunft und die Vergangenheit zusammen, um sie in einem Punkt, dem JETZT, zu vereinen.
Die Acht ist als Symbol eng mit der Vier verbunden. Die Vier ist die Kraft der Dimension Zeit und die Acht als Symbol beinhaltet die Kraft der Vereinigung aller Zeitgefüge.
Die Kraft der Acht wirkt ebenso verbindend unter den Wesen. Dieses Symbol wirkt bei der Zusammenführung verschiedenster Wesen. Also auch zwischen den Lichtträgern und den menschlichen Wesen. Möchtet ihr näheren Kontakt mit höheren Ebenen, benutzt das Symbol Acht. Wollt ihr Informationen zu eurem eigenen Wesenssystem aus anderen Zeitgefügen, nutzt die Acht als Symbol. Möchtet ihr in einer Beziehung zwischen euch und einem menschlichen Wesen harmonisierend wirken, nutzt die Acht als ausgleichendes, Frieden bringendes Symbol.
Die Energie der Farbe Orange gleicht der des Symbols Acht.
Die Acht ist dem Element Metall zugeordnet. Sie ist der Hüter des Gleichgewichts der Unendlichkeit und hat dadurch einen hohen, beschützenden Kraftaspekt. Nutzt sie, um euch vor äußeren, für euch schädlichen Energien zu schützen. So schützt ihr euch vor neuen Karmasträngen. Ebenso könnt ihr ihre Kraft nutzen, um nicht an Wesenssysteme anderer gekoppelt zu werden oder euch selbst in eine solche Abhängigkeit zu begeben. Die Acht verbindet in Freiheit, sie erschafft keine Abhängigkeiten. Sie ist ein Freigeist, der alles in einem Punkt erlebt.

Am Ende unserer Zahlenreise gelangen wir zu der Neun. Die Neun als Symbol der Vollendung, die Zahl der Ganzheit. Sie hat die Symbolkraft des vollendeten Werkes. Die Neun ist der Punkt am Ende eines Satzes. Ihre Energie schließt einen Prozess ab, sie veredelt ihn. Nach einer erfahrenen Erfahrung wird diese durch die Neun besiegelt, veredelt. Somit geht diese Erfahrung in die Akasha-Chronik ein. Die Neun ist der Hüter der Akasha-Chronik, durch ihre Kraft gehen alle erlebten Momente in die entsprechenden Memoiren ein.
Die Symbolkraft Neun setzt Stempel, sie markiert, sie definiert. Sie ist die Zahl des Satzes »ES ist.«.

Die Neun ist dem Element Erde zugeordnet. Die Verwirklichung eines Prozesses, einer Erfahrung, bis auf die Materielle Ebene (ME) ist vollzogen. Dies ist die Symbolkraft der Neun. Sie stärkt den Prozess, bis er seine Vollendung vollzogen hat. Die Neun bringt Ruhe und Frieden, denn das Werk ist vollbracht. Sie schließt Lebensphasen menschlicher Wesen ab und bringt die Energie eines Resümees.
Im Prozess des Todes ist die Neun das Hauptsymbol, denn in diesem Prozess wird die Seele Rückschau halten und das eigene Leben nach seinen Erfahrungen beurteilen. Die Seele fasst zusammen und Erfahrungen, die von der Neun noch nicht besiegelt wurden, werden offengehalten, um durch die Acht im nächsten Leben einen Ausgleich zu finden. Bei der Sterbebegleitung nutzt die Kraft der Neun, denn sie kann auch noch offene Erfahrungen besiegeln, um sie in diesem Leben abzuschließen.
Die Energie der Farbe Gelb ist der Neuner-Qualität zugeordnet. Gelb ist die Lichtfarbe der Sonne in eurem, unserem Universum.

Die Vollendung des Ausdrucks der Ureinheit in ihrer Unendlichkeit wird in eurem, unserem Universum besiegelt. Denn die Materielle Ebene (ME) ist der entfernteste Ort von der Ureinheit, der abgetrennteste Ort der Ureinheit. Der Ausschlag der Energiewelle fließt bis hinein in euer, unser Universum, von hier aus schlägt die Welle der Schöpfung zurück zur Ureinheit. Nach der Ausatmung folgt erneut die Einatmung. Und der kurze Moment zwischen Ausatmung und Einatmung ist der Moment des Symbols Neun, das in diesem Moment die Vollendung besiegelt.

Das Symbol Fünf kristallisiert im Erzengel Metatron.
Das Symbol Sechs kristallisiert im Erzengel Jophiel.
Das Symbol Sieben kristallisiert im Erzengel Zadkiel.
Das Symbol Acht kristallisiert im Erzengel Haniel.
Das Symbol Neun kristallisiert im Erzengel Uriel.

1	Michael	Blau	Luft
2	Raphael	Grün	Feuer + Metall
3	Chamuel	Rosa	Wasser
4	Gabriel	Weiß	Feuer
5	Metatron	Gold	Luft + Erde
6	Jophiel	Rot	Wasser
7	Zadkiel	Lila	Feuer
8	Haniel	Orange	Metall
9	Uriel	Gelb	Erde

6. Atmung des Seins

Im Sein liegt die Kraft, im Sein liegt die Wahrheit. Dort in der Stille seid ihr geboren, dort in die Stille kehrt ihr Heim. Nicht eure Worte führen euch nach Hause. In der Tiefe der Stille ist euer Tor des Berührtwerdens. In der Tiefe der Stille berührt euch der Funke Gottes. Im Innehalten, im Eintauchen, im Sein, dort seid ihr.

Die Einatmung und die Ausatmung der Energien sind der Prozess des Ausdrucks, der Prozess der Erfahrung, der Prozess, Erfahrung in die Materie zu gebären. Der Moment, wenn die Atmung zwischen Aus- und Einatmung stoppt, das Plateau, ist der Moment der Begegnung des Seins, fernab von Erfahrung und Ausdruck. In diesem Moment berührt euch der Funke des Seins.

Schaut auf die Atmung der Energien.

Ihr atmet ein, ihr atmet aus.

Pause.

Ihr atmet ein, ihr atmet aus.

Pause.

Ihr atmet ein, ihr atmet aus.
Dieser Rhythmus ist bis hin zur Ureinheit zu verfolgen.
Die Einatmung ist die Ansammlung von Energien, die sich in der Ausatmung, in der Definition von Energien, ergießen.

Atmung definiert ihr bezogen auf euer Lungensystem. Einatmung ist die Ansammlung von Luft in euren Lungen und Ausatmung ist das Ausströmen von Luft aus euren Lungen heraus.
Wir definieren die Atmung bezogen auf die Energieströme. Einatmung ist definiert als die Ansammlung von Energien und Ausatmung ist definiert als das Ausströmen von Energien.
Sprechen wir von Atmung, beziehen wir uns auf unsere Definition.

Bleiben wir bei eurem System. Bei der Einatmung sammelt ihr Energien aus dem Raum Universum. Über den Wesenskern zieht ihr die Energien bei der Einatmung in euer Matrixenergienetz.
Euer Herz als Knotenpunkt des gesamten Systems bringt die Energien in der Ausatmung weiter tiefer in die Materie hinein. So können sich die Energien weiter definieren, weiter formen. Ein- und Ausatmung gehören zum Prozess des Erschaffens von Materie.
Die Pause nach Ausatmung, das Plateau, ist die Phase des Seins. Das Sein ist, es erschafft keine Erfahrung. Sein ist, ES ist. In dieser Pause eurer Atmung der Energien berührt euch der Funke Gottes, bis die nächste Phase des Erschaffens von Erfahrung in der Materie folgt.
Dieser Rhythmus der Energieatmung ist überall bis in die feinsten Wellen zu finden, und so auch an der Grenze der Ureinheit, der Geburtsstätte aller Quellen. Energien sammeln sich und erschaffen beim Ausströmen definierte Energien.
Haben alle menschlichen Wesen auf Erden ihren authentischen Ausdruck gelebt, ist die Ausatmung der universellen Quelle beendet und das Plateau, die Pause tritt ein. Das Sein allen Seins.
Bis der Prozess der Einatmung von Neuem beginnt.

Nutzt für euch dieses Wissen. Durch bewusste Atmung im Sinne unserer Definition bringt ihr euer Erschaffen von Erfahrung in Fluss. So ver-

steht, ihr selbst als Wesen unterliegt diesen drei Phasen. Ihr sammelt über einen langen Zeitraum Energien an, um sie dann in die Materie hinein zu definieren. Danach seid ihr in einer Pause und verweilt im Sein. Diese Lebensphasen sind zu spüren.
Am ehesten erkennt ihr die Phase der Ausatmung, in der ihr den Flow merkt und es für euch ein gutes Gefühl ist, wie reibungslos eure Vision sich auf Erden, in der Materie, verwirklicht. Dies ist die Ausatmung der Energien.
In der Einatmung sammeln sich in eurem System Energien, es ist die Phase der Visionsfindung. Die Phase, in der der Wesenskern authentische Erfahrungen in der Energie-DNA herauslöst, definiert, fokussiert. In der Einatmung wählt der Wesenskern Puzzleteile aus, Abschnitte der Energie-DNA, die zur Geburt in die Materie hinein für diesen Moment, für diese Zeit bestimmt werden. Definierte Energien dieses DNA-Abschnittes sammeln sich im Wesenskern, bis genügend Energien für diesen Prozess bereitstehen.
In der Ausatmung strömen die Energien ins Matrixenergienetz hinein, definieren sich weiter bis hinein in die Materie. Durch Entscheidung, Verstand und Handlung wird der Prozess vollzogen.
Pause: Das Sein im JETZT.

Aus diesem Geschriebenen wird schon sichtbar, welche Blockaden entstehen können.
Bei der Einatmung: Der Wesenskern ist nicht angebunden an die Quelle. Energien sammeln sich wahllos im Wesenskern. Der perfekte Abschnitt der Energie-DNA kann nicht fokussiert werden.

Bei der Ausatmung: Blockaden im Matrixenergienetz verhindern das freie Fließen der Energien in die Materie hinein. Das Ego bestimmt Gedanken und Handlung. Nicht authentische Erfahrungen werden geboren.
Nun bleibt ihr im Prozess der Ausatmung hängen, da ja die Erfahrung nicht geboren wurde, die im Wesenskern geschrieben steht. Diese kurze Abhandlung erklärt, warum ihr euch so fern ab von euch selber fühlt. Warum ihr euch in eurem Leben oft am falschen Ort, zur fal-

schen Zeit fühlt. Dies ist der Zustand, sich nicht im Fluss des Lebens zu befinden.
Nutzt die Atmung der Energien, um eure Bahnen und Tore freizupusten. Macht den Weg frei für authentische Erfahrungen.

Die Ureinheit hat keinen Rhythmus. Rhythmus ist ein Zeichen von Entstehung definierter Energien. Die Ureinheit ist die Nichterfahrung, in ihr existiert kein Rhythmus, aus ihr heraus entsteht Rhythmus.
Alles in eurem System, in unserem System, hat Rhythmus.
Wir sind die Entstehung. Wir sind die Entstehungsgeschichte. Wir sind definierte Energien im Reich der Energiequelle, im Rhythmus der Wellen, im Rhythmus der Atmung der Energien.

Die Rhythmen eures Körpers:
Die Atmung eurer Lungen ist die Welle, der Rhythmus der Energien von der Geistigen Ebene (GE) in die Materielle Ebene (ME) hinein. Also die Energiefüllung des Energienetzes der Matrix-Kopie bei der Einatmung der Lunge und das Einströmen der Energien ins Chakrensystem über das Zentrum Herz bei der Ausatmung der Lunge.
Euer Herzschlag ist von hoher Frequenz. Dieser Rhythmus transportiert durch Anfüllen von Energien in der Diastole aus dem Energienetz der Matrix-Kopie die Energien dann tiefer hinein in die Materie über die weiteren Chakren und Meridiane in der Systole, der Energieausschüttung.
Der craniosacrale Rhythmus ist ein feiner Rhythmus, der die aus dem Wesenskern auf der Seelen Ebene (SE) kommenden Energien bei der Ausdehnung, der Flexion, in der Original-Matrix ansammelt, um sie dann im Zusammenziehen, der Extension, in die Matrix-Kopie einfließen zu lassen.
Es existiert ein weiterer Rhythmus über dem craniosacralen Rhythmus, der noch feiner und diffiziler ist. Dieser Rhythmus wird gerade von euch entdeckt. Dieser sammelt in der Ausdehnung, in der Einatmung, Energien aus höheren Ebenen des Universums im Wesenskern, um sie dann im Zusammenziehen, in der Ausatmung, in die Original-Matrix hineinströmen zu lassen.

So könnt ihr die Rhythmen weiter ausdehnen bis hin zur Ureinheit. Wie ihr seht, liegt der Rhythmus der unteren Ebene jeweils in den Armen, den Ausläufern, des Rhythmus der oberen Ebene. Je höher ihr auf den Ebenen kommt, desto größer ist der Ausschlag der Ausdehnung, der Ausschüttung, des jeweiligen Rhythmus.

Wir wissen, bisher habt ihr die Rhythmen nur auf der Materiellen Ebene (ME) definiert und betrachtet. Doch seht: Wisset nun die Wirkung der Rhythmen auf den drei Ebenen: ME, GE, SE.
Nutzt dieses Wissen für weitere Entdeckungen auf diesem Gebiet.

Craniosacraler Rhythmus:

Flexion: Energien aus Wesenskern sammeln sich in der Original-Matrix / Energien strömen in die Original-Matrix ein = Einatmung der Energien.
Extension: Energien strömen aus der Original-Matrix in die Matrix-Kopie ein = Ausatmung der Energien.

Lungenatmung:

Einatmung: Energien aus der Original-Matrix sammeln sich in der Matrix-Kopie / Energien strömen in die Matrix-Kopie ein = Einatmung der Energien.
Ausatmung: Energien aus der Matrix-Kopie strömen ins Chakrensystem ein = Ausatmung der Energien.

Herz:

Diastole: Energien aus der Matrix-Kopie werden über das Herz im Chakrensystem angesammelt / Energien strömen über das Herz ins Chakrensystem ein = Einatmung der Energien.
Systole: Energien fließen aus dem Chakrensystem tiefer hinein bis hin zu den einzelnen Zellen und dann hinaus in die Aura = Ausatmung der Energien.

7. Fokus

Energien sind Bewusstsein.
Definierte Energien sind richtungsweisendes Bewusstsein. Bewusstsein ist stets.
Bewusstes Sein.

Ein menschliches Wesen im Strahl der Lichtgeschwindigkeit, wie in Kapitel 2 beschrieben, ist sich seiner nicht bewusst. Und doch ist es Bewusstsein. Dieses Bewusstsein strömt in definierten Energien, es sind richtungsweisende Energien.
Dieses menschliche Wesen ist Bewusstsein und doch nimmt es sich selbst nicht als solches wahr. Durch den Fokus eines anderen menschlichen Wesens außerhalb des Lichtstrahls wird Bewusstsein bewusst als Bewusstsein wahrgenommen. So verhält es sich ebenfalls mit all euren Leben, mit all euren Erfahrungsvarianten, von der Original-Matrix in die Materie hineinkopiert. Diese Leben sind geformt aus richtungsweisendem Bewusstsein. Sie liegen im Dunkeln des Betrachters und doch sind sie.
Es ist der Fokus, die Taschenlampe, die im Dunkeln Liegendes erhellt. Die Taschenlampe erleuchtet einen Teil, der sichtbar wird, und somit wird das Bewusstsein bewusst wahrgenommen.
Ihr fragt, wer ist die Taschenlampe? Es ist kein wer!
Es ist ein Werkzeug des Bewusstseins, es ist ein Mechanismus des großen Ganzen. Dieser Mechanismus greift auf allen Ebenen.
Der Fokus ist die Aktivierung eines Energieabschnittes. Aktivierung im Sinne der Dimension Zeit. Alles ist JETZT. Durch Focusing wird Bewusstsein hintereinander bewusst wahrgenommen.
Erfahrungen sind definiertes Bewusstsein, definierte Energien. Fokus ist ein Mechanismus des Bewusstseins. Es knipst sozusagen an unterschiedlichen Stellen, Anteilen seiner selbst, das Licht an. Wer ist der Betrachter? Das Bewusstsein kann nur bewusst wahrgenommen werden von jemandem, der sich außerhalb des Bewusstseins wahrnimmt.
Somit wird dieser zum Beobachter des Bewusstseins, auch wenn dieser selbst Bewusstsein ist.

Und kommt ihr darauf? Genau, nur durch euch, durch die Egoerfahrung, wird Bewusstsein als Bewusstsein wahrgenommen. Eure Egoerfahrung ist für euer, unser Universum eine heilige Erfahrung. Sie ist einzigartig und von höchster Relevanz.
Denn nur durch das Ego konnte ein Beobachter des Bewusstseins entstehen.
Ihr habt bzw. macht Bewusstsein für alle Wesen bewusst wahrnehmbar. Ihr seid der Spiegel allen Bewusstseins, aller Energien. Seht die Herrlichkeit eures Seins in Ewigkeit. Amen.

Fokus entspringt aus dem Sein heraus. Ihr selbst nutzt dieses Werkzeug tagtäglich. Das, was ihr selbst fokussiert, ist die von euch angenommene Realität. Selbst Gedanken, die ihr fokussiert, nehmt ihr bewusst wahr und somit sind sie eure Realität.
Das Bewusstsein, dass der Fokus nur einen begrenzten Anteil der Gesamtheit sichtbar macht, würde euch helfen, nicht an scheinbaren Realitäten zu verhaften. Wir wissen, Fokus als Werkzeug der Anhaftung bringt euch Sicherheit.
Hier möchten wir euch nahebringen, auf welche Art und Weise euch euer Fokus wahrhaftig Sicherheit offenbaren kann: Eure authentischen Erfahrungen aus der Original-Matrix heraus werden durch die Zeit wahrhaft geführt. Das heißt, die Matrix an sich birgt Erfahrungen in der Dimension Zeit in einer authentischen Aufeinanderfolge.
Um für euch in Bildern zu sprechen: Abschnitte der Original-Matrix werden aktiviert. Ein Fokus aus dem Abschnitt selbst heraus geschieht. Stellt es euch wie auf einer Bühne vor. Alle Abschnitte stehen vor dem Publikum in Reih und Glied. Nun tritt ein Schauspieler ein paar Schritte nach vorne, dadurch fokussieren die Zuschauer spontan nur diesen Schauspieler.
Wären keine Zuschauer da, also keine menschlichen Wesen mit Egoerfahrung, würde das Focusing als Mechanismus nicht greifen. Und doch ist der Mechanismus des Focusing ein Mechanismus, der auch ohne Betrachter stattfindet.
Der Schauspieler tritt nach vorne aus der Reihe heraus, auch wenn keine Zuschauer da sind. Mit dem Unterschied, dass sein Sein nicht

erfüllt wird, da sein Sein daraus besteht, betrachtet zu werden. Doch der Schauspieler stellt sich zur Verfügung, um fokussiert zu werden, ob ein Zuschauer da ist oder nicht.
Die Zurverfügungstellung des Schauspielers ist als Mechanismus des Focusing zu verstehen. Der Betrachter beendet lediglich den Prozess des Mechanismus des Focusing. Focusing findet statt, wenn Bewusstsein bewusst wahrgenommen wird. Doch die Energieaktivierung einzelner Energienetzabschnitte aus einem Energienetz heraus findet mit oder ohne Betrachter statt.
Die authentische Abschnittsaktivierung in der Original-Matrix kopiert sich in die Matrix-Kopie hinein. Dies hat zur Folge, dass Abschnitte eurer Matrix in der zeitlichen Dimension hintereinander aktiviert werden. Bestimmte Erfahrungen sind aktiviert, andere ruhen als Bewusstsein im Dunkeln.
Wie im Großen so im Kleinen, das heißt im Großen findet ihr diesen Mechanismus als ganzes Leben, ganze Erfahrungsabläufe, und im Kleinen findet ihr ihn als einzelne Erfahrungsabschnitte in einem einzelnen Leben.
Die Aktivierung eurer Matrixabschnitte geschieht authentisch, hier findet ihr einen authentischen, sicheren Leitfaden durch euer Leben. Dieses Thema des Leitfadens haben wir bereits am Anfang des Buches beleuchtet. Nun könnt ihr es in der Tiefe begreifen.
Ihr fragt, wo ist da die Sicherheit?
Ihr seid durch eure Original-Matrix in euren Erfahrungen geführt. Richtet euren Fokus auf den aktivierten Abschnitt. Gebt euch dem Ablauf eures Lebens hin. Richtet euren Fokus nicht im Sinne des Egos auf Visionen, die nicht angebunden sind an den Geist. Der Fokus auf nicht authentische Erfahrungen bringt euch aus eurem eigenen Lebensstrom heraus und ihr spinnt euch euren eigenen, nicht authentischen Lebensfaden. Ihr lauft nicht den euch gegebenen Lebensfaden ab, der schon ist. Euer bereits vorhandener Lebensfaden existiert bereits, er wird durch den Mechanismus des Focusing und euren Fokus nur abschnittsweise sichtbar.
Dieser Lebensfaden ist gesponnen in die Zeit hinein durch die Abschnittsaktivierung in der Original-Matrix.

Das Focusing ist ein ebenbürtiges Werkzeug neben dem Werkzeug der Entscheidung. Nutzt diese beiden Kräfte zu eurem eigenen Wohl. Euer Leben wird sich auf wundersame Weise wandeln. Geduldet euch. Folgt dem Fokus eurer Original-Matrix.

Fokussiert eure neue Realität in euer Leben hinein bzw. wisst, dass Fokus nur einen Abschnitt eurer eigenen Wesenheit hervorbringt. **Ihr seid so viel mehr als das, was ihr fokussiert!**

Ergänzendes Erklärungsvideo zu Kapitel 5:

https://www.christiane-hansmann.com/ohne-worte/kapitel-5

S

Kapitel 6

Die Schöpferkraft

1. Raumentstehung

Wir weihen euch hier nun in die Geheimnisse der Dimensionen ein. Erfahrungen, entstanden aus mathematischen Zahlensymbolen, erschaffen Räume. **Jede Erfahrung eröffnet einen Raum.**

Dieser Raum erstreckt sich in alle neun Dimensionen. Dazu bedarf es nicht eurer Wahrnehmung. Es ist auch ohne eure Wahrnehmungsrealität. Erfahrung ist Ausdruck und Ausdruck ist die Schöpferkraft. Die Schöpferkraft erstreckt sich in alle neun Dimensionen. So seht, dass unablässig Räume erschaffen werden.

Räume sind Ausdehnungen, ein Auseinanderziehen hinein in die Räume der Dimensionen. Es geschieht nicht im Sinne eures linearen Denkens. Das Wort »geschehen« ist bereits linear ausgedrückt. Wir haben es so für euch formuliert. Im universellen Sinne ist es. Es ist JETZT.

Räume sind ineinander geschachtelt. In einem Raum erscheint ein nächster Raum. Sie entstehen in sich. Sie sind in sich.

Eure Wahrnehmung in dieser Zeit ist in der Entwicklung, den Raum im Raum wahrnehmen zu können.

Stellt euch einen dreidimensionalen Raum vor und nun nehmt die Vogelperspektive direkt über dem Raum ein. Ihr seht ein Quadrat. Da eure Wahrnehmung teilweise noch nicht so weit ausgebildet ist, glaubt unseren Worten. Das gesamte Universum sowie alle Universen bis hin zur Ureinheit befinden sich in einem Raum, der sich wiederum in der Ureinheit befindet, im Nichts, in der Leere.

Ihr befindet euch bereits im Nichts, in der Leere, was schon zu viel der Worte der Beschreibung ist. Aus diesem einen Raum entspringen

alle, alle unendlichen Räume, erschaffen durch Ausdruck. Sie sind ineinander, miteinander, durchdringen sich in ihrer Gesamtheit.
Stellt euch eine flache Wand vor. Ihr seht diese flache Wand und könnt durch sie hindurchschreiten. Während ihr hindurchschreitet, befindet ihr euch in der Mitte der Wand in einem neuen Raum, z. B.
in der unendlichen Weite eines Universums. Tretet ihr wieder vor die Wand, ist es nur eine Wand, auch von der Rückseite der Wand aus ist sie nur eine dünne Wand. Doch beim erneuten Durchschreiten gelangt ihr wieder in die Unendlichkeit eines Universums. Nun streicht die Wand in eurer Vorstellung.
Ihr befindet euch in einem Raum und nur durch einen kleinen Schritt in diesem Raum gelangt ihr in einen anderen Raum, der die Unendlichkeit des Universums in sich birgt. In diesem neuen Raum tut ihr einen Schritt und gelangt in einen weiteren, neuen Raum, z. B. in der Erfahrung ein Kind zu gebären. Dieser Versuch der Beschreibung möchte euch die Dimensionalität allen Seins verdeutlichen.
Die Entstehung allen Seins ist nicht linear, sie ist in einem Punkt zu finden, in der Ureinheit selbst. Der Anfang ist das Ende und das Ende ist der Anfang. Ihr seid bereits zurück in der Ureinheit, weil ihr nie fort wart.
Die Wellen der Ureinheit: Die Ausatmung eröffnet Räume, zu Beginn die Räume der Dimensionen, und die Einatmung verschließt Räume, am Ende die Räume der Dimensionen.
Nun haben wir euch das Durchschreiten der Räume, der Dimensionen, vorerst auf körperlicher Ebene erklärt. Der Zauber jedoch ergibt sich aus der Fähigkeit des Geistes. Euer Geist ist der Schlüsselträger, um durch die Räume des Ausdrucks schreiten zu können. **Eure körperliche Hülle ist in dem Raum der Materiellen Ebene (ME) gebunden, doch euer Geist ist frei.**
Ihr alle habt die Fähigkeit, mit eurem Geist zu reisen. Ihr könnt alle von euch erwünschten Räume betreten, solange euch euer Ego nicht von etwas anderem überzeugt. Ihr seid Meister, und ihr erahnt noch nicht mal, welche Fähigkeiten in euch schlummern.
Dies ist die Realität. Amen.

Wir möchten zu diesem Thema auf den Magnetismus zu sprechen kommen.
Die Entstehung eines Raumes, eingebettet in die neun Dimensionen, entsprungen aus dem Nichts, geschieht durch eine Ausdehnung, ein Auseinanderziehen. Die Ausdehnung erschafft zuerst die neun Dimensionen als Räume und dann unendlich viele Räume in den Räumen. Ausdehnung aus dem Nichts heraus erzeugt Spannung. Stellt euch ein Gummiband vor, das zusammengerollt vor euch liegt. Zuerst rollt ihr es aus, dann legt ihr es lang hin, dann fangt ihr an, es auseinanderzuziehen, dann wollt ihr es weiter und weiter ziehen. Je weiter die Ausdehnung des Gummibandes voranschreitet, desto spannungsgeladener wird der Zustand des Gummibandes. Ungefähr so könnt ihr es euch mit der Unendlichkeit der Raumentstehung vorstellen. Der Spannungszustand steigt. Diese universellen Spannungszustände werden von dem Magnetismus getragen.
Der Magnetismus ist ein Stabilisator der Entstehungsgeschichte. Seine unendliche Bandbreite erstreckt sich ins Unermessliche. Er erschafft Felder als Basis für Raumentstehung in allen Dimensionen.
Seht eure Erde. Ihr lebt in einem erschaffenen Feld des Magnetismus. Die Felder sind durchzogen von Linien. Gitter entstehen auf diesen Feldern, die den entstandenen Raum stabilisieren. Der Raum Erde in der vierten Dimension könnte ohne den Magnetismus nicht erfahren werden. Dies gilt für alle aus der Ureinheit entstandenen Räume. So seht: Durch die Variabilität des Magnetismus können Räume entstehen, aber auch in sich zusammenfallen. Denn verschwinden Gitter, Felder des Magnetismus, ist ein Raum der Erfahrung nicht mehr aufrechtzuerhalten. Versteht: Wenn ein Raum in sich kollabiert, verschwindet lediglich die Möglichkeit dieser speziellen Erfahrung. Würde die Erde kollabieren, fällt für alle Wesen diese Erfahrung auf Erden weg. Eure Matrix-Kopie könnte sich nicht weiter in dem Raum Erde erleben. Ihr würdet dann als reine Geistwesen in dem Raum der Geistigen Ebene (GE) eure Erfahrungen ausdehnen.
Dieser Raum wird ebenso vom Magnetismus aufrechterhalten. Der Magnetismus ist das Lenkrad darüber, welche Räume entstehen oder kollabieren. Dieser Prozess geschieht aus sich selbst heraus.

Das Bewusstsein jeglicher sich im Raum befindenden Wesen ist Teil des Magnetismus. Ja, so ist es. Bewusstsein erschafft Magnetismus. Denn das Bewusstsein bedarf an weiterem Raum oder ist gesättigt und bedarf an keinem Raum mehr.
Auf eure Materielle Ebene (ME) bezogen: Das Magnetfeld eurer Erde wird schwächer. Das bedeutet, der Raum der Erde wird durchlässiger. Dies hat zur Folge, dass euer Geist andere Räume im Raum Erde besser wahrnehmen und erreichen kann.
Dieser Prozess läuft bereits auf Erden. Ihr Menschwesen entdeckt andere Gefilde, euer Bewusstsein steigt. Steigt das Bewusstsein stetig weiter, wird der Raum Erde nicht mehr benötigt. Die Erfahrung aller Wesen auf Erden ist gesättigt, sobald alle Wesen ihren vollen authentischen Ausdruck in diesem Raum Erde vollzogen haben. Ist dies vollzogen, lässt das Bewusstsein den Magnetismus kollabieren und somit den Raum Erde kollabieren.
Alle Wesen steigen auf bzw. betreten nun den Raum der Geistigen Ebene (GE). Einige unter euch sprechen vom Aufstieg in die fünfte Dimension. Dieser von uns oben beschriebene Prozess ist mit dem Ausdruck »Aufstieg in die fünfte Dimension« gemeint.

Ihr selbst als Wesen seid ein Raum, in dem ein weiterer Raum entsteht. Ihr nennt es die äußere Welt und die innere Welt. Die Welt, den Raum in euch, nehmt ihr nicht als solchen ernst.
Euer Fokus ist auf den äußeren Raum gerichtet. Geht ihr durch eure eigene Tür, gelangt ihr in die Unendlichkeit eines neuen Raumes, eines neuen Universums. Ihr selbst seid ein Tor zu weiteren Räumen, Universen.
Die Unendlichkeit verbirgt sich in der Unendlichkeit, verbirgt sich in der Unendlichkeit, verbirgt sich in einem einzigen Punkt, dem JETZT. Alles ist im JETZT, enthalten in den Weiten der Unendlichkeitsräume, geboren aus der Leere, die alles durchdringt.
Euer inneres Universum ist das Tor zu weiteren Universalräumen usw. in die Unendlichkeit hinein. Selbst die Tore in einem Raum sind hoch in ihrer Anzahl. So sind es mehrere Zugänge aus einem Universalraum hin zu weiteren Universalräumen.

Ein Universalraum hat nicht gleich die Definition, dass sich in dem Raum ein ganzes Universum, im menschlichen Sinne, befindet.
In jedem Raum ist die Unendlichkeit enthalten. Was sich in einem Raum als Ausdruck manifestiert, ist von unterschiedlicher Gestalt. Mein Medium zum Beispiel hat Zugang zum Raum der Akasha-Chronik. Ein Raum, der sich je nach Bewusstsein eines Betrachters gestaltet. Dieser Raum befindet sich auf der Seelen Ebene (SE) und enthält sämtliche Ausdruckskristallisierungsinformationen eines menschlichen Wesens, wie ihr bereits wisst. Er ist sozusagen der Speicherraum aller individuellen mathematischen Symbolformeln, um die sich dann ein Wesen herumkristallisiert. Aus dem Raum bzw. in dem Raum der Akasha-Chronik entspringt der Raum der Seelen Ebene (SE), auf der jedes Wesen seinen eigenen Wesenskern manifestiert sieht.
Sämtliche Räume sind ineinander verschachtelt wie ein Labyrinth, und jedes Bewusstsein hat die Fähigkeit, zu wandern bzw. zu springen, von Raum zu Raum. Ihr selbst befindet euch in dem Raum eures Lebens, und aus diesem Raum entstehen viele, viele Räume durch Erfahrungen mit anderen Wesen und deren Bewusstsein. So habt ihr mit unterschiedlichsten menschlichen Wesen unterschiedlichste Räume. Das Bewusstsein beteiligter Menschwesen kreiert gemeinsam ihren Raum, andere Wesen sind mit ihrem Bewusstsein nicht an diesem Raum beteiligt.
Zum Beispiel: Seid ihr zu zweit im äußerlichen Wohnzimmer, erschaffen diese zwei Seelen einen neuen Raum der Erfahrung, der aus diesem äußeren Wohnzimmer heraus entsteht.
Vielmehr, sie erschaffen einen Raum, aus dem wiederum zwei weitere entspringen. Denn jedes Bewusstsein dieser zwei Seelen macht aus seinem Fokus heraus eine andere Erfahrung. Nun haben sich aus einer Wohnzimmersituation bereits drei entstandene Räume kreiert. Seid ihr selbst alleine im Wohnzimmer, kreiert ihr eure eigene Erfahrung alleine. Manche von euch haben die Fähigkeit, ein anderes Bewusstsein im Raum wahrzunehmen. Dies geschieht, wenn zum Beispiel ein anderes menschliches Wesen mit seinem Bewusstsein in den Raum eines anderen menschlichen Wesens reist. Dies ist spürbar. Dieses Wesen ist dann nicht im materiellen Raum, aber ihr teilt dann einen geis-

tigen Raum. Und in dem Raum macht ihr eine gemeinsame neue Erfahrung.
Ja, es klingt kompliziert. Ist es aus eurer Sicht auch.

Manche von euch nehmen verstorbene Seelen in ihrem Raum wahr. Dies geschieht, sobald ein Verstorbener mit euch eine Erfahrung teilen möchte. Sein Bewusstsein wandert in euren Raum, somit teilt ihr diesen und die verstorbene Seele wird für euch wahrnehmbar. Andersherum kann euer Bewusstsein in die Räume anderer Wesen wandern bzw. springen. So findet dort Begegnung statt und Begegnung ist Erfahrung.
Ihr habt Anteil an unglaublich vielen, vielen Räumen. Doch nehmt ihr mit eurem Bewusstsein stets einen in den Fokus.
Wie schon auf den vorherigen Seiten beschrieben, stellt es euch wie eine Lampe vor, die an eurer Stirn sitzt. So wie ihr euren Kopf dreht, so wird der Raum beleuchtet. Ihr erfahrt das, was im Lichte erscheint. Euer Bewusstsein lenkt euch im Erfahrungsstrang.
Räume haben unterschiedliche Frequenzen und somit unterschiedliche Spektren, was in ihnen erfahren werden kann.
Verschachtelte Räume befinden sich auf der Materiellen (ME), Geistigen (GE) und Seelen Ebene (SE) und so weiter. Die Frequenz erhöht sich Richtung Ureinheit, so wie der Magnetismus Richtung Ureinheit abnimmt.
Es gibt eine schöne Begrifflichkeit:
»Ich halte für euch den Raum.« Ein sehr bewusstes Wesen kann für andere Wesen den Raum halten, damit die anderen an dieser Erfahrung beteiligten Wesen eine neue hochfrequentere Erfahrung erleben dürfen. Diese Wesen alleine könnten mit ihrem Bewusstsein noch keinen hochfrequenten Raum entstehen lassen. Doch befinden sie sich mit einem höher schwingenden Wesen in einem äußeren Raum, und dieses Wesen erschafft einen hochfrequenteren Raum für die Anwesenden. So können alle eine neue, harmonisierende, dem Lebensstrom entsprechende Erfahrung erleben. Ihr eigenes Bewusstsein kann sich dadurch erheben und anfangen, eigene hochfrequentere Räume zu gestalten.

So ist es von hoher Wichtigkeit, dass die bewussteren Wesen unter euch sich dieser Aufgabe widmen.
»Den Raum halten«, um anderen die Möglichkeit einer neuen Erfahrung zu bieten, ist von hoher Bedeutung. So erschafft ihr Plattformen, auf denen Heilung im höchsten Sinne geschehen darf.

2. JETZT

Ein weiterer wichtiger Aspekt, der auch unter euch verbreitet wird, beinhaltet die Übung, im JETZT zu sein. Wir möchten hier beleuchten, was es damit auf sich hat. Ihr wisst bereits, dass Erfahrungen Räume erschaffen. Die Dimensionen sind Räume, in denen alle weiteren Räume entspringen.
Um euch ein Bild zu geben: Die Ureinheit, die Leere, ist der Rahmen aller Räume. Sie ist die Essenz, aus der die Räume entstehen. Die ersten Räume und damit die größten, sind die neun Dimensionen. Aus ihnen folgen alle anderen.
Die Dimension Zeit spielt in eurer Welt, auf eurer Ebene, eine große Rolle. Durch Zeit entsteht ein lineares Denken in euch und die Erfahrung der Abgetrenntheit kann von euch erlebt werden.
JETZT ist ein Wort aus der Dimension Zeit. Die Übung, euer Bewusstsein auf das JETZT zu fokussieren, hebelt die Wirkung der Dimension Zeit aus. Ihr taucht sozusagen durch diesen Raum Zeit hindurch und wacht mit eurem Bewusstsein in einem anderen Raum auf.

Dies ist der Prozess, der in euren Meditationen von euch geübt wird. Und ihr unterhaltet euch, in welche Tiefen ihr bei der Meditation kommt bzw. welche Stufen ihr erreicht. Ein geübtes Bewusstsein kann in der Meditation viele, viele Universalräume durchdringen und taucht weiter und weiter durch die Räume Richtung Ureinheit. Zurück zum JETZT. Dieses Wort hat eine besondere, wichtige Bedeutung. Wie bereits erwähnt, hebelt es den Raum Zeit aus. Nicht nur das, sondern euer

Bewusstsein fokussiert den Punkt JETZT und damit hört es auf, weitere Erfahrungsräume zu kreieren. Das Bewusstsein taucht ein in alles, was ist, und hört auf, sich mit einzelnen Räumen zu identifizieren. **Durch das Fokussieren ins JETZT erfahrt ihr euch selbst als Kreator eurer Räume und seht die Räume ineinander geschachtelt in einem Punkt, in der Essenz. Das Bewusstsein beendet so die Erfahrung des Abgetrenntseins. Verweilt eine Seele mit seinem Bewusstsein im JETZT, hat es seine Identifikation mit der Materiellen Ebene (ME) beendet.** Die Seele ist aus dem Zustand des Abgetrenntseins heraus geboren hinein in die Einheitserfahrung. Die Einheitserfahrung ist ebenso eine Erfahrung, die nur entstehen konnte durch den Raum der Abgetrenntheitserfahrung.

Das JETZT ist der Stillstand zwischen Ein- und Ausatmung des Universums. Durch die Fähigkeit, euer Bewusstsein im JETZT zu fokussieren, breitet sich die Wirkung der neun in eurem System aus. Die Vollendung eures authentischen Ausdrucks kann beginnen. Das JETZT ermöglicht euch, den Funken Gottes in euch zu fokussieren bzw. ihm zu begegnen. Dies ist ebenso eine Erfahrung in der Unendlichkeit der Erfahrungsräume. Doch diese JETZT-Erfahrung ist von hoher Wichtigkeit, um euch als Geistwesen wahrzunehmen. Dieser empfundene Zustand im JETZT ist euer Ursprungszustand auf der Geistigen Ebene (GE) in eurer Original-Matrix. Ihr seid eine Kristallisierung einer Erfahrungsformel. So ist euer Bewusstsein aufgebaut, Erfahrungen zu erfahren. **Die Ureinheit ist die Nichterfahrung, sie ist die Essenz aller Seinszustände, aller Räume.**

Euer Bestreben, geleitet von eurer Sehnsucht, ist, die Ureinheit in eurem Bewusstsein zu erfahren.

Ihr übt euch in Meditation, erfindet, erforscht weitere Praktiken, um der Ureinheit nah zu kommen. Ihr sprecht von Erleuchtung. Die Ureinheit ist die Essenz, sie ist die Nichterfahrung. ES ist.

Euer Bewusstsein taucht weiter durch die Räume, tiefer und tiefer durchdringt ihr sie, um zur Ureinheit zu gelangen. Auf diesem Weg macht ihr wundervolle Erfahrungen. Ihr macht erleuchtende Erfahrungen, die euer Sein vervollständigen.

Die Ureinheit ist die Nichterfahrung.

Wir möchten euch hier sagen, taucht ihr tiefer und tiefer in und durch die Räume der Erfahrung, des Ausdrucks, bleibt ihr im Labyrinth der Räume. Hier findet ihr das Erleben von Erfahrung.
Die Essenz allen Seins ist fernab von Erfahrungen, von Ausdruck. Ihr braucht nicht mit eurem Bewusstsein abtauchen, um die Essenz zu suchen. Dort findet ihr sie nicht.

ES ist. Dies ist Gnade.
ES ist um euch, in euch, durch euch, mit euch, euch.
Habt nicht den Anspruch, Gnade zu erfahren. Denn dann wird es wieder ein Raum der Erfahrung. ES ist in der Leere, im Nichts.

Wir wissen, dass die Sehnsucht euch suchen lässt. Doch hört: Euer Bewusstsein im JETZT zu halten, ist in der jetzigen Zeit von hoher Bedeutung. Die Menschheit hat die Erfahrung der Abgetrenntheit vollendet und darf diesen Raum kollabieren lassen.
Nun geht es um die Erfahrung, den authentischen Wesenskern in vollkommenem Ausdruck auf der Materiellen Ebene (ME) zu kreieren.
Hierzu bedarf es des Focusing des Bewusstseins ins JETZT hinein. Die Reise in die unterschiedlichsten inneren Räume darf nicht zur Ablenkung werden.
Die Sehnsucht darf nicht zur Sucht werden. ES ist Gnade.
Gnade ist weder ein Ergebnis einer Suche noch ein Ergebnis einer Handlung.
Gnade ist. ES ist.
Wir bitten euch, übt euch im JETZT. Durchdringt die Dimension Zeit und bindet euch an, an das All-Eins-Sein. Lebt euer vollkommenes Sein auf Erden. Dies ist euer Geburtsrecht. Hier liegt eure Glückseligkeit, hier liegt euer Frieden, im vollkommenen Fließen eurer authentischen Kristallisierung.
Beinhaltet eure Authentizität, das Labyrinth der Räume zu erfahren und davon zu berichten, dann tut dies. Doch ist dies nicht das Sein auf Erden jeder Seele.
Ein spiritueller Mensch ist nicht ein Wesen, das weit, weit in die Räume vordringen kann. Nein, hier liegt ein Missverständnis vor. Ein spiri-

tueller Mensch lebt auf der Materiellen Ebene (ME) seinen Wesenskern. Das geschriebene Wort, die mathematische Symbolformel in diesem Wesenskern ist so individuell wie die Anzahl aller menschlichen Wesen.

Entdeckt eure eigene Authentizität. Diese Reise ist von hoher Bedeutung. Jagt nicht der Erfahrung, dem Erfassen der Ureinheit nach. Dieser Sinn verliert sich schon im Ansatz. ES ist Gnade.

Nutzt das JETZT als Schlüssel zum Eintauchen in den Raum des All-Eins-Seins und erfahrt eure eigene Authentizität.

Dies ist unsere Bitte an euch.

3. Der Funke Gottes

Um eine Erfahrung erfahrbar zu machen, bedarf es der Kristallisierung um die Formel der Erfahrung.

Erst durch die Kristallisierung eines menschlichen Wesens um die Erfahrungsformel herum entsteht der Raum der Seelen Ebene (SE). Die Erfahrung wird durch die Kristallisierung beseelt.

Dieser heilige Prozess ist die Entstehung von gebündeltem Bewusstsein um eine Erfahrungsformel herum.

Diese Zündung ist der Funke Gottes.

Dieser Prozess der Beseelung ist der Funke Gottes, durch den Erfahrung erfahrbar gemacht wird. Das gebündelte beseelte Bewusstsein erschafft nun mithilfe des Magnetismus Erfahrungsräume. Das kristallisierte Bewusstsein wird zum Schöpfer.

Es absorbiert universelle Energien und transformiert diese.

Das menschliche Wesen formt universelle Energien bis hinab auf die Materielle Ebene (ME). Erfahrungen werden durch euch erfahrbar.

Ihr seid beseeltes Bewusstsein, Schöpfer in Fleisch und Blut.

Ergänzendes Erklärungsvideo zu Kapitel 6:

https://www.christiane-hansmann.com/ohne-worte/kapitel-6

Kapitel 7

Zurück in den Ursprung

Es ist die Verzweiflung, die euch treibt in neue Gefilde. Suchend aus dem Schmerz herausfliehen wollt ihr.

Wie wäre die Realität, dass ihr schon draußen seid? Alleine eure Grenzen, von euch selbst gesteckt, verhindern das Sehen dieser Wahrheit.

Ihr seid göttliche Wesen, geboren in Fleisch und Blut. Nehmt euer Erbe an und fließt mit dem Strom des Lebens, mit dem Strom eurer Matrixenergien. **Entscheidet euch JETZT.** Löst auf eure Begrenzung, verbrennt sie im Feuer der Transformation. Entscheidet euch für das Unkreieren und lasst durch euch fließen, was fließen möchte. Bringt dies in die Materie, so entsteht euer Himmelreich auf Erden. JETZT.

1. Matrix des waagerechten Pyramidenpaares

Die Energien der horizontalen Linie Hand-Herz-Hand verbinden euch Menschwesen in all euren Erfahrungen, die ihr auf allen Ebenen miteinander teilt. Durch diese Linie habt ihr Zugang zu all den Erfahrungsinformationen, die geschrieben stehen, und zu denen, die vom Ego kreiert worden sind. Daher sind die Hände ein wichtiges Werkzeug, um ein anderes Wesen authentisch erfassen zu können. Die Hände sind das Tor zu allen geschriebenen und erlebten Erfahrungen. Es ist die Verbindungslinie unter euch Menschwesen und unter allen in eurem, unserem Universum existierenden Wesen. Es ist die Verbindungslinie unter den Wesen, die unter dem Dach Gottes, unter dem Dach eurer, unserer universellen Quelle ihre Existenz feiern.

Auch die Geistwesen sowie alle Lichtwesen haben diese Verbindungslinie Hand-Herz-Hand. Auch wir speisen von den Erfahrungen aller und sind mit den Erfahrungen aller verbunden. So seht: Auch wir Lichtwesen erfahren den Schmerz, auch wir erfahren die Trauer, die Wut, die Einsamkeit. Denn über diese Linie sind wir alle über die Erfahrungen verbunden.

Wir erleben, was ihr erfahrt. Es gibt keine Begrenzung. Erinnert euch an unser Beispiel: Durch die Blume erfährt auch der Baum, wie es ist, eine Blume zu sein. Der Baum teilt die Erfahrungen der Blume. So wie die Blume die Erfahrungen des Baumes erfährt. Denn sie sind in der Verbindung eins.

Jede erlebte Erfahrung geht in den Pool aller Erfahrungen ein und wird von dem globalen Gedächtnis gespeichert. Es ist das Massenbewusstsein, das durch diese Linie getragen wird. Ein Netz, das alle gespeicherten Erfahrungen fließen lässt und zur Verfügung stellt. Wählt, welche für euch authentischen Erfahrungen ihr durch eure Verbindungslinie in euer System einlasst. Es ist für euch von hoher Relevanz, hier für euch authentische Erfahrungsenergien einfließen zu lassen, denn euer eigenes System arbeitet mit den eingelassenen Energien. Diese eingelassenen Energien sind die Bausteine für eure neu gestalteten Erfahrungen. Zum Beispiel: Lasst ihr Energien ein aus dem Massenbewusstsein, die nicht eurem Wesen entsprechen, habt ihr nicht die Energien zur Verfügung, die ihr benötigt, um für euch authentische Erfahrungen zu kreieren. Seid wachsam und achtsam, mit welchen Wesen ihr euch umgebt, denn deren Erfahrungspool hat Einfluss auf euer System. Umgebt euch mit menschlichen Wesen, die euch und eurem System guttun. So sorgt ihr dafür, dass ihr mit guten Energien aus dem Bewusstseinspool gespeist werdet.

Wir möchten uns hier weiter dem Matrixaufbau widmen.

Die Anatomie der Matrix hat für euch eine hohe Bedeutung. Es ist die Landkarte aller weiter darauffolgenden Therapien, die durch die Informationen aus diesem Buch noch entstehen werden.

Ihr habt bereits das Wissen über die waagerechte, die horizontale Matrixkraftlinie Hand-Herz-Hand. Nun seht und wisset, auch diese Kraftlinie ist Zentrum eines Pyramidenpaares. Es sind aus eurer Sicht heraus zwei liegende Pyramiden, aufgebaut wie das Pyramidenpaar der senkrechten Matrixkraftlinie. Ihre Grundplatte ist hochkant durch die Mitte der Grundplatte der senkrechten Pyramide.

(siehe Abbildung 35 A)

Seht in dem Bild, es entstehen verschiedenste Matrixtore und Matrixbahnen. Diese Bedeutung der Tore und Bahnen wird euch noch offenbart. Jetzt könnt ihr erahnen, auch die dritte Matrixkraftlinie von hinten nach vorne und umgekehrt ist Zentrum eines Pyramidenpaares. Und auch hier entstehen weitere Matrixtore und Matrixbahnen.

(siehe Abbildung 35 B)

Betrachtet nun das Matrixgitter mit all seinen Toren und Bahnen!

(siehe Abbildung 36)

Am inneren Matrixring befinden sich zwölf Matrixtore und viele unterschiedlich verlaufende Matrixbahnen von drei Matrixpyramidenpaaren.

Nun möchten wir nochmal auf die einzelnen Pyramidenpaare eingehen. Bisher haben wir uns nur auf das senkrechte Pyramidenpaar bezogen, anhand dessen wir viele Erklärungen abgegeben haben. Dieses Pyramidenpaar in der Senkrechten ist der Kern eurer Matrix-Kopien. Ihr wisst bereits um den äußeren Ring: Der Strahl, der von oben / unten und von unten / oben euer System durchdringt, ist eure Nabelschnur in die Ureinheit hinein, in die Geburt eurer Definition hinein. So verhält es sich auch mit dem senkrechten Pyramidenpaar. Dieses Energiegitter ist der Anker in eure Heimat, in die Ureinheit hinein. Hier ist euer Sein, hier findet ihr euch, hier ist euer JETZT. Dort, in diesem Pyramidenpaar, findet ihr euren Halt.
Es ist von großer Bedeutung, dass dieses Pyramidenpaar klar, rein und authentisch gehalten wird. Fließen dort authentische Energien, ist

euer System gut stabilisiert. Euer Bewusstsein kann euch in für euch wichtige, heilvolle Erfahrungen geleiten, auch wenn in den beiden anderen Pyramidenpaaren weniger authentische Energien laufen. **So seht: Das senkrechte Pyramidenpaar ist das Herz eures Matrixsystems, es bedarf der besonderen Pflege. Hier ist der direkte Zugang auf die Geistige Ebene (GE), hin zu eurer Original-Matrix über das Höhere Selbst.**

Das waagerechte Pyramidenpaar ist, wie ihr bereits wisst, der Verbindung mit dem Bewusstsein aller Wesen zugeordnet.
Die Handmatrixtore dieses Pyramidenpaares nehmen die Energien aus den Verbindungen mit anderen Wesen bzw. aus dem Bewusstseinspool aller auf und leiten diese weiter durch die Tore und Bahnen des waagerechten Pyramidenpaares und weiter durch die Tore und Bahnen des senkrechten und zeitlichen Pyramidenpaares. Ihr entscheidet, mit wem ihr euch verbindet.
Wir sprachen in diesem Buch bereits über Wesenssysteme, über Deals, die Wesen untereinander schließen.
Deals, also eigene Energien im Tausch mit Energien anderer Wesen, fließen durch beliebige Tore aller drei Pyramidenpaare ein. Diese Fremdenergien verteilen sich dann individuell im System. Ebenso eigene Matrixenergien, die bei einem Deal als Tausch angeboten werden, fließen durch entsprechende Tore aller drei Pyramidenpaare hin zu dem Wesen, mit dem ein Deal abgeschlossen wurde.
Diese Deals, die sich aus den Energien des gesamten Gitters speisen, können ebenso mit Geistwesen und Lichtwesen abgeschlossen werden. Wir warnten euch bereits davor, Deals auch und vor allem mit höheren Wesen einzugehen, denn diese sind an Energien aus dem senkrechten Pyramidenpaar interessiert. Haben sie Zugang zu dem senkrechten Pyramidenpaar, seid ihr in eurem eigenen Kern geschwächt. Solche Deals mit dem senkrechten Pyramidenpaar können auch unter menschlichen Wesen stattfinden. Diese Beziehungen sind dann stark manipulativ und beeinflussen euch ebenfalls stark in eurem Sein. Wisset darum und prüft euch.

Ein freies, authentisches, waagerechtes Pyramidenpaarsystem zieht sich über die Handmatrixtore die Energien aus dem Massenbewusstsein aller Wesen dieses Universums, die es zur Entfaltung seiner Original-Matrix bedarf.
Die Energien, die sich ein Wesen auf diesem Wege zuführt, lassen es weiter frei und authentisch sein. Es gibt keine Fixierungen bei einer authentischen Versorgung. So sei es.

Beachtet ebenso den bereits besprochenen Aspekt der Konkurrenz. Beachtet die aus dem Ego entstandenen Mangelgedanken, die eine der größten Blockaden im Massenbewusstsein produzieren.
Der Zustand der Konkurrenz ist ein Verschließen der Handmatrixtore für ausgewählte Energien aus dem eigenen Matrixsystem.
Lasst euch gegenseitig frei. Schenkt euch gegenseitig Informationen in Form von Energien über eure Handmatrixtore und erfreut euch an dem Wachstum des anderen durch eure geschenkten Energien.

Hier möchten wir kurz euer intuitives Wissen über die waagerechte Matrix hervorheben. Denn was tut ihr, wenn ihr eine Gemeinschaft stärken wollt, euch in einer Gemeinschaft verbinden wollt? Was tut ihr, wenn ihr einer Paarbeziehung Ausdruck verleihen wollt? Was tut ihr, wenn ihr mit eurem Gegenüber verstärkt Verbindung aufnehmen wollt? Ihr fasst euch an den Händen! Ihr geht in die energetische Verbindung der Hand-Herz-Hand Kraftlinie der waagerechten Matrix.
Auch das waagerechte Pyramidenpaar ist eine Kopie aus der Geistigen Ebene (GE). Jedes Wesen hat seinen ganz eigenen Stempel, auch in der waagerechten Pyramide. So hat jedes Wesen in seiner Authentizität einen ganz eigenen Erfahrungsbeitrag zu der Wesensgemeinschaft. Jeder von euch schenkt dem Energiepool des Massenbewusstseins seinen ganz individuellen Stempel, auf den dann andere Zugriff haben. Als Beispiel: So erfährt eine Blume, wie es wäre, ein Baum zu sein, ohne, dass sie selber diese Erfahrungen macht. Durch euer authentisches Sein schenkt ihr euch selbst der Gemeinschaft. Sobald alle im authentischen Sein erwachen, ist das Erfahrungsnetz des Massenbewusstseins vollkommen authentisch und die Erdenerfahrung ist abgeschlossen.

Dieser Prozess bezieht sich vorwiegend auf die waagerechte Matrixpyramide.
Seid mit euch, ihr seid alle eins. Begleitet euch gegenseitig in eure Authentizität. Wir bitten euch darum, lasst ab von dem Konkurrenzgedanken, er macht euch krank, er macht das Massenbewusstsein krank. Gesundet und seid füreinander, seid miteinander und ihr seid mit euch selbst in alle Ewigkeit. Amen.

2. Matrix des zeitlichen Pyramidenpaares

Die Angebundenheit an den Geist, an die Original-Matrix eines jeden menschlichen Wesens, ist das oberste Ziel. Ist ein Wesen in der Führung seines Geistes, wandelt es auf seinen authentischen Pfaden, wandert es zurück in seine ursprünglichen Wesenserfahrungen. Schritt für Schritt gelangt das menschliche Wesen so zu sich selbst zurück. Dies geschieht in Phasen, glaubt uns, würden wir all eure Masken auf einmal fallen lassen, euer Verstand würde diese Realitätsüberforderung nicht überstehen. Das Werkzeug Verstand würde für euch ausfallen und der Prozess in eure Authentizität zurück wäre nicht möglich. Ihr benötigt euren Verstand, um euren Geist als Materie zu manifestieren. So gebt euch dem Prozess hin. Er beginnt mit der Anbindung, der stetigen Ankopplung an euren Geist, an eure Original-Matrix. Auch dieser Prozess verläuft schichtweise.
Nehmt euer Ego an die Hand, legt es ins Bett, deckt es liebevoll zu und singt ihm ein süßes Lied. Lasst euer Ego einschlafen und träumen von alten Zeiten. Von Zeiten, in denen es Macht hatte und die Führung über eure angebliche Sicherheit übernommen hatte. Dann wendet euch an euren Geist auf der Geistigen Ebene (GE) über die senkrechte Matrixpyramide. Euch eurem Geist zuzuwenden bedeutet, euch ihm zu öffnen, euch ihm hinzugeben. Lasst euch von eurem Geist durchfluten, lasst ihn durch euch fließen. Fangt an und hört die Stimme in euch, fangt an und seht, spürt in euch hinein. Fangt an und sprecht eure eigenen Worte.

Kommen wir zurück zu dem Pyramidenpaar, dessen Zentrum die Matrixkraftlinie von vorne nach hinten / von hinten nach vorne ist. Dieses Pyramidenpaar ist der Dimension Zeit zugeordnet. Die Tore und Bahnen in ihrem Stempel, in ihrer Zuordnung speisen sich aus der Dimension Zeit. Es handelt sich hier um das zeitliche Pyramidenpaar. Eure Horoskope und das Human Design beziehen sich auf das zeitliche Pyramidenpaar, auf diese karmische Energielinie. Das Horoskop und das Human Design errechnen den Stempel des zeitlichen Pyramidenpaares der Original-Matrix. Hier sind Anlagen, eure Potenziale, eure Auswirkung auf die Materie wie eine DNA festgehalten. Festgehalten, um in der Streckung der Zeit in vielen Leben diese zum Ausdruck zu bringen.
Euer Geburtsdatum bestimmt die Präsenz der karmischen Energielinie in diesem Leben. Das Datum als Summe präsentiert die Farbe der Energien, die in Richtung vorne / hinten fließen. Es ist eure authentische Farbe, die aus dem JETZT hindurch durch die Vergangenheit, Gegenwart und Zukunft strömt. Zum Beispiel: 18.04.1972 = 32 = 5
Fünf ist dem Strahl des Lichtwesens Metatron zugeordnet und Metatron ist die Energie Gold. Gold ist die authentische Farbe unseres Mediums in der karmischen Energielinie von vorne / hinten.
Die karmische Energielinie von hinten / vorne wird in der Geburtszeit materialisiert. Zum Beispiel: 16:47 Uhr = 18 = 9
In diesem Fall ist es die Neun, die die Erfahrung aus allen vorherigen, aus der Sicht der Zeit beschriebenen Leben in dieses Leben hineingebärt.

Hier möchten wir etwas über Karma erklären. Was ist Karma? Eine Bestrafung? Nein, eine aneinandergereihte Abfolge von Leben, die die Schablone unterschiedlichster Erfahrungen eures Wesenskerns zum Ausdruck bringen. Wäre da nicht die Erfahrung Ego, wärt ihr bereits zurück im vollkommenen Sein. Durchschritten hättet ihr alle Schablonen, um wieder in das eine, das JETZT einzutauchen. Doch das Ego hält fest, dies ist seine Natur und es baut Umwege, auch dies gehört zu euren Erfahrungen. Erfahrungen des Egos abgetrennt vom Wesenskern sind ebenso Erfahrungen, gespeichert im System. Leben reihen sich aneinander, bis ihr in eurer eigenen Vollkommenheit erwacht. Dies ist nicht als Strafe zu verstehen.

Wie ihr bereits wisst, es bedarf der Zeit, um Erfahrungen erfahrbar zu machen. In dem zeitlichen Pyramidenpaar, in der karmischen Energielinie, sind die Bruchstücke festgehalten, die DNA, die je nach Zeitabschnitt aktiviert werden. Aktivierte Matrixabschnitte finden dann ihre Wirkung in der Zeit. So können alle Abschnitte nacheinander im Verlauf der Langdehnung durch die Zeit erfahrbar gemacht werden.

Nun seid ihr in einer Zeitepoche angelangt, in der euch die Dimension Zeit als Dimension bewusst wird. Seht die Auswirkung: Euer Bewusstsein erfasst das zeitliche Pyramidenpaar und die hergestellte Illusion der Hintereinanderschaltung verschiedener Abschnitte in der Zeit.

Durch das Bewusstsein des JETZT habt ihr die Fähigkeit, alle Teilabschnitte der zeitlichen Matrix-Kopie als diese zu betrachten. Die Illusion hebt sich auf, damit stoppt ihr den Mechanismus der Aktivierung einzelner Teilabschnitte. Im JETZT ist das gesamte zeitliche Pyramidenpaar präsent, die Hintereinanderschaltung einzelner Abschnitte stoppt bzw. das Focusing einzelner zeitlicher Abschnitte ist dadurch beendet. Die Erfahrung des Egos ist als Erfahrungsstempel, ein Teilabschnitt in dem zeitlichen Pyramidenpaar, verankert. Vielleicht wird euch nun bewusst, warum das Eintauchen ins JETZT gleichzeitig etwas mit dem Auflösen, Aufweichen des Egos zu tun hat. Jegliche Arbeit mit dem Ego sowie Übungen, um ins JETZT zu gelangen, haben die Funktion, die Wirkung der zeitlichen Matrix zu minimieren, um in das senkrechte Pyramidenpaar zu gelangen. Den Mechanismus des Focusing erläuterten wir bereits auf vorderen Seiten. Eine Beendung des Focusing auf der Zeitlinie, auf eurer zeitlichen Pyramidenpaarmatrix, lässt euch tiefer eintauchen in eure Matrix hinein. Ihr taucht hindurch und gelangt zur waagerechten und vor allem zur senkrechten Pyramidenmatrix.

Ihr gelangt zu eurem Seins-Zustand.

Auch alle Geistwesen ohne Matrix-Kopie haben das zeitliche Pyramidenpaar. Allerdings nur mit der Funktion, euch in der Dimension Zeit zu erreichen. Ihr Bewusstsein ist stets in der senkrechten Pyramidenmatrix, im Seins-Zustand.
In der jetzigen Zeit ist es von höchster Relevanz, die zeitliche Matrixpyramide zu überwinden bzw. dessen Aufbau in der Illusion Zeit bewusst als diese wahrzunehmen.
Das Focusing einzelner Matrixabschnitte in der zeitlichen Matrixpyramide und eure Gefangenschaft, eure Identifikation in der Dimension Zeit, ist dadurch beendet.
In dieser zeitlichen Pyramidenmatrix sind erfahrbare Potenziale, Talente usw. festgehalten. Hierbei geht es noch jeweils darum, diese auf Erden durch Handlungsstränge zu gebären.
In der Dimension Zeit spielt die Handlung eine wichtige Rolle, denn durch Handlung bringt ihr euch und eure Kreationen in die Materie. Erinnert euch: Geist – angebundene Gedanken – Handlung – Materie – Gefühle. Dieser Strang gehört in die Dimension Zeit, in die zeitliche Matrixpyramide. Denn um in eurer senkrechten Pyramidenmatrix zu erwachen, bedarf es keiner Handlung mehr. Hier ist euer Bewusstsein im Sein. Hier seid ihr. Um zu sein, bedarf es keiner Handlung mehr.
Taucht ihr durch die zeitliche Pyramidenmatrix, erwacht ihr in der senkrechten Pyramidenmatrix, in der das Sein seine Präsenz hat. Euer Drang, euch auf Erden zu manifestieren, euch auf Erden zu materialisieren, hebt sich dadurch auf. Der Drang, euren Geist in die Materie hinein zu kreieren, ist damit beendet.
Seht: Verliert die Handlung ihre Wirkung durch Aufhebung der Illusion Zeit, wird der Mechanismus des Egos ebenso beendet. Es ist eine Beendigung des Spiels auf beiden Seiten. Dies bedeutet, dass euer Bewusstseinsfokus in der senkrechten Pyramide ruht und durch eure zeitliche Matrixpyramide authentische Energien fließen dürfen. Dies geschieht aus sich selbst heraus. Der Geist gebärt sich aus sich selbst heraus über die zeitliche Matrixpyramide. Die Definition aller Dinge gebärt sich aus der Undefinition der Ureinheit aus sich selbst heraus. Ihr seid und es gebärt sich aus euch selbst heraus. Der Geist gebärt in die Materie. Ihr werdet zum reinen Kanal eures Geistes. Ihr werdet zu

reinem Bewusstsein. Die Handlung bringt euch nicht zum Geist zurück, nein, in diesem Zustand ist die Handlung selbst der Ausdruck des Geistes. Der Geist ist. Der Geist ist Ausdruck. Der Geist ist durch eure Definition. Der Geist wird durch euch geboren.
Ihr seid in der Materie und alleine euer Sein im JETZT erfüllt euch im Sein. Dieser Zustand ist frei von »sich finden wollen«, frei von Handlungen suchen, um authentisch zu sein. Im Sein, in eurem Sein, im freien Fluss der senkrechten Matrixpyramide seid ihr. Ihr seid im Sein, es bedarf keiner Handlung mehr. Doch euer authentisches Sein lässt über die zeitliche, deaktivierte Matrixpyramide euren Geist in die Materie fließen. Dies ist ein vollkommener, erleuchteter Zustand, den wir in den vorherigen Kapiteln ausführlich besprachen. Dies ist die Vollendung eures Seins auf der Materiellen Ebene (ME).
Daher sind eure Fragen, was muss ich tun, um in mein Sein zu kommen, um in meiner eigenen Glückseligkeit zu erwachen, an sich schon paradox. Es gibt nichts zu tun. Wenn ihr »tut um«, landet ihr automatisch in der aktivierten zeitlichen Matrixpyramide. **So versteht: Eure vollkommene Authentizität kann nur über eure senkrechte Matrix, waagerechte Matrix und eine von euch deaktivierte zeitliche Matrix in die Materie geboren werden. Denn die Erfahrung des Egos ist dann bereits integriert.**
Eine deaktivierte zeitliche Matrix wird über das Bewusstsein des JETZT initiiert, ohne Identifikation mit der senkrechten Matrixpyramide. Dazu beschreiben wir gleich mehr.
Werdet euch über die Dimension Zeit und dessen Illusion bewusst, deaktiviert so den Mechanismus des Focusing einzelner zeitlicher Matrixabschnitte. So erwacht ihr im Sein, in der senkrechten Matrixpyramide. Alleine Bewusstsein lässt euch erwachen. Sobald ihr in Handlung geht, um zu erwachen, seid ihr wieder Gefangene, Identifizierte der Zeit.
Dies ist ein sehr wichtiger Aspekt, der durch dieses Buch zu euch kommen möchte. Erschafft Räume, in denen das Bewusstsein Raum findet, dass Zeit eine Illusion ist. Steigt aus dem Spiel aus.

Das authentische Sein bezieht sich in erster Linie auf die zeitliche Matrix. Werdet authentisch in eurem zeitlichen Stempel. Lebt eure authentischen Talente, eure vom Ego befreiten Handlungsstränge *(siehe Abbildung 3)*. So kann sich euer authentisches Sein in die Materie ergießen. Der Geist hat sich so in die Materie geboren und der Teilabschnitt des Egos ist überwunden, desillusioniert.
Doch Achtung: Taucht ihr ins JETZT und desillusioniert ihr die Dimension Zeit, taucht ihr also direkt in die senkrechte Matrix, ins pure Sein, in der es keiner Handlung mehr bedarf, und identifiziert ihr euch mit dieser, ohne den vorherigen Schritt der authentischen Geburt des Geistes in die Materie durch eine deaktivierte zeitliche Matrix gemacht zu haben, ist die Vollendung des Geistes in die Materie hinein nicht beendet. Der Anker bleibt in der zeitlichen Matrix haften und aktiviert die zeitliche Matrixpyramide von Neuem.
Es ist eine Zeit in eurem Massenbewusstsein, in der es Möglichkeiten gibt, direkt in die senkrechte Matrix zu tauchen. Für die, die ihre zeitliche Matrix vervollständigt haben, ist dieser Sprung von hoher Bedeutung. Doch seht: Die, die ihr authentisches Sein der zeitlichen Matrix noch nicht zum Ausdruck gebracht haben und sich mit der senkrechten Matrix identifizieren, für diese Wesen ist der Sprung voreilig. Diese Wesen wird es zurück in die zeitliche Matrix schleudern und sie fühlen sich »als spirituelle Versager«. Ihr Wirken bedarf noch ihres Focusing in der senkrechten Matrix ohne Identifikation, um einen seichten, vollkommenen Bewusstseinssprung in die senkrechte Matrix vorzubereiten.
Die waagerechte Matrix hat ebenso ihr Wirken in dem Bewusstseinssprung aus der zeitlichen Matrix in die senkrechte Matrix. Denn das Massenbewusstsein kreiert Realitäten.
Ist die von euch so genannte kritische Masse erreicht, wird die gesamte zeitliche Matrix als Illusion enttarnt und den Menschwesen wird das Sein in die senkrechte Matrix hinein leicht fließend verwirklicht. So ist der Sprung in die senkrechte Matrix eine gute Vorbereitung für alle Menschwesen. Ist das Massenbewusstsein in der senkrechten Matrix, und die Mehrzahl der Menschwesen drückt ihre Authentizität über eine deaktivierte zeitliche Matrix aus, fließt der Geist direkt in die Ma-

terie ein. Ja, gespeist wird die Materie werden von Energien, die durch euch fließen werden. Ihr verweilt in der Materie als Gemeinschaft, bis jedes Menschwesen in seiner senkrechten Matrix sein Sein fokussiert. Hier wird der Zeitpunkt sein, das JETZT sein, in dem die Materie kollabiert und die Materielle Ebene (ME) sich schließen wird. Die Gesamtheit der Menschwesen wird auf die Geistige Ebene (GE) eingehen. In eurer jetzigen Epoche existieren bereits Menschwesen, die dauerhaft in Meditation verweilen, in ihrer senkrechten Matrix ihr Bewusstsein fokussieren, ohne sich damit zu identifizieren. Ihr authentisches Sein in ihrer deaktivierten zeitlichen Matrix ist das Sein in der senkrechten Matrix. So versteht: Sie erfüllen ihre Authentizität in der deaktivierten zeitlichen Matrix durch ihr fokussiertes Bewusstsein im Seins-Zustand in der senkrechten Matrix. Diese Menschwesen stabilisieren über die waagerechte Matrix das Massenbewusstsein in Bezug auf die senkrechte Matrix. Sie eröffnen über die waagerechte Matrix die Erfahrung des puren Seins für die Gesamtheit der Menschwesen. Durch ihr eigenes Sein schenken sie allen dieses Erfahrungstor und stabilisieren gleichzeitig das senkrechte Matrixgitter aller Menschwesen.

Wir möchten hier kurz auf die atlantanische Zeitepoche eingehen. Ihr als Atlantaner wart eine hoch entwickelte Kultur. Doch nur ein Teil von euch Menschwesen existierte als Atlantaner. Parallel zu der Hochkultur Atlantis lebten bereits Menschwesen auf der Erde, der Materiellen Ebene (ME), ohne Zugang zur Geistigen Ebene (GE), ihr Ego war bereits aktiviert. Die atlantanischen Menschwesen materialisierten sich noch auf der Materiellen Ebene (ME) als Geistwesen mit angelegter Matrix-Kopie im Wesenskern. Eine sehr friedvolle, hoch entwickelte Epoche der Menschwesen, stabilisiert durch die atlantanischen Menschwesen in Form von Geistwesen.
Denn die Atlantaner eröffneten den restlichen, bereits mit dem aktivierten Ego, Menschwesen die Geistige Ebene (GE) und die Gesetzmäßigkeiten des Universums.
Doch seht: Die Erfahrung des Egos in der Matrix-DNA der zeitlichen Matrix auf der Geistigen Ebene (GE) war noch nicht bei allen fokussiert bzw. aktiviert. Das vollständige Focusing bzw. die vollständige

Aktivierung des Egoabschnittes der Matrix-DNA aller Menschwesen passierte aus der Epoche Atlantis heraus. Versteht: die vollständige Aktivierung der Egoerfahrung aller Menschwesen als letzter Zungenausläufer der Flut ausgehend von der Ureinheit. Atlantis als Erfahrung war die letzte Vorstufe zur Vollendung der auslaufenden Welle. Die vollständige Aktivierung der Egoerfahrung war unumgänglich, sie ist die Vollendung der Ausatmung der Ureinheit, des ES. Sie ist die Erfahrung der Abgetrenntheit von der Ureinheit, erfahrbar gemacht durch die Dimension Zeit.
Seht: Durch die Aktivierung des Matrix-DNA-Abschnittes Ego aller Menschwesen auf der Geistigen Ebene (GE) sind die Spiegellinie sowie die Materielle Ebene (ME) vollständig ins Bewusstsein materialisiert. Die zeitliche Matrix wurde so auf der Materiellen Ebene (ME) vollständig aktiviert. Und durch die Abgetrenntheitserfahrung des Egos hat eine Identifikation aller Menschwesen mit der zeitlichen Matrix stattgefunden. Der Erfahrungsraum Ego hat die Materie im Bewusstsein erschaffen.

(siehe Abbildung 37)

Jegliche Urschuld als eingebranntes Gefühl in euren Zellen geht aus dieser Epoche hervor. Das Herausfallen aus dem Paradies bezieht sich auf die Aktivierung der Matrix-DNA des Egoabschnittes aller Menschwesen in der Atlantisepoche. So begreift: Die Urschuld, wie ihr sie beschreibt, ist ein heiliger Prozess der Vollendung, in dem alle Erfahrungen in Heiligkeit zum Ausdruck gebracht werden konnten. All die Menschwesen unter euch, die in ihrem Wesenskern die Erfahrung Atlantis in sich tragen, haben die Erschaffung des Egodaseins, die Erschaffung der Abgetrenntheitserfahrung besiegelt. Sie sind die letzten gefallenen Menschwesen in die Materie, unterhalb der Spiegellinie, hinein. Sie sind die, die das Thema Schuld besonders beleuchten und authentizitieren dürfen. Mit ihrem Fall begann die Hochphase der Epoche des Egos und seine heilige Erfahrung.
Ihr seid gesegnet. Wir danken euch mit all unseren Energien für das Herausfallen aus der All-Eins-Sein-Erfahrung.

Eure Zeitlinie, vom Massenbewusstsein getragen, ist im Übergang von der Egoerfahrung in eine Phase mit atlantanischen Zügen. Jedoch ist in dieser Epoche die Egoerfahrung integriert.

Es geht darum, wie bereits in Atlantis gelebt, aus der zeitlichen Matrix heraus euer authentisches Sein zum Ausdruck zu bringen. Allerdings jetzt mit dem Unterschied der integrierten Egoerfahrung und der dadurch deaktivierten zeitlichen Matrix, wodurch sich eure Identifikation mit dieser vollkommen auflösen wird.

Ist dieses bei allen Menschwesen vollzogen, kann sich die zeitliche Matrix in der senkrechten Matrix auflösen. Jedes Menschwesen hat somit seine Identifikation mit der zeitlichen Matrix aufgelöst.

Dies wäre dann der Beginn, bei dem die Welle des Bewusstseins zurück zur Ureinheit rollt. Dies wäre der Beginn der Ebbe, der Einatmung.

Wie ihr seht, ist es für euch von hoher Relevanz, um die drei Matrixpyramiden und ihre Kraftrichtungen zu wissen. Zum jetzigen Zeitpunkt bedarf die zeitliche Matrix eures Fokus, denn hier möchten authentische Energien durch alle Tore, in alle Bahnen einströmen und durch den Materialisierungskreislauf *(siehe Abbildung 3)* in die Materie geboren werden. Hier in der zeitlichen Matrix bedarf es eures Bewusstseins.

Wie eben bereits beschrieben, kann für manche Menschwesen das Bewusstseins-Focusing in der senkrechten Matrix ihr authentisches Sein zum Ausdruck bringen, dies wäre ihre Erfüllung des authentischen Seins in der deaktivierten zeitlichen Matrix.

Das Eintauchen in der senkrechten Matrix, in eurem geistigen Zuhause, erlaubt eine Atmung in andere Gefilde. Doch wisset, lenkt euch nicht ab durch die Identifikation mit der senkrechten Matrix von der Verwirklichung eurer Authentizität. Sie möchte in die Materie geboren werden. Eine Auflösung des Egos durch eine Identifikation mit der senkrechten Matrix, mit dem puren Sein, ist stets eine Bewusstwerdung des Seins ohne Egobeständigkeit. Ihr kreiert einen Gegenpol zum Egodasein durch eure Identifikation mit der senkrechten Matrix, im Sein, wenn eure Authentizität sich nicht zuvor in der Materie verwirklichen konnte. Und solange ihr euch mit dem dauerhaften Seins-Zustand identifiziert, ohne dass dies eure Authentizität beschreibt, ist eure Authentizitätsverwirklichung nicht vollendet.

So wisset, die Erschaffung einer egofreien Zone hat noch lange nicht die zeitliche Matrix deaktiviert. Es ist eher als Ausweg zu bezeichnen, eine Gegenpolerschaffung, die den Pol des Egos stärkt bzw. ihn bei anderen wiederum hervorheben lässt.
Das Ego wird im anderen gesehen und beleuchtet, da durch die Ausweichung in das Sein ohne Authentizitätsverwirklichung ein Gegenpol zum Ego gebildet wird. Und Pole bedingen sich und bedürfen einander.
Daher unsere Bitte: Tankt euch auf mit eurem Geist, atmet im Seins-Zustand, in der senkrechten Matrix, doch gebraucht ihn nicht als Gegenpol zum Ego durch eine Identifikation mit diesem Seins-Zustand. Taucht ein ins Sein und vervollständigt eure Authentizität durch eine deaktivierte zeitliche Matrix. Euer Geist strömt in euch durch eure Präsenz in der senkrechten Matrix, denn hier ist der direkte Zugang zur Geistigen Ebene (GE), auf der eure Original-Matrix zu Hause ist.
Die Energien der senkrechten Matrix sind kraftvoll und rein. Sie können durchspülen euer gesamtes System. Nutzt euer Bewusstsein im Seins-Zustand, um eurer gesamten Matrix neuen Atem zu schenken. Gottes Atmung durchströmt euch durch die senkrechte Matrix und lässt euch aufblühen, lässt Energieblockaden und Stauungen wegschmelzen.

Bisher habt ihr euch in der »spirituellen Szene«, ein für uns sehr amüsanter Ausdruck, damit beschäftigt, aus der zeitlichen Dimension ins Sein zu gelangen. Also ihr wisst nun, aus der zeitlichen Matrixpyramide in die senkrechte Matrixpyramide mit eurem Bewusstsein zu gelangen. So weit, so gut. Gehen wir jetzt gemeinsam noch einen Schritt weiter.
Ebenso die senkrechte Matrixpyramide ist eine Definition abgestimmt auf euren ganz eigenen Wesenskern. Euer Sein, eure Heimat ist bereits eine Definition geboren aus der Ureinheit, der Nichtdefinition.
So könnt ihr ebenso euer Sein mit keinem Sein eines anderen Wesens vergleichen. Es gibt so viele Seinszustände, wie es Wesen in diesem eurem, unserem Universum gibt. Vergleicht euch nicht, noch mehr, ge-

ratet nicht in Konkurrenz, da ihr meint, ihr alleine seid der, der bereits im Sein gelandet ist und das Gegenüber nicht. Teilt eure Seins-Erfahrungen untereinander, aber vergleicht euch nicht darin, da sie alle von unterschiedlicher Natur sind.
Es gibt zurzeit eine Bewegung in eurer »spirituellen Szene«:
»Wer ist im wirklichen Sein erwacht?« Und hier entspringt schon der Konkurrenzgedanke und erschafft von neuem Mangelzustände und lässt euch wieder aus eurem eigenen Sein herausfallen.
Das Sein aus sich selbst heraus ist niemals vergleichbar. Ihr seid im Sein weiterhin eine Definition. Glaubt uns, ihr seid im Sein weiterhin definiert, auch wenn es sich für euch erst mal nicht so anfühlt, da ihr gerade erst aus der Dimension Zeit ausgestiegen seid. Bildlich gesprochen: Ihr habt sehr lange in einem sehr warmen Raum gelebt und nun tretet ihr aus dem Raum heraus und gelangt in einen kühleren Raum. Eure Wahrnehmung nimmt diesen neuen Raum als kalt wahr, da ihr vorher im anderen Raum im System überhitzt wart. Ihr kühlt im neuen Raum ab und es tut euch gut. Ihr sagt, der Raum ist kalt und der Raum vorher war heiß. Ja, stimmt. Doch wisset darum, hinter diesem neuen Raum sind noch viele, viele unendliche Räume, mit Temperaturen, deren Namen ihr noch nicht mal kennt.
Also verfallt bitte nicht in eine spirituelle Arroganz, sobald ihr den Raum des Seins betretet und glaubt, ihr könnt andere in ihr eigenes Sein hineinführen. Dies wird euch nicht gelingen, da die Definitionsfrequenz im Sein, in der senkrechten Matrixpyramide, individuell geboren ist. Ihr könnt einen Seins-Raum in einer Gruppe halten, sodass Einzelne die Möglichkeit ergreifen, in ihr eigenes Sein hineinzutauchen. Dies tut jede Seele zu ihrem JETZT.
Die spirituelle Arroganz ist ein Zustand, der in der waagerechten Matrixpyramide entsteht. Es kann möglich sein, dass ein Wesen aus der zeitlichen Matrix aussteigt und in seine senkrechte Matrix, ins Sein, eintaucht. Dies ist ein sehr bewegender Moment. Doch sobald fehlgeleitete, nicht authentische Energien in der waagerechten Matrixpyramide fließen, läuft dieses Wesen Gefahr, dass sein Seins-Zustand dadurch gestört wird und er Mangelzustände in der waagerechten Matrixpyramide produziert. Dadurch ist wieder die gesamte Matrix-Kopie

gestört, und das Wesen läuft Gefahr, zurück in die zeitliche Matrixpyramide zu fallen. Viele von euch erleben diese Dynamik.
Ihr habt Seins-Erfahrungen und dann plumpst ihr zurück in die Zeit. Wie ihr nun wisst, ist die gesamte Matrix sehr komplex, und es bedarf sehr viel Hingabe, um alle authentischen Energien durch euch fließen zu lassen, um in eurem eigenen, definierten Sein geboren zu werden.
Unsere Bitte an dieser Stelle ist, auch wenn ihr selbst im Sein erwacht, wisset um eure Definition. Bleibt in authentischer Verbindung zu anderen Wesen über eure waagerechte Matrixpyramide. Verschenkt euch an andere, lasst fließen eure Energien hin zu anderen. Vergleicht euch nicht im Sein. Seid mit euch, seid miteinander.
Auf vorherigen Seiten besprachen wir das Fallen in Gnade in den Seins-Zustand der Nichtdefinition, das Fallen hinein in die Essenz aller bis hin zur Ureinheit. Diese Gnade, die einem Menschwesen zuteilwird, steht im Wesenskern auf Seelen Ebene (SE) geschrieben. Gnade ist, auch hier gibt es nichts zu tun und nichts zu bewerten. Es ist aus sich selbst heraus. Gnade ist Focusing.
Hier möchten wir den Unterschied vermerken zwischen dem Seins-Zustand in der eigenen senkrechten Matrixpyramide und dem Fallen in Gnade in die Nichtdefinition, ins ES.
Dies sind andere Seins-Zustände aus anderen Ebenen heraus. Bitte vergleicht euch nicht. Seid mit euch, da wo euer Bewusstsein sich im JETZT definiert bzw. sich in der Nichtdefinition auflöst.
Auch hier vergleicht euch nicht, fallt nicht in den Konkurrenzgedanken und produziert Mangel. Teilt die Erfahrungen mit anderen, teilt eure Erfahrungen und lasst los von dem Gedanken, das Gleiche erfahren zu müssen wie euer Gegenüber, um in der Erlösung aufgehen zu können. Eure Sehnsucht ist groß und so sucht ihr in anderen. Vor allem in anderen, deren Frequenz sich im Bewusstsein schon erhöht hat. Ihr Weg ist nicht euer Weg, euer Weg ist nicht ihr Weg. Bitte glaubt an euch selbst, besinnt euch auf euch selbst. Teilt mit anderen, lasst euch mit höheren Frequenzen anstecken, aber geht euren Lebensfaden. Lasst euch nicht blenden von scheinbar Erleuchteten.

Hier möchten wir einen kurzen Beitrag zu dem Unterschied zwischen Definition und Identifikation leisten.
Sprechen wir von Definition, beschreiben wir Formatierungen von Energien und den Mechanismus des Focusing, das heißt, durch euren Fokus wandert euer Bewusstsein in verschiedene Bereiche eures Seins, eurer eigenen Energieformatierungen. Ihr erschafft so Erfahrungsräume.
Durch eine Identifikation fixiert ihr euer Bewusstsein in einen bestimmten Erfahrungsraum hinein. Der Mechanismus des Focusing stoppt, da eine Fixierung in diesen Bereich hinein geschieht. Dies bedeutet, dass der Energiefluss gestoppt wird. Liebe kann nicht mehr sein. Ihr fallt aus eurer Authentizität heraus und euer authentischer Lebensstrom kann nicht fließen.

3. Eigenrotationen der zeitlichen und der waagerechten Matrix

Betrachtet die Pyramidenpaare und seht die Gitter, die durch ihre Anordnung entstanden sind. Diese Gitter aus Bahnen und Toren sind Definitionen in den Räumen der Dimensionen. Wie ihr bereits wisst, entstehen Gitter, Definitionen mithilfe des Magnetismus, der wiederum in sich Pole verbirgt. So seht eure Gitter und wisst um diese Dynamik. Ihr selbst seid ein Magnetfeld in allen neun Räumen der Dimensionen. Jeder von euch ist ein individuelles Magnetfeld mit seinen Polen. Je nach Pol ziehen sich die Felder an oder stoßen sich ab. Der Magnetismus provoziert in sich schon Bewegung. Je mehr Spannung zwischen den Polen ist, desto mehr Bewegung wird provoziert. Die Dimension Zeit hat durch ihr starkes Ausdehnen, Auseinanderziehen, einen großen Spannungszustand. Diese Pole wirken stark und verursachen am meisten Bewegung. So kommt es zustande, dass sich die zeitliche Matrixpyramide am schnellsten um sich selber dreht. Sie hat eine **Eigenrotation**. Ja, ihr lest richtig. Das Matrixgitter ist nicht starr. Es hat in sich eine Bewegung, eine Rotation. Sie dreht sich in eine Richtung, solange ihr euer

Bewusstsein noch in der Dimension Zeit gefangen haltet. Sie dreht sich in diesem Bewusstseinszustand nach rechts.

(siehe Abbildung 38)

Steigt ihr aus dem Spiel der Zeit aus und taucht ab ins JETZT, in die senkrechte Matrixpyramide, so fängt das zeitliche Pyramidenpaar an, sich nach links zu drehen.

In der Linksbewegung ist der Mechanismus des Focusing auf die einzelnen Matrixabschnitte in der Zeit enthebelt, die zeitliche Matrix ist deaktiviert.
Ihr wollt wissen, wie schnell sich diese Pyramide dreht?
Je nach Bewusstseinszustand. Je bewusster ihr mit der Dimension Zeit umgeht, desto weniger Kraft hat das zeitliche Pyramidenpaar. Je unbewusster ihr seid, desto schneller drehen sie. Je bewusster, je langsamer die zeitliche Matrix dreht, desto mehr landet ihr mit eurem Bewusstsein im JETZT.
Geht in Meditation und spürt die Eigenrotation eurer zeitlichen Matrix, wenn ihr so weit seid, stoppt sie und steuert sie bewusst in eine Rotation nach links, falls sie noch rechtsdrehend ist. Beobachtet die Tage danach. Was hat sich verändert?

>> 13. Matrixerfahrung: Eigenrotation der zeitlichen Matrix
(siehe Audiopaket zum Buch)

Ebenso die waagerechte Matrixpyramide rotiert um sich selbst. Sie hat unabhängig von der Rotation der zeitlichen Matrixpyramide eine **Eigenrotation**. Die Drehung nach hinten verschließt euch in der Verbindung mit anderen Wesen. Die Drehung nach vorne öffnet euch in das Massenbewusstsein, in die All-Eins-Sein-Erfahrung hinein.

(siehe Abbildung 39)

Durch Wesenssysteme und deren Deals und durch Mangelzustände, Konkurrenzverhalten verschließen sich die Zugänge durch eine Rückwärtsrotation. Je mehr Wesenssysteme und Konkurrenz, desto schneller ist die Rotation nach hinten.
Je autarker und authentischer ihr seid, desto schneller ist die Rotation nach vorne. Also ihr seht: Ein authentisches Wesen in Verbindung mit anderen bringt das System anderer menschlicher Wesen ordentlich in Wallung. Andere Wesen können diese Intensität für sich nutzen und sich selbst in die Vorwärtsrotation bringen oder sie gehen in den Widerstand, der sich durch eine verstärkte Rückwärtsbewegung zeigt.
Jeder von euch hat zu jeder Zeit, in jedem JETZT die freie Wahl. Ein Wesen mit einer starken Rückwärtsrotation durch starke Verstrickungen in Wesenssysteme und Konkurrenzgedanken kann ebenso andere Wesen in starke Wallungen versetzen und eine starke Rückwärtsbewegung der Matrix bei diesen auslösen. Hütet euch vor dieser Einladung, in Resonanz zu gehen. Ihr würdet euch weiter in Deals verstricken und euch selbst eure Authentizität verbauen.

>> 14. Matrixerfahrung: Eigenrotation der waagerechten Matrix
(siehe Audiopaket zum Buch)

4. Matrix des senkrechten Pyramidenpaares / Tor der Seele

Nun zum senkrechten Pyramidenpaar, dem Tor der Seele.
Dieses Matrixpyramidenpaar ist durchdrungen von den senkrechten Strahlen der Seele. Diese Strahlen, ausgesendet von der Seele, durchdringen die Original-Matrix und die Matrix-Kopie.

Diese Strahlen sind die energetische Nabelschnur aus eurer Seele. Diese Strahlen durchdringen eure Matrix und manifestieren somit euer Erdendasein in Form der entstehenden Original-Matrix und Matrix-Kopie.

(siehe Abbildung 40)

Ausgehend von eurem Wesenskern, eurer Seele, werden durch den Kanal Impulse gesendet, die wie eine Energiewelle durch alle drei Ebenen laufen. Diese Energiewellen sind von der Seele abgesonderte, zusätzliche Energien für das Energiegitternetz der Matrix. Wir sagten bereits, dass Energien sternförmig in die Seele einlaufen. Die gesandten Energien der Seele an ihr eigenes System können unterschiedlicher Natur sein. Wann die Seele Wellen schickt und wie viele und mit welcher Intensität, ist so individuell, wie es Wesen gibt. Es liegt in der Seele selbst, es ist ihre Natur, ihr Sein, dass diese Energiewellen aus ihr selbst heraus entstehen. Bzw. die Seele nimmt aus dem sternförmigen Strömen der Energien die Welle auf und nutzt sie für ihr System.
In den Strömen der Energien gibt es kühlende und erwärmende Energien. Diese Energien bedingen sich. Sie suchen den Ausgleich. Kühlende Energien strömen in ein Wesen ein. Ab einem bestimmten Punkt, dem Umkehrpunkt, strömen wärmende Energien ein. Wärmende Energien strömen ein bis zum Wesenspunkt und ab da fangen wieder kühlende Energien an zu fließen und so fließt der Kreislauf weiter fort.

(siehe Abbildung 41)

Der Umkehrpunkt und der Wesenspunkt sind bei allen menschlichen Wesen unterschiedlich. Einige haben einen frühen Umkehrpunkt und einen späten Wesenspunkt, andere genau umgekehrt. So gibt es Wesen mit kühleren Energien im System und welche mit wärmeren Energien im System.
Da einige Wesen aber nicht im Fluss des Lebens sind, blockieren sie den Umkehr- und / oder den Wesenspunkt. Sie unterkühlen oder sie überhitzen. Dies gibt Störungen im Feld, im Energiegitter.
Störungen im Feld, im Energiegitter, produzieren im nächsten Schritt Krankheiten in der Materie. Um die Krankheit zu heilen, ist es wichtig, sich dem freien Fluss des Umkehrpunktes und des Wesenspunktes zu widmen. Ist die Störung dort behoben, kann die Materie Stück für Stück heilen, solange die Matrix-Kopie noch nicht zerstört wurde.

Die Blockierung des Umkehr- und / oder des Wesenspunktes kann auf Seelen Ebene (SE), Geistiger Ebene (GE) und Materieller Ebene (ME) passieren. Auf welcher Höhe die Blockierung stattfindet, bestimmt den Schweregrad der Störung, die sich dann in der Materie ausdrückt. Ist die Störung bereits auf der Seelen Ebene (SE), so ist das gesamte System bis runter auf die Materielle Ebene (ME) betroffen.
Ist die Störung auf der Geistigen Ebene (GE), sind die Original-Matrix und die Matrix-Kopie betroffen.
Ist die Störung auf der Materiellen Ebene (ME), so ist nur die Matrix-Kopie betroffen.

(siehe Abbildung 42)

Die sternförmigen Energien hinein in die Seele sind neben den kühleren und wärmeren Energien auch die Energien der Gezeiten. Die Seele leitet die Energien der Gezeiten weiter ins System hinein. Um es hier noch mehr zu differenzieren, die Gezeiten der universellen Quelle wie Ebbe und Flut fließen ungefiltert durch die Seele hinein ins System. Ebbe und Flut betreffen alle Wesen in diesem eurem, unserem Universum. Wir unterliegen alle diesen Kräften der Gezeiten, ausgesendet von der universellen Quelle. Es ist die Einatmung und Ausatmung der Wesenheit des Universums, die durch eure Seele in euer System einfließt. Einzig und alleine die Seele ist das Tor für die Atmung der Wesenheit des Universums, für die Atmung Gottes. Die Gezeiten machen sich bemerkbar durch die Menge der zur Verfügung stehenden Energien in Form von individuellen Strahlen. Zum Beispiel ein einströmender Strahl mit der Qualität gelb ist je Ausatmung oder Einatmung der Wesenheit Gott, gefüllter mit Energien oder entleerter von Energien. Hier hat die Seele keinen Einfluss. Sie unterliegt den Gezeiten der Quelle.
Die kühlenden und erwärmenden Energien, die sternförmig in die Seele einfließen, werden je nach individuellem Umkehr- und Wesenspunkt von der Seele aufgenommen und verwendet. Hier findet ein individueller Prozess statt. Dieser individuelle Prozess wird vom Stempel der Seele gesteuert. Der Senkrechte Kanal ist die Bezeichnung für den

Abschnitt der senkrechten Universalkraftlinie vom Wesenskern, der Seele, bis zum Austritt am unteren Tor der senkrechten Matrix-Kopie. Der Senkrechte Kanal wird parallel von der Seelenenergie genutzt. Die Seele schickt die für sie, für ihren Stempel, zutreffenden Energien weiter ins System.
Laufen diese Energien authentisch bis hinein in die Matrix-Kopie, ist die Seelenerfüllung vollzogen. So seht: Ihr seid an zwei Energiesysteme angeschlossen.

(siehe Abbildung 43)

5. Versorgung der Matrix durch zwei Energiesysteme

Das erste Energiesystem, das wir bisher erläuterten, ist das Energiesystem angebunden an die Geburtsstätte Ureinheit, die Entstehung der Definition aller Dinge, die Geburtsstätte des Ausdrucks. Es sind diese drei Universalkraftlinien, die über den äußeren Matrixring und die sechs Tore der senkrechten Matrixpyramide einstrahlen.

(siehe Abbildung 44)

Das zweite Energiesystem, das wir euch nun hier näher erläutern möchten, ist das Energiesystem angebunden an die universelle Quelle, angebunden an Gott. Das zweite Energiesystem wird über eure Seele in alle drei Ebenen – Seelen Ebene (SE), Geistige Ebene (GE) und Materielle Ebene (ME) – hineingeboren. Eure Seele lässt im Schlüssel-Schloss-Prinzip Energien ein, die euer Wesen formen. Ebenso formt eure Seele in diesem Energiesystem euren Umkehr- und Wesenspunkt. Hier in diesem System unterliegt ihr den Gezeiten.
Ihr seid im **ersten Energiesystem** direkt angebunden in die Ureinheit hinein, aus der der Ausdruck geboren wird. Wir berichteten euch von der Geburt der neun Dimensionen, der neun Energiestrahlen, der Ge-

burt der Symbolik, der Mathematik. In eurem ersten äußeren Energiesystem, Energienetz, definiert sich eure Geburtszugehörigkeit aus der Entstehung allen Seins. Diese Zugehörigkeit fließt durch die äußeren Strahlen in euch und bildet Energiekanäle durch euch und ein Energienetz um euch auf allen drei Ebenen – Seelen Ebene (SE), Geistiger Ebene (GE) und Materieller Ebene (ME). Diese Energien fließen durch und um eure Seele, durch und um eure Original-Matrix und durch und um eure Matrix-Kopie.

(siehe Abbildung 45)

Ihr seid gehalten und geschützt in der Unendlichkeit der Unendlichkeit bis in die Essenz aller hinein.

Das zweite Energiesystem hat seine Entstehung in der universellen Quelle, in Gott. Eure Seele ist das Abbild Gottes. Über die Seelen Ebene (SE) findet eure Definition einen noch differenzierteren Ausdruck.
Im ersten System findet die Definition der neun Strahlen statt, eine grobe Zuordnung eures Seins. Hier im zweiten Energiesystem greift nun der Stempel eurer Seele. Eure Seele ist die Kristallisierung eines Ausdrucks, eine Kristallisierung von Erfahrungen, die durch die Seele erfahrbar gemacht werden. Über eure Seele findet Gott seinen Ausdruck. Eure Seelen sind Kristallisierungen dieses eures, unseres Universums in der Unendlichkeit. Eure Zugehörigkeit zu diesem eurem, unserem Universum lässt die Energien dieses eures, unseres Universums durch euch fließen. Nehmt es an, dass ihr diese Zugehörigkeit habt. Es fällt euch unglaublich schwer, euch festlegen zu lassen. Feiern tut ihr euren freien Willen. Doch wir bitten euch, geht in Demut, beugt euer Haupt vor euch selbst. Ihr seid in dieses euer, unser Universum hineingeboren, ihr unterliegt den Gesetzen dieses Universums, dieses Gottes. Begebt euch in diese Energien und produziert nicht eine scheinbare Unabhängigkeit von allem durch euren freien Willen. Der freie Wille hat die Kraft der Entscheidung. Ihr kreiert euch durch den freien Willen neue Erfahrungen, Egoerfahrungen oder Geisterfahrungen. Ihr kreiert, wie ihr wisst, neue Räume, ja. Doch die Gesetzmäßigkeiten der Vollkommenheit, die

in sich in ihrer vollkommenen Definition aufblüht und ihr Sein ist, können (Gott sei Dank) nicht durch euren freien Willen verändert werden. Ihr existiert darin, ihr seid darin, ihr seid es. So nehmt es an, beugt euch in Demut euren Geisterfahrungen und lasst euch durch euren freien Willen in eure eigene Existenz hinein gebären. So ist es und wird es immer sein, ob euer Ego das möchte oder nicht. ES ist.
Bindet ihr euch ein, so fließt es durch euch ungehindert und ihr geht auf in eurer eigenen Vollkommenheit. Denn ihr existiert in der Einheit der Vollkommenheit, im All-Eins-Sein. Wie könnt ihr selbst denn nicht vollkommen sein? Gebt euch hin, wir bitten euch. Lasst euch tragen von den Schwingen der Energien. Bändigt euren Egowillen, legt ihn schlafen und schwingt euch auf in höhere Gefilde.

Die Anbindung an das zweite Energienetz geschieht also über eure Seele. Von daher liegt euer Gefühl »Gott sei über euch« insofern richtig, als dass die Energien aus dem zweiten Energienetz von oben durch euch hindurchfließen. Sie fließen nämlich durch die Seele und den Senkrechten Kanal hinab in die Matrix. Über das sternförmige Einströmen in die Seele gelangen die Energien zur Seele, die die Kristallisierung des Ausdrucks manifestieren. Diese Energien unterliegen der Atmung Gottes und sind aufgeteilt in kühlende und wärmende Stränge.

Widmen wir uns der Atmung:

(siehe Abbildung 46)

Es gibt verschiedene Atemrhythmen in der Unendlichkeit. Wir haben es euch auf den vorherigen Seiten vereinfacht dargestellt. Am oberen Beispiel seht ihr eine Möglichkeit.
Verschiedene Energiestrahlen sind in verschiedenen Gezeitenphasen. So kommt es, dass die Seele unterschiedlichsten Energiekonstellationen unterliegt und somit ihr Ausdruck auf unterschiedlichste Weise geboren wird. Mal hat sie mehr Energien von X und weniger Energien von Y und umgekehrt. In einer anderen Seele fließt zum Beispiel Energie Z und Energie A ein und auch diese unterliegen den Gezeiten, der

Atmung Gottes. Ja, wir wissen, es ist für euch komplex, und vielleicht fragt ihr euch, warum müssen wir das wissen?
Das Universum atmet. Gott atmet. Die Wellen des Universums erreichen euer System, da ihr ins System hineingeboren wurdet. Gebt euch der Atmung Gottes hin.
So seht: Es gibt Phasen in eurem Leben, die unterschiedlichster Natur sind. Ihr fragt euch, warum? Gebt euch hin, nachdem ihr geprüft habt, wie viel freien Willen das Ego in der Phase benutzt hat.

Habt ihr euer Ego schlafen gelegt und spürt ihr die reine Phase eures Lebens, so wisset, das ist die Atmung Gottes. Es ist die universelle Atmung, die euch mit genau den Energien versorgt, die diese Phase kristallisieren. Vertraut in Gott, vertraut ins Universum. Ihr seid am richtigen Ort zur richtigen Zeit im Reich Gottes, geführt und gehalten in der Atmung Gottes. In Ewigkeit. Amen.

Nun seht es noch einmal im größeren Zusammenhang. Das gesamte Universum atmet in verschiedenen Rhythmen. Es gibt die Ausdehnung, die Flut, und es gibt ein Zusammenziehen, ein Zurückziehen, die Ebbe, im gesamten Universum. Eure Wissenschaftler können dies beobachten und errechnen.
Dies ist die Atmung Gottes, die Atmung eures, unseres Universums. Seht und staunet, wie ES lebt. Und auch ihr seid eingebunden, Teil dieser Atmung. Der Atmung Gottes.

6. Umkehrpunkt und Wesenspunkt des Seelenenergienetzes

Kommen wir zu eurem Umkehrpunkt und zu eurem Wesenspunkt. Wie wir bereits erwähnten, gibt es kühlende und erwärmende Energien. Diese Energien sind sozusagen in sich definierter, und wenn ihr so wollt, auch schon in Pole eingeteilt. Sie sind den Polen zugeordnet, dem Magnetismus, um wiederum Energiegitter zu erschaffen.

Das heißt, ihr bedürft in eurem System kühler und warmer Energien, um den Magnetismus, um das Energienetz zu stabilisieren.
Im Großen und Ganzen gesehen, bedarf es im Universum kühlerer und wärmerer definierter Energien, um die Wesenheit Gott zu stabilisieren, vielmehr um den Raum Universum, das Energiegitter Gottes, zu stabilisieren. Ebenso hat jedes existierende Universum einen Umkehrpunkt und einen Wesenspunkt. Jedes Universum hat spezielle Energien mit einem kühleren und wärmeren Energiepool. Es ist nicht für euch relevant, doch wir sagen euch: Euer, unser Universum gehört zu den kühleren Gefilden.
Wie bereits geschrieben, strömen also bis zum Umkehrpunkt Energiestrahlen in euren Wesenskern, die den kühleren Energien zugeordnet sind. Ab da strömen die wärmeren Energien ein bis zum Wesenspunkt. Die Menge der definierten Polenergien ist individuell. Hier zwei Beispiele:

(siehe Abbildung 47)

Ihr seht, die Menge an kühlen und warmen Energien, die euch über die Seele zugeführt wird, ist individuell. Der Wesenspunkt heißt Wesenspunkt, da die Menge der beiden unterschiedlichen Energien an diesem Punkt die Definition des Wesens, die Definition der Seele, bestimmt.

Beispiel A: Dieses Wesen besitzt am Wesenspunkt (WP) viele kühle und wenige warme Energien.
Beispiel B: Dieses Wesen besitzt am Wesenspunkt (WP) wenige kühle und viele warme Energien.
Dies ist ihr jeweiliges Wesen. Nehmen wir Mond und Sonne. Die Sonne hat einen erhitzten Wesenspunkt, wohingegen der Mond einen kühlen Wesenspunkt hat. Indem jedes Wesen in sich selber hineinreist, kann es seinen eigenen Wesenspunkt erspüren. Er ist nicht im Außen zu finden. Vergleicht euch nicht. Ihr könnt voneinander lernen, dass es einen Wesenspunkt gibt und wo er zu erspüren ist. Aber ihr findet im Außen nicht, welches Matrixwesen ihr seid. Es gibt Wesen, die von euch der Sonne zugeteilt werden und welche, die von euch dem Mond

zugeteilt werden. Dies hat alleine die Bedeutung, dass diese Wesen eher wärmere Energien oder kühlere Energien durch sich durchfließen lassen, um in ihrem Wesenspunkt authentisch zu sein. Sonne und Mond sind in sich authentisch. Die Energien eines authentischen Wesens können so frei fließen und das Wesen gibt sich den Gezeiten und dem Umkehr- und Wesenspunkt hin.

Nun kommen wir zu den Blockaden. Diese können wiederum auf allen drei Ebenen – Seelen Ebene (SE), Geistiger Ebene (GE) und Materieller Ebene (ME) – stattfinden. Stauungen von kühleren und Stauungen von wärmeren Energien können entstehen. Dies ist ein wichtiger Aspekt. Denn seht: Wenn ein Pol der Energien ins Ungleichgewicht fällt, ist das gesamte Energiegitter betroffen, da der Magnetismus in seiner authentischen Kraft gestört wird.

Bisher sprachen wir von Blockaden an den Matrixtoren und an den Matrixbahnen. Doch seht nun, die Basis für das gesamte Energiegitter ist der authentische Zustand des Wesens in den kühlen und warmen Energien, der authentische Zustand des Wesenspunktes (WP). Denn nur so kann der Magnetismus dieses Wesens, authentisch abgestimmt auf das Wesen, stabilisiert werden.

Ihr habt bereits Therapieformen entwickelt, die sich mit kühleren und wärmeren Energien beschäftigen. Wir möchten hier sagen, dass dies eine Basismöglichkeit für alle menschlichen Wesen ist, ihr eigenes System in einen authentischen Magnetismus, in ein authentisches Aufrechthalten ihres Energienetzes, Energiegitters, zu bringen. Widmet euch dieser, es ist eine Grundlage für alle weiteren Möglichkeiten.

Wir möchten es euch so beschreiben: Ihr verlegt Rohre, durch die Wasser in eure Haushalte fließen kann. Es gibt Gasleitungen, durch die Gas in eure Wohnungen gelangt. Der Magnetismus stellt euch die Leitungen, die Rohre, in eurem System, in eurem Haus, zur Verfügung. Wird dieser Magnetismus durch Blockaden der Polenergien gestört, kann das Grundgerüst für alle weiteren Energien nicht optimal aufrechterhalten werden. Die Leitung ist gestört, das heißt, authentische Energien können nicht durch die Leitung zu euch, in euer System, einfließen. Mit der Leitung sind die Tore und Bahnen der Matrix gemeint, das gesamte Gitter auf allen Ebenen.

7. Authentizitierung

Zurück zur Seelen Ebene (SE) und den einströmenden Energien in den Wesenskern. Die Energien aus diesem zweiten Energienetz sind definierter oder, um es besser zu verdeutlichen, »unreiner« im Vergleich zu den Energien aus dem ersten Energienetz. Das heißt, in den Wesenskern strömen alle neun Energiequalitäten in unterschiedlichster Quantität und Qualität ein. Die Vielfältigkeit jedes Wesens verdeutlicht die Vielfältigkeit der einströmenden Energiemöglichkeiten. Alle diese einströmenden Energien unterliegen den Gesetzmäßigkeiten der Gezeiten und des Magnetismus.

(siehe Abbildung 48)

Dies zeigt mit dem Finger auf eure Einzigartigkeit im Verbund der Vollkommenheit. Euer einzigartiger Ausdruck möchte im Energiegitter des Universums manifestiert werden. Euer einzigartiger Ausdruck möchte im Sein erleuchten mit all seinen Farben, im Glanze eures Seins. Dies ist euer Geburtsrecht. Ihr seid ein Wunder, ihr seid wundervoll. Zweifelt diese Wahrheit, diese Realität nicht an. Seid diese Wahrheit, lasst euch selbst darin aufgehen. Wir bitten euch darum.
Wir glauben, auf den vorherigen Seiten wird sehr deutlich, dass es für euch von hoher Relevanz ist, in welchem Gebiet ihr gerade dabei seid, euch zu authentizitieren. Versteht um die besondere Wichtigkeit dieses Buches. Es ist eine Landkarte eures Systems und wessen Gesetzmäßigkeiten ihr unterliegt.

Zusammengefasst werdet ihr aus zwei Energienetzen versorgt. Auf welchem Energienetz, Energiesystem, eures Matrixsystems gerade der Fokus liegt, ist relevant, um hier eine Authentizitierung zu erlangen. Liegt euer Fokus im ersten Energienetz, Energiesystem, bedarf es anderer Möglichkeiten, als wenn euer Fokus auf dem zweiten Energienetz, Energiesystem, liegt.
Hier möchten wir noch Informationen zur Methodik des Focusing mit euch teilen. In eurem Wesenskern ist die Erfahrung des Egos kristal-

lisiert. Das heißt, ihr seid die Abtrennung von dem All-Eins-Sein als Erfahrung. Der Weg zurück in die Einheit ist ebenso als Erfahrung in euch.

So seht: Die Erfahrung des Abtrennens und des Wieder-All-Eins-Werdens seid ihr als Kristallisierung. So ist es Fakt, dass die Heilung schon als Erfahrung in euch existiert.

Das Wort Heilung ist ein Wortgebrauch aus eurer materiellen Sicht der Dinge. Denn diese Sichtweise bewertet das Abgetrenntsein als Unheil. Doch seht: Es ist eine Erfahrung im Sinne eures Wesens. Diese Erfahrung macht euch nicht unheil. Im Gegenteil, mit dieser Erfahrung lebt ihr eure Authentizität, ihr lebt darüber euer Sein. Diese Erfahrung lässt euch in der Vollkommenheit aufgehen, wie kann sie ein Unheil sein? Ihr seht, ihr seid bereits heil, um euren Wortgebrauch zu nutzen. Es bedarf keiner Heilung im All-Eins-Werden. Seid euch gewiss, ihr seid heil, dies ist eure Erfahrung. Es ist bereits, denn Erfahrung erstreckt sich in der Dimension Zeit. In allen anderen Dimensionen ist es bereits.

In der zeitlichen Matrix auf der Materiellen Ebene (ME) geht ihr den Weg der Heilung in eurem Sinne. Die Erfahrung der Heilung, des Wieder-All-Eins-Werdens, nutzt den Mechanismus des Focusing. Euer System an sich, aus sich selbst heraus, fokussiert Bereiche eures Seins, die dann durch euer eigenes Bewusstsein in die Authentizität des Angebundenseins gebracht werden können.

Der Focusing-Mechanismus ist vollkommen und existiert aus sich selbst heraus, hier gibt es nichts für euch zu tun. Alleine das Mitgehen und die Ortung des Scheinwerfers ist von Relevanz. So nehmt diese Landkarte und folgt dem Fokus eures Systems. Geht in den Scheinwerfer hinein und authentizitiert euer Sein durch euer Bewusstsein. So soll es geschehen, so ist es geschehen.

Befindet sich euer System also mit dem Fokus im ersten Energienetz, geht mit eurem Bewusstsein dort hinein. Ist der Fokus eures Systems im zweiten Energienetz, so geht mit eurem Bewusstsein dort hinein. Je nach Fokus bedarf es anderer bewusstseinserweiternder Möglichkeiten. Im 8. Kapitel werden wir uns dem Thema der Möglichkeiten widmen.

Diese beiden Energienetze durchdringen beide euer gesamtes Matrixsystem. Das bedeutet, als erste Frage will beantwortet werden: In welchem Energienetz befindet sich euer System mit seinem Fokus? Und danach die zweite Frage: Wo im Matrixsystem befindet sich euer System mit seinem Fokus?
Ist der Fokus eures Systems in der zeitlichen Matrix? So beschäftigt euch mit den Möglichkeiten, die euch dort authentizitieren. Es geschieht alles in Phasen in einem absolut logischen, vollkommenen Ablauf. Euer Verstand kann diesen Focusing-Authentizitierungsaufbau nicht nachvollziehen, versucht es nicht einmal. Gebt euch einfach dem Fluss hin und werdet ein vollständiges fließendes Wesen. Lebensphasen wechseln, das heißt der Systemfokus wechselt und bringt euch immer wieder in andere Bereiche eures Seins, um diese zu authentizitieren.
Vielleicht ist der Fokus auf das zweite Energienetz und auf die Original-Matrix gerichtet? So geht in die Möglichkeiten für diese Konstellation. Hütet euch davor, dass euch jemand in sein eigenes Wesens-Focusing hineinzieht und dies als einzigen Heilungsweg des Matrixsystems verkaufen möchte. Dieses Wesen ist von Angst geführt und möchte die Energien des anderen anzapfen. Dieses Wesen erschafft weiterhin Wesenssysteme. Es verkauft sich selbst als Tor der Heilung für alle Wesen. Dieses Wesen stülpt die Erkenntnis seines eigenen Focusing über alle Menschwesen. Jedes Wesen unter euch hat seinen individuellen Heilungs-Focusing-Rhythmus, und es gilt herauszufinden, in welchem Gebiet des Wesens, der Matrix, befindet sich das Wesen im JETZT. Hier bedarf das Wesen Bewusstsein und andere Wesen dürfen hier Möglichkeiten in Demut anbieten. Amen.

8. Gottheit Ego

Wir möchten an dieser Stelle noch einmal einen Beitrag zum Thema Ego vortragen: die Gottheit Ego.
Das Ego möchte weiterkreieren, dies ist sein Sein, kreieren aus freiem Willen heraus, auf seine individuelle Weise. Das Ego ist nicht angebun-

den an den Geist, an die Quelle, nicht angebunden an die Ureinheit. Wisset, auch die Nichtangebundenheit ist eine Illusion, doch das Ego macht es zur Realität, zu eurer Realität. Darin ist das Ego ein Meister. So ist das Ego scheinbar das alleinige Tor zur universellen Quelle. Es ist sozusagen die Quelle, denn es scheint, als speise das Ego das gesamte Energienetz der Matrix aus seinen eigenen Energien. Das Ego wird zu seinem eigenen Gott. Eine sehr hartnäckige Konstruktion und weitverbreitet in eurer »spirituellen Szene«. Das Ego verkauft sich als Gottheit. Das Ego gibt sich als das alleinige Tor zu den Weisheiten der Ureinheit aus und verführt andere Wesen hinein in sein System. Das Ego verkauft sich selbst als Ego so geschickt, dass es vorgaukelt, sich selbst aufzulösen, um in den Weisheitsraum einzutauchen. Doch das Ego lebt in seiner Machenschaft weiter, denn es selbst fühlt sich noch als einziges Tor zur Quelle hin. Weiter noch, es projiziert sein eigenes Egomanifest auf andere und bringt andere Wesen in die Illusion, sie müssten ihr Ego auflösen durch die Gottheit Ego, das Tor zur Quelle. Werdet ihr vor solchen scheinbaren spirituellen Lehrern innerlich klein, verspürt ihr Stauungen, verspürt ihr Druck, bitte, wir legen euch sehr ans Herz, überprüft, ob diese Gefühle in euer System hineingehören oder ob es eine Entstehung eines Wesenssystems ist, in die euch euer Gegenüber hineinziehen möchte.

Seid wachsam und bleibt bei euch. Wahrheit lässt frei und euch groß werden in eure Vollkommenheit hinein. Sie trennt nicht ab vom Strom des Lebens.

Bleiben wir beim Thema Druck. Druck, entstanden aus eurem eigenen System heraus, ist ein Symptom dafür, dass das Ego etwas kreieren möchte. Es möchte die Herrschaft im System übernehmen und kreiert aus sich als Gottheit heraus. Druck entsteht aus dem Egokreislauf heraus *(siehe Abbildung 3)*. Hier möchte das Ego die Führung übernehmen, es möchte kreieren einen wiederkehrenden Kreislauf unabhängig vom Geist. Druck in eurem System erzeugt Stress. Schaut euch um, wie viel Stress produziert wird. Schaut euch um, wie schnell, wie laut, wie überfordernd eure Gesellschaft geworden ist und weiter wird. Dies ist Ausdruck des machtvollen Egos. Gehen wir noch weiter, ein von anderen Mächten erzeugter Stress der Masse Menschheit hält euch im Ego gefangen. Stress fixiert euch im Ego, Stress lässt euch nicht im Sinne des Geistes fließen. Stress kann aus eurem eigenen System heraus entstehen, durch ein von euch aktiviertes Ego. Oder Stress wird von außen an euch herangetragen und möchte euch ins Egospiel einbinden, möchte euch aus dem Fluss des Lebens herausholen, um euch im Wesenssystem einzubinden, um wiederum an eure Matrixenergie zu kommen. Schaut die Motivationen an, im Kleinen wie im Großen, im Großen wie im Kleinen.

Im Großen geht es bei jeglichen Konflikten auf der Materiellen Ebene (ME) um Energien, entweder in materieller Form um Öl, Bodenschätze und Geld und / oder in geistiger Form um die Richtigkeit der Religionen, also welche religiösen Energien sich auf Erden manifestieren dürfen.

Im Kleinen geht es in euren Wesenssystemen untereinander ebenfalls nur um den Besitz von Energien aus dem Matrixsystem. Alles ist Energie, so ist eure Motivation, genügend davon zu bekommen. Doch schaut die Fülle an. Energien umgeben euch, uns alle, in diesem eurem, unserem Universum. Geht aus der Konkurrenz heraus *(siehe 2. Kapitel, S. 49)*!

»Dein Wille geschehe, wie im Himmel so auf Erden.«

Ein Satz aus der Bibel. Anhand dieses Satzes möchten wir euch einiges erläutern. Der freie Wille wurde euch gegeben, um euch selbst zu kreieren. Weiter noch, er wurde euch gegeben und ihr nutzt ihn als Werkzeug für euer Egodasein. Denn nur über den freien Willen seid ihr selbst in der Lage, die Erfahrung des Egos zu kreieren. Der freie Wille kreiert über das Ego die Abgetrenntheitserfahrung. Da ihr auf dem Weg in die Einheitserfahrung seid, ist die Bedeutung des freien Willens genauer zu betrachten.

»Dein Wille geschehe…« hat folgende Bedeutung: Das, was durch euch fließen möchte, entspricht eurer eigenen Authentizität, es bedarf nicht eurer eigenen Wahl. Denn ihr seid. Ihr seid, wer ihr seid, und es bedarf des Zulassens eures Selbst, eures Seins. Die Wahl an sich beinhaltet Möglichkeiten, nun sagen wir euch, ihr seid euer Sein, ihr fließt in eurem Sein, es fließt durch euch. Ihr habt die Wahl, dies geschehen zu lassen oder nicht. **Die Wahl ist: Bleibt ihr im Egokreislauf oder gebt ihr euch hin an euren eigenen Geist. Euer Sein ist bereits, es bedarf keiner Wahl.** »Dein Wille geschehe…« bezieht sich auf den Ausdruck Gottes, euren Matrixstempel, denn dieser ist der Ausdruck Gottes. »Dein Wille geschehe …« bedeutet, ihr gebt euch hin, hinein in die universellen Ströme der Energien, hinein in die Vollkommenheit des Eins-Seins (ES).

»… wie im Himmel, so auf Erden« bedeutet, dass ihr euch eurer Matrix auf der Geistigen Ebene (GE) sowie eurer Matrix auf der Materiellen Ebene (ME) hingebt. Eure Matrix darf sich so in ihrer vollkommenen Authentizität auf Erden, in der Materie, sowie auf der Geistigen Ebene (GE), in der geistigen Welt, ausdrücken und erstrahlen, um so ihr Sein zu erleben. Bzw. die Original-Matrix darf sich in vollkommener Authentizität auf Erden materialisieren.

»Dein Wille geschehe, wie im Himmel so auf Erden.«

9. Anatomie des Seelenenergienetzes und des Universalenergienetzes

9.1 Seelenenergienetz (zweites Energienetz): Versorgung der senkrechten Matrix

Wir sprachen bisher in Bezug auf das Seelenenergienetz über eure Seele als Eingangstor der Quellenenergien in die Matrix hinein. Hier möchten wir den weiteren Verlauf der Energien durch euer System erläutern. Die Energien laufen von der Seele ausgehend durch den Senkrechten Kanal hin zur Geistigen Ebene (GE) und der dortigen Original-Matrix. Dort durchlaufen sie den Senkrechten Kanal der Original-Matrix, treten unten am unteren Tor aus, teilen sich als Energiestrahl am inneren Matrixring und laufen rechts und links im Bereich des inneren Matrixrings wieder nach oben bis über das obere Tor der Original-Matrix hinaus. Der innere Ring der Matrix ist dem Seelenenergienetz zugeordnet.

Über dem oberen Tor der Original-Matrix vereinen sich die Energien erneut zu einem Strahl und dieser tritt wieder ein in den Senkrechten Kanal. Von dort fließt er weiter zum unteren Tor, wo er sich am inneren Matrixring wiederum in zwei Energiebahnen teilt.

Energien ausgesendet von der Seele laufen weiter den Senkrechten Kanal hinab bis hin zur Matrix-Kopie. Energien treten hier in das obere Tor der Matrix-Kopie ein, laufen den Senkrechten Kanal abwärts, treten am unteren Tor der Matrix-Kopie aus, teilen sich in zwei Stränge und laufen außen im inneren Matrixring wieder hoch, um sich über dem oberen Tor der Matrix-Kopie wieder zu vereinen und den Senkrechten Kanal hinabzulaufen.
Im Ganzen sieht es wie folgt aus:

(siehe Abbildung 49)

Das zweite Energienetz würden wir gerne als das Seelenenergienetz bezeichnen und das erste Energienetz als das Universalenergienetz. Das Seelenenergienetz versorgt euer Matrixsystem auf der Materiellen Ebene (ME) und auch euer Chakrensystem mit den für euch authentischen Seelenenergien. Dies bedeutet, dass die Energien durch das obere Tor der senkrechten Matrix eintreten und sich gleichzeitig in den Bahnen der Matrix verteilen. Einmal von oben durch das obere Matrixtor der senkrechten Matrix und von unten durch das untere Matrixtor der senkrechten Matrix strömen Energien in das Energiegitter der Matrix.

(siehe Abbildung 50)

Beim senkrechten Pyramidenpaar wird die obere Pyramide des Paares von den Energien des oberen Tores und die untere Pyramide von den Energien des unteren Tores versorgt.

9.2 Universalenergienetz (erstes Energienetz): Versorgung der senkrechten, waagerechten und zeitlichen Matrix

Die Versorgung der senkrechten Matrix durch das Universalenergienetz beschrieben wir euch bereits. Sie wird über die drei Strahlen / Energien im äußeren Matrixring und über die sechs Energien, die über die sechs Matrixtore einstrahlen, allesamt Teil des Universalenergienetzes, versorgt. Der äußere Matrixring wird dem Universalenergienetz zugeordnet. Hier möchten wir noch etwas differenzierter werden. Die drei Strahlen *(in der Abbildung 51 als Strahl 1 – 3 bezeichnet)*, die durch die Tore des äußeren Matrixringes einstrahlen, entfalten ihre Wirkung bereits beim Durchdringen dieser Tore. Diese drei Strahlen bilden die Grundenergien des äußeren Matrixringes. Sie strömen in den äußeren Matrixring und in die sechs Tore der senkrechten Matrix ein, durchdringen das Herztor und strömen am gegenüberliegenden Tor wieder aus. Die weiteren sechs Strahlen *(in der Abbildung 51 als Strahl A – F bezeichnet)*, die die identischen Tore am äußeren Matrixring wie die drei Hauptstrahlen nutzen, entfalten ihre Wirkung im System erst beim Eintritt in die sechs Matrixtore der senkrechten Matrix. Alle neun Strahlen der Universalenergien strömen bis zum Herztor. Dort im Herztor dreht sich die Fließrichtung, und ein Teil strömt ein in alle Bahnen der senkrechten, der waagerechten und der zeitlichen Matrix, die mit dem Herzen verbunden sind. Doch zu diesem Vorgang erfahrt ihr im 8. Kapitel Genaueres.

(siehe Abbildung 51)

Um euch nun die Energieversorgung der waagerechten und der zeitlichen Matrix aus dem Universalenergienetz noch genauer zu erläutern, bedarf es eines weiteren Zusatzes an Erklärung:
Wie ihr bereits wisst, rotieren diese beiden Matrixpyramiden um sich selbst in den bereits beschriebenen Richtungen und Geschwindigkeiten. Es existiert eine weitere Rotation der waagerechten und der zeitlichen Matrix. Widmen wir uns zuerst der waagerechten Matrix.

Die waagerechte Matrix rotiert ebenso um den Senkrechten Kanal der senkrechten Matrix. Sie dreht also auf der horizontalen Ebene entweder rechts oder links herum. Diese Rotation möchten wir **Seinsrotation** bezeichnen. Die Richtung der Seinsrotation der waagerechten Matrix hängt von Folgendem ab:
Steigt die Häufigkeit der Seins-Zustände im Sinne der Öffnung anderer Menschwesen gegenüber, rotiert die waagerechte Matrix in der Eigenrotation häufiger nach vorne, fängt die waagerechte Matrix in der Seinsrotation an, nach links zu rotieren.
Eine Linksrotation der Seinsrotation der waagerechten Matrix weist auf eine Öffnung dieses Wesens anderen Wesen gegenüber hin.
Andersherum weist eine Rechtsrotation der Seinsrotation auf einen Verschluss dieses Wesens anderen Wesen gegenüber hin. Durch eine häufigere Eigenrotation nach vorne kann die Richtung der Seinsrotation dauerhaft verändert werden.

Die waagerechte Matrixpyramide rotiert auf horizontaler Ebene um den Senkrechten Kanal. Ihre Pyramidenspitzen legen sich phasenweise über die Matrixtore der Hände.
Hier möchten wir eine Spezifizierung vornehmen:
Die Pyramidenspitzen der waagerechten Matrix legen sich während der Seinsrotation über das große Handmatrixtor der waagerechten Universalkraftlinie. Liegen die Pyramidenspitzen der waagerechten Matrix über den großen Handmatrixtoren, strömen Universalenergien in die waagerechte Matrix ein.
Die Hände eines Menschenwesens befinden sich auf der Höhe der kleinen Handmatrixtore. Das Handmatrixtor besteht aus einem großen und einem kleinen Tor. Über die Hände eines Menschenwesens strömen dauerhaft Universalenergien in das menschliche System ein. Diese Handmatrixtore liegen auf der waagerechten Universalkraftlinie, die wir bereits als Zentrum der waagerechten Matrix beschrieben haben und die durch die seitlichen Spitzen der senkrechten Matrix verläuft. Die waagerechte Universalkraftlinie versorgt durch ihren Strahl den äußeren Matrixring *(in Abbildung 51 Strahl 2)* und durch das Einstrahlen von universalen Energien in die seitlichen Spitzen der

senkrechten Matrixpyramide *(in Abbildung 51 Strahl C und D)* das Matrixgitter. **Die waagerechte Kraftlinie, die durch die rechte und linke Spitze der Grundplatte der senkrechten Pyramide verläuft, ist die Waagerechte Universalkraftlinie.**

(siehe Abbildungen 35 A und 52 A)

Bei dem waagerechten Pyramidenpaar treten die Energien nun über die Waagerechte Universalkraftlinie in die Spitzen der waagerechten Pyramide ein. Vom rechten Matrixtor auf der Waagerechten Universalkraftlinie bzw. von der rechten Pyramindenspitze der waagerechten Matrix ausgehend, versorgt ein Strang den oberen Bereich rechts und ein Strang den unteren Bereich rechts. Vom linken Matrixtor bzw. von der linken Pyramidenspitze der waagerechten Matrix ausgehend, versorgt ein Strahl den oberen Bereich links und ein Strahl den unteren Bereich links. Die Grundplattenbahnen werden sowohl von den Universalenergien aus der linken als auch aus der rechten Pyramidenspitze der waagerechten Matrix versorgt.

(siehe Abbildung 52 B)

Die zeitliche Matrix rotiert ebenso wie die waagerechte Matrix horizontal um die senkrechte Universalkraftlinie herum.
Die Seinsrotation der zeitlichen Matrix um den Senkrechten Kanal dreht rechtsherum, solange sich das Menschwesen mit der Zeit identifiziert. Je häufiger ein Menschenwesen aus der Dimension Zeit heraussteigt, die Eigenrotation nach links dreht, desto eher dreht die Seinsrotation auf Dauer nach links. Die Eigenrotation dreht schneller in eine Linksrotation hinein bei einer Lösung der Identifikation mit der Zeit als die Seinsrotation. Die Seinsrotation bedarf mehrerer Reize, um ihre Richtung zu ändern.
Die Voraussetzungen, die das Tempo der Seinsrotation bestimmen, sind gleich den Voraussetzungen, die das Tempo der Eigenrotation bestimmen, sowohl bei der zeitlichen Matrix wie auch bei der waagerechten Matrix.

Bei der rotationsbedingten Überschneidung der Pyramidenspitzen der zeitlichen Matrix mit der Zeitlichen Universalkraftlinie fließen universelle Energien in ihr Gitter ein. Dieser Punkt liegt etwas näher am menschlichen Körpersystem als das vordere bzw. das hintere Tor der senkrechten Matrix, durch die die Zeitliche Universalkraftlinie läuft.
Hier befindet sich ein Matrixtor, das von uns bisher noch nicht erwähnt wurde. Es entspricht den großen Handmatrixtoren, nur eben im Bereich der zeitlichen Universalkraftlinie. Wir möchten diese beiden Tore vorerst als **Zeitmatrixtore** bezeichnen.

(siehe Abbildung 53 A)

Überschneiden sich rotationsbedingt die Pyramidenspitzen der zeitlichen Matrix mit der Zeitlichen Universalkraftlinie, strömen universelle Energien in die zeitliche Matrix ein – Energien von dem äußeren Matrixring sowie Energien, die in die vordere und hintere Spitze der Grundplatte *(siehe Abbildung 31 und 32, Energien 3, E, F)* der senkrechten Matrix aus dem universalen Energiepool einströmen.
Bei der zeitlichen Matrix treten die Energien über das vordere und hintere Zeitmatrixtor in die Matrixpyramidenspitzen ein. Die Energien aus dem hinteren Tor versorgen die hintere Pyramide der zeitlichen Matrix. Die Energien aus dem vorderen Tor versorgen die vordere Pyramide der zeitlichen Matrix.
Die Grundplattenbahnen werden sowohl von den Universalenergien aus der vorderen als auch von der hinteren Spitze der zeitlichen Matrixpyramide versorgt.

(siehe Abbildung 53 B)

Liegen die Spitzen der waagerechten Matrixpyramide über den Zeitmatrixtoren der Zeitlichen Universalkraftlinie, fließen auch dort Energien ein. Liegen die Spitzen der zeitlichen Matrixpyramide über den großen Handmatrixtoren der Waagerechten Universalkraftlinie, fließen auch dort Energien ein. Über diese Überschneidungspunkte flie-

ßen ebenso Energien aus dem System heraus. So sind die Tore und Bahnen durchströmt aus den Energien des Universalenergienetzes.
Auch die senkrechte Matrix rotiert um den Senkrechten Kanal. Je mehr ihr in eurem Sein euer Bewusstsein fokussieren könnt, ohne euch damit zu identifizieren, desto langsamer wird ihre Drehung. Die Richtung der Rotation, ob nach links oder rechts, geschieht aus dem Sein heraus und bestimmt Lebensphasen eures Seins. Ihr habt keinen Einfluss auf die Richtung der Drehung. Es ist aus sich selbst heraus. Ruft euch ebenso die Rotation der senkrechten Matrix um die Spiegellinie in Erinnerung. So hat die senkrechte Matrix eine Eigenrotation um den Senkrechten Kanal und eine Seinsrotation um die Spiegellinie herum.
Die drei Universalkraftlinien drehen bei der Eigenrotation der senkrechten Matrix nicht mit. Sie haben das Herztor in ihrem Zentrum. Die drei Zentralkraftlinien (drei Energien) strömen dauerhaft ins Herzzentrum. Die drei Ummantelungskraftlinien (sechs Energien) strömen wellenförmig ein, sobald, während der Eigenrotation der senkrechten Matrix, das Schlüssel-Schloss-Prinzip der passenden Matrixtore greift.
Das Universalenergienetz durchdringt das gesamte Matrixgitter und strömt durch die Bahnen wieder aus. Es bildet den äußeren Matrixring.

9.3 Seelenenergienetz (zweites Energienetz): Versorgung der waagerechten und zeitlichen Matrix

Zurück zu der Versorgung des Matrixgitters aus dem Seelenenergienetz. Den Weg der Seelenenergie hinein in die senkrechte Matrix haben wir bereits erläutert. Zur Vervollständigung erklären wir euch nun die Versorgung der waagerechten und zeitlichen Matrix aus dem Seelenenergienetz.

Die Versorgung der waagerechten und zeitlichen Matrix aus dem Seelenenergienetz geschieht aus der senkrechten Matrix heraus.
Es existieren waagerechte und zeitliche Seelenkraftlinien.

Diese verlaufen jeweils zwischen den beiden Pyramidenspitzen der waagerechten Matrix und zwischen den beiden Pyramidenspitzen der zeitlichen Matrix. Diese Seelenkraftlinien rotieren mit dem jeweiligen Pyramidenpaar um den Senkrechten Kanal.
Den einströmenden Seelenenergiestrahl aus dem Wesenskern, hinein in die senkrechte Matrix, möchten wir als **Seelenkraftlinie** der senkrechten Matrix bezeichnen *(siehe Abbildung 43, 54 A, 54 B).*

Die Energien laufen oben in die senkrechte Pyramidenspitze ein. **Hier an diesem Punkt befindet sich auf halber Strecke der Grundplattenbahn der waagerechten und zeitlichen Matrix ein Haupttor, durch das Seelenenergien in diese beiden Matrizen einfließen.**
Die Energien laufen weiter hinab in der senkrechten Seelenkraftlinie bis auf Herzhöhe, wo die Seelenkraftlinien der waagerechten und der zeitlichen Matrix kreuzen. Hier strömen weitere Energien ein.
Die Seelenenergien laufen weiter abwärts und treten an der unteren Spitze der senkrechten Matrix aus, wobei sie gleichzeitig durch das Nebentor der waagerechten und zeitlichen Matrix auf halber Strecke ihrer Grundplattenbahnen einströmen.
Von dem Austritt aus der senkrechten Pyramidenspitze laufen die Energien wieder am inneren Matrixring nach oben bzw. die Energien bilden den inneren Matrixring. Auf diesem inneren Matrixring liegen alle zwölf Grundplattentore der drei Matrixpyramiden.
Alle drei Matrizen werden ebenso von den Energien des inneren Matrixringes über ihre Grundplattentore versorgt.
Zusammengefasst findet der Energieeintritt bei der oberen Hälfte der waagerechten und zeitlichen Matrix an den oberen beiden Grundplattentoren und dem oberen Haupttor und bei der unteren Hälfte der waagerechten und zeitlichen Matrix an den unteren beiden Grundplattentoren und dem unteren Haupttor statt. Ein Eintritt von Seelenenergie findet weiterhin im Zentrum, dem Herztor, durch die Seelenkraftlinien der waagerechten und zeitlichen Matrix statt.
Der Eintritt der Seelenenergie durch das obere und untere Haupttor auf der Hälfte der Grundplattenbahn der waagerechten und zeitlichen Matrix geschieht wellenförmig.

Durch die Eigenrotation der waagerechten Matrix rotieren vier Haupttore (jeweils auf der Hälfte einer Grundplattenbahn) abwechselnd auf das obere bzw. untere Tor der senkrechten Matrix. Der gleiche Mechanismus geschieht mit den vier Haupttoren der zeitlichen Matrix. Liegt ein Haupttor auf dem oberen bzw. unterem Tor der senkrechten Matrix, strömt Seelenenergie in die waagerechte bzw. zeitliche Matrix ein. Ist keine Übereinstimmung eines Haupttores mit dem oberen bzw. unterem Tor der senkrechten Matrix, kann keine Energie einströmen. Hier wird deutlich, dass bei einer verlangsamten Eigenrotation der zeitlichen Matrix diese mit weniger Seelenenergie versorgt wird und somit an Wirkungskraft in der Dimension Zeit verliert.
Ist die Höhe einer Seelenkraftlinie mit der Höhe einer Universalkraftlinie durch die Seinsrotationsbewegung der Matrizen identisch, tankt die Seelenkraftlinie durch die Handmatrixtore oder die Zeitmatrixtore ebenso Energien aus dem Universalenergienetz.

(siehe Abbildungen 54 A und 54 B)

Der Austritt der Seelenenergien geschieht über die Grundplattentore aller drei Matrizen in den inneren Matrixring hinein.

Bei einer Übereinstimmung einer Seelen- und einer Universalkraftlinie fließen die Seelenenergien hinaus in den äußeren Matrixring sowie hinaus in den allgemeinen Energiepool.
Dieser Aspekt ist von hoher Bedeutung, Seelenenergien werden so ins Universalenergienetz abgegeben. Durch diesen Mechanismus lässt ein Menschwesen seine Erfahrungsinformationen der waagerechten Matrix dem Massenbewusstsein zukommen. Durch diesen Mechanismus lässt eine Seele ihre Erfahrungsinformationen der zeitlichen Matrix ihren Parallelleben zukommen und kann somit aus dem jetzigen Leben Einfluss auf alle kreierten Leben haben.

(siehe Abbildung 55)

Auf der Geistigen Ebene (GE) formen die Energien so ein Geistwesen, gespeist aus den Energien des Seelenenergienetzes und den Energien des Universalenergienetzes. Die Energien fließen in die Aura des Geistwesens und zurück in den Energiepool des Universums.
Auf der Materiellen Ebene (ME) strömen die Seelenenergien weiter ins Chakrensystem ein, durch die Chakrentore weiter in die Chakrenbahnen, die Meridiane, hin zu jeder einzelnen Zelle, eurer Materie.
Von hier aus formt sich ebenso aus dem Seelenenergienetz und dem Universalenergienetz die Aura, eure Energiehaut direkt um euren materiellen Körper herum, der innere Matrixring und der äußere Matrixring. Von dort fließen die Energien weiter hinaus in den Energiepool des Universums.
Hier wird deutlich, dass ihr drei Energiehüllen um euch habt. Die innere Aura ist dem Chakrensystem zugeordnet und der innere und äußere Matrixring sind dem Matrixsystem zugeordnet.
Ein kurzer Ausflug zurück zur senkrechten Matrix und dessen Seelenenergienetz:
Betrachtet die Skizzen, und ihr seht, dass durch die Teilung des Energiestrahls am unteren Tor der senkrechten Matrix eine rechte und eine linke Hälfte entstehen. Dies ist ein weiterer Ausdruck des Magnetismus, der Polarisierung.
Diese beiden entstandenen Halbkugeln sind eurer rechten und linken Seite zugeordnet. In diesem Seelenenergienetz sind die Seiten rechts und links manifestiert. So kommt es, dass euer Bewusstsein einen Unterschied zwischen rechts und links macht. Euer Körper ist ebenso aufgebaut, die Wirbelsäule als senkrechte Linie, an der ihr rechts und links jeweils eine Kopie der anderen Seite habt. Nehmt ein Blatt, faltet es in der Mitte, klappt es wieder auf, bemalt eine Seite mit Tusche, klappt es wieder zusammen und auseinander. Eine Kopie ist entstanden.
So ist euer Körper aufgebaut, entsprechend der beiden Energiehalbkugeln aus dem Seelenenergienetz.

10. Tore der beiden Energienetze

10.1 Universalenergienetz

Das Universalenergienetz hat sechs Haupttore auf dem äußeren Matrixring, durch die die drei Hauptstrahle durch die Mitte der drei Universalkraftlinien des Matrixgitters fließen und ihre Wirkung bereits im äußeren Matrixring entfalten *(siehe Abbildung 51, Strahl 1 – 3)*. Weiterhin existieren sechs Haupttore an den Spitzen der senkrechten Matrixpyramide, durch die sechs Energiestrahlen einströmen und die Ummantelung der Universalkraftlinien bilden. Sie entfalten ihre Wirkung erst beim Eintritt in die senkrechte Matrix *(siehe Abbildung 51, Strahl A – F)*. Die obere und die untere Pyramidenspitze der senkrechten Matrix zählen zu dem Universalenergienetz und dem Seelenenergienetz. Das Herz ist ein wichtiges Haupttor.

Vier Nebentore befinden sich an den vier Handmatrixtoren auf der waagerechten Universalkraftlinie und zwei Nebentore befinden sich an den zwei Zeitmatrixtoren auf der zeitlichen Universalkraftlinie.

Die Tore der waagerechten und der zeitlichen Matrixpyramidenspitzen zählen einmal zum Universalenergienetz und einmal zum Seelenenergienetz. So kann man erkennen, dass die Tore der Spitzen aller drei Pyramiden den Übergang vom Universalenergienetz zum Seelenenergienetz und umgekehrt bilden. Die vier Tore der waagerechten und der zeitlichen Matrixpyramidenspitzen sind Haupttore.

Insgesamt gibt es in diesem Netz also 17 Haupttore und sechs Nebentore.

10.2 Seelenenergienetz

Hier existieren drei Haupttore in der senkrechten Matrix (obere Spitze / Herz / untere Spitze).Weiterhin sind acht Haupttore der waagerechten und der zeitlichen Matrix in der Mitte der acht Grundplattenbahnen zu finden.

Weiterhin existieren vier Haupttore: zwei an den Spitzen der waagerechten und zwei an den Spitzen der zeitlichen Matrixpyramide.

Die Haupttore der waagerechten Matrix sowie die Haupttore der zeitlichen Matrix bilden also wie bereits bei der senkrechten Matrix ein Kreuz, durch das Energien fließen.
Die Nebentore des Seelenenergienetzes sind die vier Tore der Grundplattenecken der waagerechten Pyramide, die vier Tore der Grundplattenecken der zeitlichen Pyramide und die vier Tore der Grundplattenecken der senkrechten Pyramide.
So hat das Seelenenergienetz 15 Haupt- und zwölf Nebentore.

11. Seele

Die Seele, der Funke Gottes, die Kristallisierung um eine Erfahrungsformel herum, ist in ihrer Schönheit nicht in Worte zu fassen. Ein feines, zartes Netz, durch das Licht einströmt. Die Seele, von euch als Symbol festgehalten in der »Blume des Lebens«. Schaut auf dieses Symbol, lasst es in euch wirken und ihr fokussiert euch selbst in eure eigene Seele hinein. Kreiert euch »die Blume des Lebens« dreidimensional. Denn ihr zartes Netz ist in Form einer Kugel definiert. Lasst euch in sie hineinfallen mit eurem ganzen Wesen und lasst euch selbst von euch selbst fließen und tragen. Eure Seele in ihrer Vollkommenheit ist euer ganz eigener Ausdruck eures vollkommenen Seins. Lasst euch selbst gewähren.
Vertraut in euch selbst. Nichts kann eure eigene Schönheit, verkörpert in dem lichtdurchfluteten Energienetz eurer Seele, schmälern. ES ist und wird immer sein. JETZT. Amen.

Ergänzendes Erklärungsvideo zu Kapitel 7:

https://www.christiane-hansmann.com/ohne-worte/kapitel-7

KAPITEL 8

Einflussmöglichkeiten der Menschwesen

1. Sieben Schritte als Vorbereitung zur Authentizitierung

Dieses neue Wissen ist ein sehr wirkungsvolles, kraftvolles Wissen. Ihr bekommt hier in diesem Buch ein Werkzeug an die Hand mit großen Einflussmöglichkeiten. Euer Wesen ist unendlich, dieses Werkzeug führt euch zurück dorthin.

Seid bereit zu hören unsere Worte. Dies ist eine Botschaft von besonderer Wichtigkeit.

Heile seid ihr, dies ist die Realität, die Wahrheit. Nehmt diese an!

Auf allen drei Ebenen (SE / GE / ME) nehmt diese an! Lasst diese Wahrheit zu. Alle Widerstände, alle Dinge, die sich im Außen und in euch zeigen, die nicht diese Tatsache bestätigen, sind Produkte, Resultate, sind Resonanzen entstanden auf der Seelen Ebene (SE), der Geistigen Ebene (GE) und auf der Materiellen Ebene (ME) durch die Kreationen des Egos, durch die Illusion des Abgetrenntseins. Die Basis aller weiteren Schritte, Methoden, ist die völlige Annahme dieser Wahrheit. **Ihr seid bereits vollkommen, ihr seid heil, ihr seid definiertes Bewusstsein in vollkommener Struktur. Ihr seid im All-Eins-Sein. Lasst euch fließen in euer Sein, durchströmt seid ihr. Ihr seid Liebe. Ihr seid der Fluss der Energien, der durch euch strömt, immerdar. Amen.**

Alle weiteren Methoden versuchen euch einzusammeln, da wo euer Fokus gerade gesetzt ist. Eine andere Motivation der Methodik würde euch nur suggerieren, dass ihr nicht vollkommen seid. So wisset, am Anfang dieses Kapitels möchten wir euch die Tatsache vermitteln, dass ihr bereits ganz seid. Alles, was scheinbar eingesammelt werden muss,

ist nur ein Versuch, euch bewusst zu machen, welchen Anteil ihr selbst im Fokus noch als abgetrennt erlebt bzw. ist der Versuch, euch eure eigene Illusion bewusst zu machen. Ihr werdet durch das Focusing des Anteils, das Anteilsfocusing, von der Illusion befreit. **Dies ist der Inhalt jeglicher Methodik.**
Es geht in der Basis lediglich darum, euch von der Illusion zu befreien und keinesfalls darum, euch heile zu machen.
Ihr seid bereits heil.
Methodik ist das Werkzeug, Illusionen aufzulösen. Methodik hebt den Schleier, der die Realität verdeckt hat.
Selbst die Illusion ist vollkommen, denn durch das Ego wollte diese Erfahrung erfahren werden. So ist alles in Perfektion.
Es ist nun euer freie Wille, die Erfahrung des Egos als Erfahrung als beendet zu erklären. Dies ist eine tiefe Entscheidung, eine Entscheidung, zurück in die Realität zu fließen.

»Im Antlitz meiner Vollkommenheit entscheide ich jetzt meine Egoerfahrung als vollkommen und kehre zurück in den Energiefluss des All-Eins-Seins. Amen.«

Dies ist eine tiefe Grundentscheidung in eurem System. Sehr kraftvoll ist die Wirkung bzw. die Initialzündung für alle weiteren Erfahrungen, die daraus entstehen werden, wenn diese Entscheidung mit dem Fokus jeweils auf allen drei Ebenen (SE / GE / ME) getroffen wird. Ihr trefft diese Entscheidung auf allen drei Ebenen. Eventuell werden Widerstände auf einer oder mehreren Ebenen bewusst. Diesem Bewusstsein könnt ihr Raum geben.
Die folgende Entscheidung auf allen drei Ebenen (SE / GE / ME) ist, der zu werden, der ihr in dem All-Eins-Sein seid.

»Im Antlitz meiner Vollkommenheit entscheide ich JETZT die Erfahrung meines Wesens in vollkommener Authentizität zu sein. Amen.«

Wir sprechen hier bewusst von » … sein«. Das Sein in eurer Authentizität, die Definition eures authentischen Seins, bedarf der Ganzheit,

um sich dann in der Ureinheit aufzulösen, wie bereits in vorherigen Kapiteln besprochen.
Diese Zeremonie könnt ihr für euch alleine vollziehen oder in einer Gemeinschaft, in der ein hochschwingender Raum für euer Bewusstsein gehalten wird.
Beide Entscheidungen initiieren einen neuen Fokus in eurem System. Euer Bewusstsein ist nun darauf aus, euch in das All-Eins-Sein fließen zu lassen. Bitte beachtet euer Wissen, dass Materie träge ist und noch das Erbe der Vergangenheit mit sich trägt. Bleibt zu Hause in eurem Geist, im JETZT und lasst euch nicht vom Außen, von euren äußeren Wahrnehmungsorganen, täuschen. Traut euch, traut eurer tiefen Entscheidung. Ihr habt die Wege eures Seins neu ausgerichtet.
Die Methodik, so auch alle Therapieformen, decken lediglich die Illusionen auf. Sie sind nicht dazu da, euch heil zu machen, denn ihr seid heil. Bitte nehmt diese Tatsache in euer Herz auf.
Therapien, Methoden in Anspruch zu nehmen, sind nur dann von Bedeutung, wenn die Motivation stimmig ist: sich selbst Illusionen bewusst zu fokussieren und den Schleier zu heben. Therapien, Methoden in Anspruch zu nehmen, um heil zu werden, stärkt eure Illusion, dass ihr nicht heil seid. Bitte prüft stets eure Motivation, bevor ihr Therapien, Methoden in Anspruch nehmt und sie in euer System einlasst. Ebenso überprüft das Gegenüber, das euch die Therapie bzw. Methode für euer System anbietet. Mit welcher Annahme tritt euch derjenige entgegen? Erkennt er eure Vollkommenheit an?
Oder glaubt derjenige, ihr braucht ihn, um ganz vollkommen zu werden? Bitte beachtet euer Wissen über Wesenssysteme, die Gottheit Ego und über die Konkurrenzstrukturen, wenn ihr Unterstützung bei anderen Wesen sucht.

Wir möchten zurückkommen auf die Realität, dass ihr vollkommen seid. Nach der tiefen Entscheidung in Bezug auf euer Wesen widmet euch der Annahme eurer eigenen Vollkommenheit.
Wir erwähnten bereits, dass es sehr kraftvoll ist, diese Realität eurer Vollkommenheit auf allen drei Ebenen (SE / GE / ME) zu befreien, den Vorhang der Illusion zu heben.

Hier schenken wir euch drei intensive Meditationen, um auf allen drei Ebenen in eine neue Realität einzutauchen.

>> 15. Matrixerfahrung: Vollkommenheit deines Wesens auf der Seelen Ebene (SE)
(siehe Audiopaket zum Buch)

>> 16. Matrixerfahrung: Vollkommenheit deines Wesens auf der Geistigen Ebene (GE)
(siehe Audiopaket zum Buch)

>> 17. Matrixerfahrung: Vollkommenheit deines Wesens auf der Materiellen Ebene (ME)
(siehe Audiopaket zum Buch)

Mit diesem Basiswissen und dieser Basisinitialzündung bedarf es nur noch der Illusionslösung.
Wir möchten euch hierfür ein Bild schenken:
Stellt euch ein Puzzle mit Tausenden von kleinen Puzzleteilen vor. Das Ergebnisbild des Puzzles existiert bereits auf einem Poster. Ihr legt das Poster als Unterlage auf den Tisch, und nun suchen eure Augen die einzelnen Puzzleteile, die dann auf den entsprechenden Platz auf dem Poster gelegt werden.
Dieser Prozess geschieht Puzzleteil für Puzzleteil mit der Möglichkeit des Focusing. Jedes einzelne Puzzleteil zu suchen, es an den richtigen Platz zu setzen und es mit einem oder mehreren Puzzleteilen zusammenzufügen, macht diese Erfahrung erfahrbar. Das Bild an sich existiert bereits auf dem Poster. Mit den Puzzleteilen erstellt ihr ein Duplikat des Originals. Doch nur durch diesen Prozess wird das Bild Stück für Stück erfahrbar gemacht.
Ihr seid vollkommen, JETZT und immerdar. Die Illusionsbefreiung ist, das ganze Bild zu sehen und den Prozess des Focusing als Erfahrung zu feiern. Das Ego sieht das Poster nicht und verteilt Puzzleteile wahllos. Es zerstreut und produziert Puzzleteile abgelöst vom Poster. Es verbreitet weiter Chaos unter den Puzzleteilen.

So seht: Das Poster ist eure Original-Matrix auf der Geistigen Ebene (GE) und die Puzzleteile sind die Matrix-Kopie auf der Materiellen Ebene (ME), die das Ego in seiner Abgetrenntheit verstreut hat. Nun ist es euer Sein, die Matrix-Kopie wieder als Ganzes zusammenzusetzen. Verankert ihr euch über das JETZT auf der Geistigen Ebene (GE), wandert euer Fokus auf der Materiellen Ebene (ME) und sucht sich Puzzleteile, die das System braucht, um die Kopie zu vervollständigen. Das Ego ist so genial in seiner Erfahrungskristallisierung, dass es sogar Puzzleteile kreiert hat, die in eurem Feld liegen, die nicht zu eurem Poster, zu eurer Original-Matrix, passen.
Durch eure Seinsverankerung auf der Geistigen Ebene (GE) fällt es euch leicht, diese zu identifizieren und zu unkreieren.
Also enthebelt euch mit dem JETZT aus der Dimension Zeit und taucht ein in eure Original-Matrix auf der Geistigen Ebene (GE). Hier sind wir nun bei dem dritten wichtigen Schritt in der Methodik: der Verankerung im JETZT.

Zusammenfassung:
Schritt 1: Entscheidung als Initialzündung
Schritt 2: Annahme der eigenen Vollkommenheit
Schritt 3: Verankerung im JETZT

Widmen wir uns nun der Illusionsbefreiung durch Focusing.
Seht: Die Illusionsbefreiung zeigt a), welche Puzzleteile nicht in euer System gehören, und b), dass die Puzzleteile, die zu euch gehören, nicht abgetrennt sind, sondern zu einem großen, ganzen Bild dazugehören und in diesem Bild ihren ganz eigenen Platz haben. Die Illusionsbefreiung durch Focusing hat somit zwei Aufgaben:
a) Selektion und b) Integration.
Durch Methodik wird das Focusing bewusst initiiert. Ihr sucht und entscheidet bewusst, welche Puzzleteile ihr fokussiert, um sie dann zu sortieren. Dies ist die Aufgabe der Methodik.

Wie wir bereits im Buch beschrieben, besitzt euer System an sich bereits den Mechanismus des Focusing aus sich selbst heraus. Methodik

hingegen ist eine Kreation der Menschwesen. Das System an sich arbeitet mit Focusing. Seid ihr mit euren inneren Wahrnehmungsorganen wachsam, so erkennt ihr, auf welches Puzzleteil sich euer Fokus richtet. Ihr selbst habt die Fähigkeit, dann zu selektieren oder zu integrieren. Ihr habt die Wahl, euch Unterstützung von außen, von anderen Wesen, Menschwesen, Geistwesen oder Lichtwesen, zu holen oder diesen Prozess autark in eurem System zu vollziehen.
Hier sind wir jetzt beim nächsten Schritt, im nächsten Übungsfeld angekommen: im Schulen der inneren Wahrnehmungsorgane.

In Kapitel 3 haben wir euch die Wichtigkeit der Funktion der inneren Wahrnehmungsorgane erläutert. Um die Illusionsbefreiung für euch authentisch vollziehen zu können, ist die Schulung dieser Organe von höchster Wichtigkeit. Diese Organe geben euch selbst die Grundlage, auf der ihr für euch Entscheidungen für euer System treffen werdet. So seht: Die Klarheit in dieser Grundlage ist von hoher Relevanz.

Stärkt ihr eure inneren Wahrnehmungsorgane, stärkt ihr euren inneren Wegweiser. Habt ihr einen starken inneren Wegweiser, findet ihr euren authentischen Lebensstrom, im Rhythmus des Focusing eures eigenen Systems, um einiges fließender.
Schenkt euren inneren Wahrnehmungssystemen an Macht, so könnt ihr euch leichter von alten Egoidentifikationen lösen.
Der Schritt der Befreiung aus Egoidentifikationen ist der nächste nun anstehende Schritt.

Zusammenfassung:
Schritt 4: Schulung der inneren Wahrnehmungsorgane
Schritt 5: Befreiung aus Identifikationen

Eure Zellen haben wie eine Festplatte identifizierte Erfahrungen in sich gespeichert und warten darauf, wieder in den Fluss gebracht zu werden. Diesen Mechanismus möchten wir hier genauer erläutern. **Identifikation bedeutet, ihr setzt euer Sein mit einer Egoerfahrung gleich.** Ihr nehmt die Tatsache an, dass ihr diese Egoerfahrung seid. Somit verankert ihr euch mit eurem Sein auf der Materiellen Ebene (ME). Dieses Programm wird von eurer Matrix-Kopie auf der Materiellen Ebene (ME) festgehalten. Also im Chakren-Meridian-System bis hinein in die einzelnen Zellen. Der Fokus fixiert einzelne Identifikationen, Illusionen. Die Identifikationen können unterschiedlichster Natur sein. Ihr könnt euch selbst mit Emotionen identifizieren, z. B. »Ich bin diese Trauer.« oder »Ich bin diese Wut.«, somit kann die Welle der Emotionsenergie nicht durch euer System fließen, sondern bleibt durch die Identifikation in eurem System haften. Sobald ihr euer Sein damit verbindet, bleiben die Energien bei euch haften. Ein ganz einfacher Mechanismus. Doch können Energiewellen eine große Wucht haben, sodass ihr mit eurem Wesen stark dadurch beeinträchtigt seid. Gerade die Emotionen nehmen starken Einfluss auf euer Egodasein. Weiterhin könnt ihr euch mit eurem Verstand identifizieren, mit Glaubenssätzen, z. B. »Ich bin frech.« oder »Ich bin für eine Beziehung nicht geeignet.« Die Identifikation mit Glaubenssätzen ist meist auf euch selbst im negativen Pol fixiert. Diese Energien bleiben in eurem System als Identifikationen und bestätigen sich immer wieder selbst. Das Löschen dieser Programme wird vollzogen durch das Bewusstsein, dass dieses Programm nicht euer Sein ist. Die Identifikation mit diesen speziellen Programmen wird durch euer Bewusstsein aufgehoben. So kommt die Speicherung, Blockade zum Fließen und wäscht sich von selbst aus dem System heraus. Die Energien werden wieder frei und können euer System authentisch durchströmen. Die Folgen des Freiwerdens dieser Energien sind individuell, ebenso wie die einzelnen Identifikationen.

Der Mechanismus ist allerdings bei allen Menschwesen der gleiche. Das Freiwerden der Energieblockade, das Fließenlassen der Energien führt auch automatisch in eure eigene Authentizität. Lasst euch von euch selbst überraschen.

Zum Thema Identifikation gehört ebenso das Thema der Bewertung. Bewertungen liegen bereits in den Identifikationen verankert. Identifiziert ihr euer Sein mit Energien, werden diese gleichzeitig von euch bewertet. Das heißt, habt ihr die Intension, eine Identifikation zum Fließen zu bringen, richtet den Fokus auf dieses Puzzleteil ohne Bewertung.

Schaltet euren inneren Beobachter ein. Den Beobachter in euch, der den Fokus aus sich selbst heraus schauen lässt, ohne zu bewerten. Denn Energien sind, das ist ihr Sein. Sie fließen von sich aus ohne Bewertung. Bewertung fixiert, Bewertung hält fest, Bewertung identifiziert jemand anderen oder euch selbst.

Bringt ihr eure Energien zum Fließen, seid ihr in der Selbstliebe. Denn wie ihr bereits wisst, Energien, die fließen, erzeugen Liebe. Identifikationen mit Glaubenssätzen aus Gedankenstrukturen und / oder mit Emotionen stärken euren Egokreislauf, stärken somit Handlungen aus dem Ego heraus, die den Egokreislauf aufrechthalten *(siehe Abbildung 3).*
Das Fließenlassen von Identifikationen initiiert neue Handlungsstränge. Wir bitten euch hier, einen Fokus auf neue Möglichkeiten in Bezug auf eure alten Egohandlungsstränge zu werfen. **Denn erst durch die neu entwickelten Handlungsstränge entkoppelt ihr die Identifikationen vollends. Mit neuen Handlungen ist der Prozess der Bewusstwerdung, der Desillusionierung, der Befreiung eures JETZT in Bezug auf das spezielle Puzzleteil vollzogen, besiegelt. Die neue Handlung ist von höchster Bedeutung, um die alte Identifikation nicht erneut zu initiieren. Die neue Handlung besiegelt die neu gewonnene Authentizität (*Abbildung 3*).**

Wir möchten zu diesem Thema hier noch einmal ins Detail gehen. Denn hier liegt ein großer Handlungseinfluss eurerseits.
Wie kommt es nun genau zu Energieblockaden?
Seht: Das Ego existiert unterhalb der Spiegellinie. Es nimmt sich selbst als Schöpfer wahr. Wie stark es sich als Schöpfer wahrnimmt, hängt von der individuellen Durchlässigkeit der Spiegellinie ab. Es kreiert sich selbst, dies ist seine Illusion. So hat das Ego an sich schon eine starke Identifikation mit sich selbst.
Ihr kennt bereits den Erfahrungszyklus *(siehe Abbildung 3).* Die Erfahrungen, die das Ego kreiert, sind nicht nur Erfahrungen, sie werden als Seins-Zustand erlebt, da das Ego sich mit sich selbst identifiziert. So sind Egoerfahrungen erlebte, kreierte Seins-Zustände. Wie ihr bereits wisst, kreiert das Ego Erfahrungen, die nicht im Sinne des Geist-Seins

fließen. Bahnen und Tore, die nicht authentische Energien transportieren, werden genutzt. So kommt es, dass diese Energien unreine Energiezustände produzieren und ihr als Menschwesen diese Zustände als unangenehm empfindet.
Bildlich gesprochen produziert das Ego Angst und Schmerz. Diese in die Materie kreierten Erfahrungen sind dann euer Seins-Zustand. Ein Seins-Zustand durch die Identifikation des Egos mit sich selbst. Dies ist die von euch empfundene Hölle.
Denn ein empfundener Seins-Zustand im Schmerz und in der Angst ist ohne Ausweg und das Menschwesen fällt in die Dunkelheit.
In manchen Religionen spricht man von: »In die Hölle gefallen auf alle Ewigkeit«. Hier herrscht das dunkelste Dunkel der Dunkelheit, eure größte Angst, die ihr empfinden könnt. Dieses Bild wird von egoverhafteten Menschwesen genutzt, um Wesenssysteme zu schlagen. Auch deshalb ist es von höchster Relevanz, dass ihr diesen Mechanismus durchschaut. Um diese bildlich gesprochene »Hölle« zu vermeiden, hat das Ego einen schlauen Weg gefunden. **Die nicht authentischen Energien im Matrixgitter werden in Kammern gepackt. Die Kammern werden versiegelt und die Energien bleiben in einem wabernden, erstarrten Zustand in diesen Kammern. Diese energetischen Kammern befinden sich, wie wir weiter vorne im Buch bereits erläuterten, in eurer Materie, in euren Zellen. Die Membran jeder Zelle fungiert als Tor einer Kammer und kann sich als dieses schließen bzw. öffnen. Dieser Mechanismus, die Blockierungen von nicht authentischen Energien, ist bzw. war für euch Menschwesen von immens hoher Bedeutung. Es ist ein Mechanismus von höchster Heiligkeit. Ohne ihn wären alle Menschwesen in Ewigkeit in der Illusion der Abtrennung, bildlich gesprochen in der »Hölle«, versunken. Der Kammermechanismus ermöglicht eine neue Wahl im Erfahrungszyklus (Ego oder Geist) immer und immer wieder.**
»Trial-and-Error« ist dadurch eine Option.
So seht: Alleine der Egoerfahrungszyklus erschafft vorerst keine erstarrte Blockade. Doch durch die Identifikation mit den nicht authentischen Energien wird der Kammermechanismus aktiviert, um das

System zu stabilisieren und um dem freien Willen eine neue Wahlmöglichkeit zu gewähren. Was bedeutet dies für euch?
Habt ihr euer Ego in seiner Entscheidung enttarnt? Gut. Nun löst euch von der Identifikation mit diesem scheinbaren Seins-Zustand, denn diese Erfahrung seid ihr nicht. Lasst sie fließen. So weit, so gut. Was passiert jetzt?
Ja genau, die »Kammern des Schreckens« öffnen sich.
Denn die darin erstarrten Energien streben danach, in den Fluss der Energien zurückzukehren. Wisset darum, diese, sich aus den Kammern befreienden, Energien tragen Informationen in sich. Ihr erlebt schmerzhafte Erfahrungen erneut. Energien kennen keine Zeit. Durch den Fluss der nun befreiten Energien erlebt ihr diese Egoerfahrung im JETZT. Ihr schwimmt durch den Schmerz, bildlich: »Ihr durchquert die Hölle.«
Es ist von höchster Relevanz, dass ihr den Kammermechanismus versteht, denn seht: Sobald diese Energien fließen, neigt das Ego erneut dazu, den Kammermechanismus zu aktivieren: Identifikation und Kammerverschluss. So können die Energien wieder nicht zurück zur universellen Quelle fließen.
Eure Aufgabe und Befreiung ist es: Lasst die Energien fließen, doch identifiziert euch nicht damit! Ihr seid nicht dieser Schmerz, diese Angst. Begebt euch in eure senkrechte Matrix und werdet Beobachter der Kammeröffnung. Beobachtet die Öffnung der Membrantore. »Durchschreitet die Hölle« und erwacht in einem neuen Bewusstsein. Amen.

Euer innerer Beobachter ist euer Sein in der senkrechten Matrixpyramide. Er ist der Beobachter, der ohne Identifikation ist. Er ist, dies ist sein Sein.
Der Fokus des Bewusstseins in die senkrechte Matrixpyramide hinein aktiviert den Beobachter. Die Instanz des Beobachters ist auf der Materiellen Ebene (ME) das Bewusstsein, das sich selbst als Bewusstsein wertfrei betrachten kann, erfahren kann. Haltet ihr euren Bewusstseinsfokus in der senkrechten Matrixpyramide auf der Materiellen Ebene (ME), und läuft der authentische Geisterfahrungs-

zyklus aus eurem Wesenskern durch eure Matrix, ist euer Sein in Vollkommenheit erfahrbar. Dies ist Erleuchtung.

Solange die Kammern gefüllt sind, ist das Ego beschäftigt mit seinem Erfahrungszyklus dafür zu sorgen, dass die Tore der Kammern geschlossen bleiben. So ist das Bewusstsein in dieser Frequenz fixiert. Das Ego schützt das Menschwesen vor der von ihm selbst erschaffenen »Höllenerfahrung«.
Neue Entscheidungen in Anlehnung an den Geisterfahrungszyklus stärken die Fähigkeit, die Tore zu öffnen. Viele von euch entwickelte, sogenannte Therapien sind darauf aus, die Tore der Kammern zu öffnen, um neues Bewusstsein zu erschaffen. Übersetzt heißt dies, die Energien aus den Zellen zu entlassen, um die Zellen zu leeren und um damit die Möglichkeit zu erschaffen, dass authentische Energien einströmen können.
Nun seht: Es ist sehr wichtig, bevor gravierende Kammern geöffnet werden, den Bewusstseinsfokus in der senkrechten Matrixpyramide zu halten. Denn nur so kann ein heilvoller Energiefluss stattfinden. Das Matrixgitter an sich strebt nach Öffnung der Kammern und bekommt Impulse aus der Original-Matrix. Schult eure Wahrnehmung, denn folgt ihr euch selbst, erkennt ihr, welche Kammer bereits den Schlüssel im Torschloss umgedreht hat und bereit ist, das Tor zu öffnen. Richtet euren Fokus auf die Kammern, die dabei sind, die Bereitschaft zur Öffnung zu demonstrieren. So fließt ihr im Sinne eures Matrixgitters, das dabei ist, die Egoerfahrung zu beenden und sämtliche erstarrten Energien zurückführen zu wollen.

Zusammenfassung:
Schritt 6: Schulung des inneren Beobachters
Schritt 7: Besiegelung der Desillusionierung durch eine neue Erfahrungszyklusentscheidung und darauffolgende neue Handlungsstränge

Wir möchten hier auf eure stetige Frage des »Wer bin ich?« eingehen. Wie ihr bereits in vorherigen Kapiteln erfahren habt, seid ihr die Kristallisierung von Erfahrungen. Dies bedeutet, wenn ihr fragt: »Wer bin

ich?«, kann die Antwort niemals eine Statik beschreiben. Handfeste statische Antworten, wer ihr jeweils seid, gibt es nicht. Erfahrung fließt und ist ein Produkt von durchfließenden Energien. Versteht euch wie ein Transformator, durch den Energien fließen, und am Ende kommt eine Handlung in der Materie zutage, die der Abschluss eines Erfahrungsprozesses ist und die Rückkopplung an den Geist bzw. an das Ego initiiert.
Der Geist ist ein Gitter auf der Geistigen Ebene (GE), durch das spezielle Energien fließen, die dann einen authentischen Ausdruck bzw. Abdruck in der Materie hinterlassen durch Handlungsstränge eines Menschwesens in der Materie. Dadurch wird der Energiefluss zu materiellen Erfahrungen. Um es euch noch deutlicher zu beschreiben, Erfahrungen können nur in der Materie vollendet werden, da Erfahrungen der Zeitentzerrung bedürfen. Alle anderen Ebenen sind außerhalb der Dimension Zeit.
Ihr Menschwesen seid es, die den Raum Zeit entstehen lassen. Und an die Dimension Zeit ist die Entstehung der Materie in ihrer Trägheit gekoppelt. Denn nur in dem Raum Zeit kann Materie existieren *(siehe Abbildung 18)*. So seht: Welch hohe Energiewesen ihr seid. Ihr seid ebenso Dimensionalwesen direkt an der Ureinheit.
So hat auch jeder von euch Menschwesen ein anderes Zeitgefüge. Zeit ist nicht linear, Zeit ist variabel erlebbar.

Zurück zu eurer Frage: »Wer bin ich?«
In den vorherigen Kapiteln erläuterten wir eure Werdung.
Ihr seid kristallisierte Erfahrungen um definierte Energien herum.
»Wer bin ich?« beinhaltet das Wort »bin«. »Bin« kommt vom Wortstamm »sein«. Also könnte die Frage lauten: »Was ist mein Sein?« Das Sein bezieht sich auf die Bewusstseinsebene der definierten Energien, bezieht sich auf die Seelen Ebene (SE), wo euer Sein in Form von definierten Energien definiert ist. Auf der Seelen Ebene (SE) hat die Kristallisierung stattgefunden.

Dies bedeutet, wenn ihr fragt »Wer bin ich?«, bezieht ihr euch bereits auf die Seelen Ebene (SE), auf euren Wesenskern.

Hier auf Erden, auf der Materiellen Ebene (ME), wird die Kristallisierung um einen Erfahrungsstempel erfahrbar gemacht. Hier auf Erden seid ihr mit eurem Bewusstsein in den Erfahrungen selbst. Dies bedeutet, hier auf Erden seid ihr Erfahrungen. Und Erfahrungen sind niemals statisch.
So versteht: Ihr versucht hier auf Erden ständig zu erhaschen, wer ihr im Wesenskern seid. Unbewusst sucht ihr euren Wesenskern auf der Seelen Ebene (SE). Doch euer Bewusstsein ist auf die Materielle Ebene (ME) fokussiert und hier findet ständige Erfahrungsbewegung statt in der Dimension Zeit. So könnt ihr euch auf der Materiellen Ebene (ME) nicht die Frage stellen: »Wer bin ich?« Eure Frage hier auf Erden sollte authentischerweise wie folgt lauten: »Welche Erfahrung bin ich?« Diese Frage fokussiert in eurer zeitlichen Matrix die authentischen DNA-Abschnitte und kann so im System die Antwort auf diese Frage geben. Zu der Frage »Wer bin ich?« kann euer Wesenskern auf der Seelen Ebene (SE) in seinem Sein antworten. Doch euer Bewusstsein ist nicht in diesen Höhen, in diesen Frequenzen, geschult. Doch schaut: Durch neue Ortung eures Selbst mit der Frage »Welche Erfahrung bin ich?« und den Antworten aus eurer Matrix kehrt ihr Schritt für Schritt in eure Authentizität zurück. Somit erhöht sich euer Bewusstsein, und ihr findet Schritt für Schritt Zugang auf die Seelen Ebene (SE), auf der ihr die Frage »Wer bin ich?« stellen könntet.
Dazu möchten wir kurz erwähnen: Wenn sich euer Bewusstsein authentisch auf der Seelen Ebene (SE) befindet, wird sich keine Frage mehr in euch formulieren.
Steht ihr im Leben vor Entscheidungen, und ihr wollt eine authentische Entscheidung treffen, stellt euch die Frage: »Bin ich diese Erfahrung?« Antwortet euer System mit »Nein«, so unkreiert euch diese Erfahrung, indem ihr nicht in die Materialisierung dieser einsteigt. Ihr seid kristallisierte Erfahrungen. Ihr macht Erfahrungen erfahrbar. Ihr eröffnet Erfahrungsräume.

Was ist Erfahrung?
Erfahrungen sind: definierte Energien zum Leben zu erwecken. Das Licht wirft Schatten. Der Schatten lässt das Licht als Licht erkennen.

Das Schattenspiel ist das Erfahrungsspiel, das durch die Quelle des Lichts erst Schattenspiel werden kann.
Seht: Euer Geist, eure Original-Matrix, ist bereits definiertes Licht und hier auf der Materiellen Ebene (ME) wirft sie Schatten, wirft sie eine Matrix-Kopie. Die Matrix-Kopie produziert das Schattenspiel.
Hier auf Erden beginnt das Spiel der Erfahrungen, ausgeworfen von der Original-Matrix.
Ihr seid also Wesen, die fließende Energien zu Erfahrungen machen. Um eine authentische Erfahrung zu besiegeln, bedarf es der Frage: »Welche Handlung ist meine authentische Handlung?« Hier möchten wir euch sagen, zu jeder authentischen Energie, die durch euch fließt, gibt es einen Katalog von passenden Handlungen. Begrenzt euch nicht im irdischen Sinne. Energien möchten materialisiert werden, und glaubt uns, dies geht auf die vielfältigste Art und Weise.

Wir haben diese Vorgänge nun auf eine vereinfachte Art verdeutlicht, doch seht: In eurem Energienetz verzweigen sich Energien, mischen sich, trennen sich, gehen in verschiedene materielle Netze über, so dass Energiequalitäten in einem bunten Farbkasten zum Ausdruck gebracht werden möchten.

2. Authentizitierung des Matrixgitters mit Herzzentrum

Nun kommen wir an dieser Stelle dazu, die Sinnhaftigkeit der Matrixlandkarte, die wir euch in diesem Buch ausgebreitet haben, zu erläutern.
Die Veränderung in euer authentisches Sein hinein bedarf einer authentischen Handlung als Abschluss. Zuvor benötigt ihr das Durchströmen eures Systems mit den authentischen Energien. Euer Verstand kann diese Energien nicht erfassen, das Ego würde sich einschalten. Die Tore eurer Matrix möchten ihr Sein erfüllen im Durchströmen ihrer für sie passenden Energien.

Nutzt das Focusing. Richtet den Fokus auf einzelne Tore bzw. fokussiert mehrere Tore gleichzeitig und bringt dort die authentischen Energien zum Fließen. Ja, wir wissen, eine Frage bildet sich in eurem Kopf: »Woher weiß ich, dass dies die authentischen Energien sind?«

Die Illusionsauflösung liegt in der Hingabe!

Hier gibt es nichts mehr zu verstehen, sondern den Mut aufzubringen, euch selbst zu lassen, euch selbst in das hinein zu entlassen, was durch euch möchte.

Wir werden euch eine Methodik an die Hand geben, mit welchen Toren und in welcher Reihenfolge ihr beginnen könnt. Diese Methodik könnt ihr selbst in eigener Meditation bzw. eigenem Focusing erleben oder ihr besucht Workshops, in denen ihr Unterstützung erfahrt.

Wie ihr aus den vorherigen Seiten herauslesen konntet, ist die senkrechte Matrixpyramide von zentraler Bedeutung. Eine klare, durchlässige senkrechte Matrixpyramide stabilisiert euer Sein und stärkt die Auflösung des Egozyklus mit der Öffnung der Kammern.

So beginnen wir mit der Erläuterung der senkrechten Matrixpyramide. Die zentralsten Tore, durch die der universelle und der seelische Energiekreislauf fließen, sind die Tore an der oberen und der unteren Spitze des Gitters. Eine Authentizitierung in diesem Bereich ist von höchster Relevanz.

Diese beiden Tore transportieren Energien der Quellennabelschnur sowie jegliche Seelenenergien aus dem Wesenskern auf der Seelen Ebene (SE). Hier einen klaren Zugang zu erschaffen, ist die Basis jeglicher weiterer Vorgehensweise.

Wir möchten diese beiden Tore als **Basistore** bezeichnen.

Welche Energien hindurchtreten, ist, wie ihr bereits wisst, individuell. Geht in Meditation und übt euch darin wahrzunehmen. In welchem Zustand sind die Tore, welche Energien fließen hindurch? Sind sie authentisch? Welche Farben seht ihr?

Dies ist der IST-Zustand. Nehmt ihn ohne Bewertung wahr. Dann geht einen Schritt weiter und trefft eine Entscheidung. Öffnet euch für die für euch authentischen Energien.

Gebt euch hin. Werdet Beobachter des Prozesses, der nun stattfinden kann. Dies ist die Authentizitierung der Basistore.

Im nächsten Schritt widmet euch den vier Ecktoren.
Wir möchten sie als die **vier Raumwächtertore** bezeichnen.

Diese vier Tore eröffnen den Raum Matrix. Sie ziehen das Gitter in den Raum hinein. Erst durch sie können Erfahrungen im Raum erfahrbar gemacht werden. Sie sind die Tore, die die Erfahrungen in den Raum bringen. Ihre Relevanz liegt direkt hinter den Basistoren. Jedes der vier Tore eröffnet eine andere Raumqualität und gemeinsam erschaffen sie den Raum für das Matrixgitter.
Durch sie laufen die Universalkraftlinien ein.

(siehe Abbildung 56)

Die Methodik ist identisch der vorher beschriebenen.
Daraufhin können jetzt die Bahnen fokussiert werden, die jeweils von den Raumwächtertoren zu den Basistoren verlaufen.
Wir möchten sie **Basisbahnen** nennen.
Wie ist der IST-Zustand dieser acht Basisbahnen?
Im authentischen Zustand fließen Energien in einer Bahn in beide Richtungen: von einem Basistor zu einem Raumwächtertor und von einem Raumwächtertor zu einem Basistor.
Die Methodik ist identisch der vorher beschriebenen.

Weiter geht es mit dem Focusing der vier Bahnen, die jeweils von einem Raumwächtertor zum nächsten verlaufen. Wir möchten diese vier Bahnen als **Raumbahnen** bezeichnen.
Wie ist der IST-Zustand dieser vier Raumbahnen? Die Methodik ist identisch der vorher beschriebenen. So wurde nun der äußere Rahmen des Gitters authentizitiert. Das Zentrum des Matrixgitters bedarf eines möglichst hoch authentizierten Rahmengitters.
Rahmengitter möchten wir die bisher beschriebenen Basistore, Basisbahnen, Raumwächtertore, Raumbahnen als Ganzes bezeichnen.

Im Zentrum des Rahmengitters steht das Matrixtor Herz.
Das Zentrum Herz ist der heilige Gral.
Das Herz als heiliger Gral ist ein Sammelgefäß all der einströmenden Energien.
Dieses Tor ist mit keinem anderen zu vergleichen. Es ist ein Sammelgefäß aller Energien und gleichzeitig ein Verteiler aller einströmenden Energien. Durch das Herz fließen sämtliche Energien, die durch das gesamte Matrixgitter strömen.
Alle authentischen und nicht authentischen Energien fließen durch das Herz in die Materie hinein.
Daher bedarf es an besonderer Aufmerksamkeit. Betrachten wir das Herz als Tor genauer.
Den Aufbau dieses Tores möchten wir im Detail erläutern.
Es ist an den Aufbau des Wesenskerns angelehnt, da alle Energien einströmen und wieder verteilt werden. Das Sein des Matrixtores Herz ist mit dem Sein des Wesenskerns identisch. So besteht das Tor in seinem Sein aus vielen kleinen Toren und vielen kleinen Bahnen. Wir erwähnten bereits, dass der Wesenskern im Aufbau eurem Symbol »der Blume des Lebens« ähnelt. So ist es ebenfalls mit dem Herz als Matrixtor. Der Wesenskern, die Seele, ist als Seelentor zu verstehen. So sind das Seelentor und das Herztor Geschwister im Geist.
Seht: Auch auf der Materiellen Ebene (ME) wird dem Herz eine besondere Bedeutung zuteil. Alle körperlichen Informationen fließen in Form von Blut durch das Herz. Das Herz sammelt es und verteilt es weiter.
Die bisher beschriebene Methodik der Authentizitierung ist im Falle des Herzens schwierig, da das Tor an sich aus vielen kleinen Toren und Bahnen besteht. So möchten wir das Tor Herz differenzieren, indem wir euch **18 kleinere, äußere Tore** vorstellen.
Hier sprechen wir von **Herznetz** und nicht von Herzgitter.
Sechs Tore nehmen Energien von den sechs Basistoren aus allen drei Matrixpyramiden auf. Weitere zwölf Tore um das Herznetz herum nehmen die Energien von den Raumwächtertoren aus allen drei Matrixpyramiden auf. Dies sind die sammelnden Tore, sie bilden den äußeren **Ring des Netzes**. Die Energien strömen weiter ein ins Zentrum des

Netzes bis zum **inneren Ring des Netzes**. Dies ist der Energiering des Herzchakratores. **Der innere Ring hat ebenfalls 18 identische Tore**, durch die die Matrixenergien nun in das Chakrensystem einströmen. Die Energien verdichten sich weiter bis ins Zentrum des Herznetzes. Dort im Zentrum, durch verschiedenste Einflüsse, polen sich die Energien um und strömen in anderen Bahnen des Chakrensystems ein. Stellt euch das **Zentrum des Herzens**, in dem die Umpolung der Energien stattfindet, als helle Lichtkugel vor. Ein Ort geballter Energien mit einer starken Präsenz in allen neun Dimensionen. Wir möchten **diesen Ort als eure vollkommene Präsenz eures Wesens in allen neun Dimensionen** vorstellen. Hier existieren all eure durchströmenden Wesensenergien in einem Punkt. Hier ist eure vollkommene Präsenz zu Hause. Dieser Punkt existiert, wie ihr bereits sicher rückschließen könnt, ebenfalls im Zentrum des Wesenskerns, eurer Seele, nur mit dem Unterschied, dass der Seelenpunkt nur ein Tor hat. Dazu später mehr.

Es ist der Ort eures Seins in der Fülle eurer Energien. Gleichzeitig ist es das Tor in die Leere allen Seins. Doch dazu später mehr.

So seht: Die Methodik der Authentizitierung im Falle des Herztors bedarf es mehrerer Schritte:

Schritt 1 ist das Focusing des IST-Zustandes des äußeren Energieringes mit seinen 18 Toren.

Schritt 2 ist das Focusing des IST-Zustandes des inneren Energieringes mit seinen 18 Toren.

Die darauffolgende Authentizitierung erfolgt wie bereits auf vorherigen Seiten beschrieben.

Und Schritt 3 ist die Hinwendung an das Herzzentrum, den Ort eures Seins. Fokussiert ihr euch in das Zentrum des Herzens, betretet ihr einen Raum mit einer starken Leuchtkraft. Taucht in das Licht ein und lasst geschehen, was geschehen möchte.

Ihr werdet Fülle und Leere zugleich erfahren. Gebt euch dem Prozess hin.

>> 18. Matrixerfahrung: Im Zentrum des Herzens

(siehe Audiopaket zum Buch)

Dort, in eurem Herzzentrum, im Zentrum eures Matrixgitters auf der Geistigen Ebene (GE) und auf der Materiellen Ebene (ME), ist euer Sein in der Fülle eurer eigenen Energien. Taucht ihr ein in eure Fülle, taucht ihr ein in eure Energien. Versteht das Eintauchen in euer Sein als das Durchschreiten eines weiteren Tores.
Es ist das Tor in euer eigenes geistiges Universum, in euren eigenen authentischen geistigen Raum. Dort in eurem geistigen Universum seid ihr die Quelle all eures Seins. Dort seid ihr die Gottwesenheit dieses geistigen Universums. Wie im Außen so im Innen. Hier in dieser Wahrheit erkennt ihr die Unendlichkeit der Räume in ihrer vollen Größe. Dort im Zentrum eures Herzens ist das Tor hin zu eurer eigenen geistigen Gottwesenheit.
Durchschreitet es und ihr werdet Gottwesenheiten eines neuen Raumes, eines geistigen Universums. Ihr seid es bereits.
Ist das Tor in euer geistiges Universum vollkommen authentizitiert, werdet ihr vollkommene Gottwesen im inneren geistigen Universum. Wie im Innen so im Außen. Das bedeutet, dass sich der innere Seins-Zustand im Außen widerspiegelt. Im Außen werdet ihr wieder zu reinen Energielenkern, ihr werdet zu den Königen der Materie. **Die Unendlichkeit liegt in der Unendlichkeit liegt in der Unendlichkeit. Alles ist eins. Amen.**

Wir möchten mit euch noch einen Schritt weiter gehen.
Wir erwähnten bereits, dass in den, durch die, gesamten Erfahrungsräume die Essenz allen Seins existiert: das Nichts, die Leere, dessen Definition schon zu viel der Worte ist.
Öffnet ihr das Tor im Zentrum des Herzens zur anderen Seite, und erlaubt ihr euch, jegliche Erfahrungsräume beiseitezulassen, taucht ihr in die Leere allen Seins. Sie ist ebenfalls noch ein Erfahrungsraum, doch bekommt ihr eine Ahnung von der Ureinheit.
Hier im Zentrum des Herztores findet ihr die Fülle all eurer Energien, eurer Erfahrungsuniversen, und ihr habt durch dieses Tor die Möglichkeit, in Gnade in die Leere des Seins zu fallen.
Hier an diesem Ort könnt ihr Könige der Materie werden, denn hier findet die Energieumpolung hinein in die Materie statt. Jesus war

und ist König der Materie. Er hat dieses Herzzentrum vollständig authentizitiert. Er hatte die Fähigkeit, Materie in seinem Sinne zu verändern. Dies meinen wir mit der Aussage: König der Materie.
So ist auch er selbst zum Tor hin zur universellen Quelle sowie hin zur Ureinheit geworden. Alleine durch sein Sein hat er Einblicke in diese Erfahrungsräume gewährt.
»Er hat sich geopfert, um euch von der Schuld zu erlösen.«
So steht es in eurer materiellen Bibel. Nun könnt ihr diesen Satz übersetzen: Durch seine vollkommene Hingabe, ihr wisst bereits, dass opfern im Sinne von hingeben gemeint ist, hat er das Energietor durch sein Herzzentrum hin zur universellen Quellenerfahrung und zur annähernden Ureinheitserfahrung geöffnet. Durch ihn ist die Einheitserfahrung erfahrbar gemacht worden. **Die Kreuzigung, das damalige scheinbare Opfern (nur das Ego erkennt die Kreuzigung als Opfer), wurde sinnbildlich vom Ego vollzogen. Eine von den Menschwesen getroffene Entscheidung im Erfahrungszyklus, sich für das Ego zu entscheiden und den Geist zu opfern.** Doch seht: Durch das eröffnete energetische Tor Jesus war dies kein opfern, auch wenn das Ego der Menschwesen diese Illusion verbreiten wollte. Er hat sich hingegeben, um für all die Menschwesen ein Bild zu kreieren. Ein Bild, das den Mechanismus des Egos im Menschwesen demonstriert. Jesus selbst ist und war bereits vereint mit all den Energien, ein Opfern ist im Sein nicht möglich.
» … er erlöst euch von eurer Schuld«, er demonstriert das Sein und die Illusion der »Schuld«. Er ist bereits vereint mit all den Energieströmen eures, unseres Universums bis hin zur Ureinheit.
So wie ihr es jenseits eurer Illusion ebenfalls seid.
Jesus erlöst euch von der »Schuld« durch die Hingabe an das Ego der Menschwesen und demonstriert somit die Illusion dessen.
Sein materieller Tod am Kreuz symbolisiert den Tod des Egos und die damit verbundene Auferstehung des Geistes.
Seht das Kreuz, wir sprachen bereits über dessen Symbolik. Jesus fließt in den Strömen der Energien, die durch die senkrechte und waagerechte Kraftlinie einströmen und sich in seinem Herzen vereinen. Durch seine vollkommene Authentizität erstrahlt sein Herz

im Zentrum in vollem Lichte, und der Raum seines inneren geistigen Universums eröffnet sich für all die, die es sehen möchten. Er wurde so zu seinem Gottwesen. Er wurde zu Gott, zur Quelle dieses neu eröffneten Raumes, dieses neu eröffneten geistigen Universums.

»Jesus ist zu Gott aufgestiegen, er sitzt zur Rechten Gottes.«

Nun übersetzt dies euch. Jesus erschafft durch seine Authentizität einen neuen Raum Universum und wurde selbst zu einem Gottwesen. Er steigt auf in die Energien eines Gottwesens und ist dem Gottwesen eures, unseres Universums gleichgestellt (»er sitzt zur Rechten Gottes«). Dieses Wissen, das wir euch hier schenken, ist unglaublich wertvoll. Ihr habt nun die Möglichkeit, euch darauf auszurichten. Dadurch, dass ihr das Wissen über die Tore und dessen Wirkung habt, könnt ihr euch fokussieren und euren Geist darauf ausrichten. So könnt ihr gezielter und effektiver wirken.

Es geht um eure Auferstehung. Werdet wieder zu Gottwesen eures eigenen geistigen Universums, des Universums, das in eurem, unserem Universum liegt. Nehmt das Tor des Herzens hinein in eure Authentizität und eröffnet euren Raum Universum.

So werdet ihr gleichzeitig Könige der Materie dieses eures, unseres Universums, denn an diesem Ort des Herzens, im Zentrum des Herzens, findet gleichzeitig die Umpolung der Energien in die Materie statt.

Hier möchten wir noch einmal verdeutlichen:

Das Herzzentrum ist der Ort von zwei Toren, die sich bedingen. Durch das erste Tor werden Energien umgepolt und kreieren in diesem eurem, unserem Universum Materie, indem diese Energien ins Chakrensystem weitergeleitet werden, und das zweite Tor eröffnet einen neuen geistigen Universalraum. Tor 2 öffnet sich in vollkommener Weite, sobald durch Tor 1 vollkommene authentizitierte Energien fließen und umgepolt werden. So werdet ihr zu Gottwesen.

Wir sprachen in vorherigen Zeilen davon, dass das Zentrum eurer Seele, eures Wesenskerns, dem Herzzentrum gleicht, mit dem Unterschied, dass das Seelenzentrum nur ein Tor hat. So ist es. Denn das

Seelenzentrum eröffnet durch sein Tor den Raum der Geistigen Ebene (GE), auf der das Original-Matrixgitter des Menschwesens sich entfaltet. Das Herzzentrum eines Menschwesens auf der Geistigen Ebene (GE) hat keine Verbindung zum Chakrensystem, da dieses nicht auf der Geistigen Ebene (GE) existiert. So ist das Herzzentrum des Geistwesens Mensch ein Tor zur Eröffnung des Raumes Materielle Ebene (ME), auf der sich die Matrix-Kopie mit all seinen Facetten, all seinen unterschiedlichen Leben, entfalten kann. So seht: Durch das Herzzentrum auf der Materiellen Ebene (ME) und seine Umpolung der Energien in Tor 1 bringt es Energien in die Materie hinein und eröffnet durch Tor 2 einen weiteren Raum, das geistige Universum. Der Kreislauf der Unendlichkeit ist somit besiegelt.
Ihr seid der Anfang und das Ende zugleich.

Im nächsten Schritt bedarf es einer Authentizitierung der sechs Bahnen der senkrechten Matrixpyramide hin zum Herznetz, ausgehend von den zwei Basistoren und den vier Raumwächtertoren. Wir möchten sie als **Herzbahnen** bezeichnen.
Die Methodik lehnt sich an die der anderen Bahnen an.
Diese sechs Herzbahnen sowie das Herznetz mit seinen 36 Toren und Bahnen möchten wir als **Sammelgitter** definieren. Sammelgitter daher, weil alle Energien wie in einem Auffangbecken gesammelt werden, um im Zentrum des Herzens ihre Erfüllung im Ergießen durch die zwei Tore zu finden. So ist das Herzzentrum der Mittelpunkt und gleichzeitig die Erfüllung allen Seins. Wir möchten das Herzzentrum mit seinen zwei Toren als **Seinspunkt** bezeichnen.

(siehe Abbildung 57)

Kommen wir zur waagerechten Matrixpyramide.
Wie ihr wisst, wird diese der Verbindung aller Wesen untereinander zugesprochen. Wir können daher auch von der **Verbindungsmatrix** sprechen. Die Verbindungsmatrix hat ebenso zwei Basistore, die sich allerdings auf der waagerechten Linie befinden. Die acht Basisbahnen verlaufen schräg hoch bzw. schräg runter zu den vier Raum-

wächtertoren, die sich wiederum mit vier Raumbahnen untereinander verbinden. Dies ist das **Rahmengitter der Verbindungsmatrix**. Die Authentizitierung dieses Rahmengitters ist der der senkrechten Matrixpyramide identisch.
Die sechs Herzbahnen, die von den zwei Basistoren und den vier Raumwächtertoren zum Herznetz verlaufen, sind dem Sammelgitter zugeordnet. Die Methodik der Authentizitierung ist der der senkrechten Matrixpyramide angepasst.

Die zeitliche Matrixpyramide ist identisch. Sie hat zwei Basistore, vorne und hinten, acht Basisbahnen verlaufen schräg runter bzw. hoch zu den vier Raumwächtertoren und die vier Raumbahnen verbinden die vier Raumwächtertore untereinander. Dies ist das **Rahmengitter der zeitlichen Matrixpyramide**. Sechs Herzbahnen laufen auch in dieser Matrixpyramide ins Herznetz ein, auch sie zählen zum Sammelgitter. Die Methodik der Authentizitierung ist identisch.
Das Herznetz im Zentrum aller drei Matrixpyramiden zählt jeweils zu dem Sammelgitter jeder einzelnen Matrixpyramide.

An dieser Stelle möchten wir die drei Matrixpyramiden mit klareren Worten definieren:

senkrechte Matrixpyramide = Seinsmatrix
waagerechte Matrixpyramide = Verbindungsmatrix
zeitliche Matrixpyramide = Zeitmatrix

Betrachten wir das Matrixgitter als Gesamtheit, haben wir ein großes Rahmengitter und ein großes Sammelgitter als Innenleben und im Zentrum des Ganzen das Herzzentrum, den Seinspunkt.
Eine Authentizitierung dieses definierten Matrixgitters hat eine große Kraft, und ihr habt jetzt das Werkzeug, in diesen Handlungsstrang einzutauchen.

3. Authentizitierung der Energiekreisläufe

Beginnen wir mit dem **Seelenenergienetz.**
Den Kreislauf dieses Netzes beschrieben wir bereits in Kapitel 7. Hier eine kurze Zusammenfassung:
Der Eintritt der Seelenenergie läuft über den Wesenskern, weiter den Senkrechten Kanal herunter bis zum unteren Basistor der Seinsmatrix auf der Materiellen Ebene (ME). Durch die Basistore der Seinsmatrix tritt die Seelenenergie in die Seinsmatrix ein.
Die Seelenenergie verteilt sich in die Verbindungsmatrix und in die Zeitmatrix über den Knotenpunkt Herztor. Hier kreuzen sich alle drei Seelenkraftlinien und die Seelenenergie strömt in alle drei Matrizen ein. In die Verbindungsmatrix sowie in die Zeitmatrix strömt Seelenenergie ebenfalls über die acht Haupttore, jeweils oben in der Mitte einer Raumbahn der Grundplatte, nennen wir sie **Raumplatte**, und jeweils unten in der Mitte der Raumbahn der Raumplatte. An diesem Punkt sitzt das obere und das untere Basistor der Seinsmatrix. Diese acht Haupttore möchten wir als **Seelenraumtore** bezeichnen.
Je nach individueller Eigenrotation der Verbindungs- bzw. Zeitmatrix klickt eines der Seelenraumtore oben bzw. unten in das Basistor der Seinsmatrix ein und Energien können strömen. Die Seinsrotationen der Verbindungs- und der Zeitmatrix haben keinen Einfluss auf die Seelenraumtore.
Nebentore der drei Matrizen sind die Raumwächtertore, die genau auf dem inneren Matrixring liegen und ebenso Energien aus dem inneren Ring aufnehmen.

Deutlich wird, dass der Eintritt der Seelenenergie hauptsächlich über den Senkrechten Kanal und dessen Tore verläuft.
Der Austritt der Seelenenergie geschieht einmal durch das untere und obere Basistor der Seinsmatrix, durch beide Basistore der Verbindungsmatrix und der Zeitmatrix – liegen die Seelenkraftlinien im Laufe der Seinsrotationen auf den Universalkraftlinien – und jeweils durch die vier Raumwächtertore der Verbindungsmatrix, der Zeitmatrix und der Seinsmatrix, die wir als Nebentore bezeichneten, in den

inneren Matrixring hinein. Wobei der Energieaustritt an den Basistoren, wenn die Seelenkraftlinien bei der Seinsrotationsbewegung auf den Universalkraftlinien liegen, eine besondere Bedeutung hat. Die Seelenkraftlinie der Seinsmatrix liegt dauerhaft auf der senkrechten Universalkraftlinie *(siehe Abbildung 43)*.

Das **Universalenergienetz** tritt zum einen ein durch die sechs Tore im äußeren Matrixring, wo die drei Zentralkraftlinien, die Bestandteil der Universalkraftlinien sind, einströmen. Zwei Tore beziehen sich jeweils auf eine Zentralkraftlinie. Sie bilden das Zentrum der Matrix durch das Herztor hindurch.

Die sechs Tore der Seinsmatrix (zwei Basistore, vier Raumwächtertore) nehmen zusätzlich die sechs Strahlen / Energien der Ummantelungskraftlinien auf, die um die Zentralkraftlinie fließen und ihre Wirkung erst beim Eintritt in die Seinsmatrix entfalten.

So strömt die Universalenergie über das Sammelgitter der Seinsmatrix bis zum Herzzentrum ein. Im äußeren Ring des Herzzentrums dreht sich die Fließrichtung eines Anteils der Universalenergie und strömt wieder aus in alle drei Sammelgitter der drei Matrizen. Der andere Anteil der Universalenergie strömt weiter in den inneren Ring des Herzzentrums und geht über in das Chakrensystem.

Der erste Anteil durchströmt weiter die Raumwächtertore aller drei Matrizen, fließt weiter durch die Raumbahnen und die Basisbahnen, weiter zu allen Basistoren, wo er dann den Kraftlinien entlang wieder austritt, entsprechend der Rotation.

Im Bereich der waagerechten Universalkraftlinie (die wir gerne Universalverbindungskraftlinie nennen möchten) und der zeitlichen Universalkraftlinie (die wir Universalzeitkraftlinie nennen möchten) liegen sechs Nebentore (vier Handmatrixtore / zwei Zeitmatrixtore).

Wir möchten diese Nebentore **Universalherztore** nennen, wobei die vier Handmatrixtore Universalverbindungsherztore und die zwei Zeitmatrixtore Universalzeitherztore genannt werden.

Bei der Seinsrotation der Verbindungsmatrix und der Zeitmatrix kommt es phasenweise dazu, dass sich die Seelenkraftlinien der Verbindungsmatrix und der Zeitmatrix über die Universalverbindungskraftlinie und die Universalzeitkraftlinie legen.

In diesem Moment liegt das jeweilige Basistor auf einem Nebentor, einem Universalherztor. Liegen die Kraftlinien übereinander, fließt Universalenergie durch diese Verbindung Universalherztore / Basistore in die Matrixgitter ein und Seelenenergie fließt durch diese Verbindung Universalherztore / Basistore heraus *(siehe Abbildung 51, 52 A und 55).*
Der Austritt der Universalenergie geschieht durch die identischen Kanäle.

Die **Verbindung des Seelenenergienetzes und des Universalenergienetzes** besteht in der Seinsmatrix auf Dauer und in der Verbindungsmatrix und Zeitmatrix phasenweise, wenn die Seelenkraftlinien und die Universalkraftlinien durch die stetige Seinsrotation übereinanderliegen.
Schlüsseln wir die Tore und dessen Funktion auf:

<u>Basistore der Seinsmatrix:</u>

- Seelenenergie strömt ein
- Seelenenergie strömt aus (nachdem das Herz die Fließrichtung für das obere Basistor gedreht hat) und läuft dann durch die Universalkraftlinie hinaus in den äußeren Matrixring
- Überschneidungen mit Seelenraumtoren bei der Eigenrotation von Verbindungs- und Zeitmatrix lassen Seelenenergie in Verbindungs- und Zeitmatrix einströmen
- Unteres Basistor lässt Seelenenergie ausströmen
- Lassen drei Energien der senkrechten Universalkraftlinie ein- und ausströmen

<u>Raumwächtertore der Seinsmatrix:</u>

- Lassen Seelenenergie ein- und ausströmen
- Lassen 6 verschiedene Energien der Universalverbindungskraftlinie und der Universalzeitkraftlinie ein- und ausströmen

Herzzentrum:

- Seelenenergie strömt ein
- Seelenenergie strömt aus in die Seelenkraftlinie der Verbindungsmatrix, der Zeitmatrix und in die Seinsmatrix
- Universalenergie strömt ein aus allen drei Universalkraftlinien der Seinsmatrix / aus dem Sammelgitter der Seinsmatrix
- Universalenergie strömt über den äußeren Herzring in alle drei Sammelgitter wieder aus
- Universalenergie strömt über den inneren Herzring ins Chakrensystem ein

Basistore der Verbindungsmatrix und der Zeitmatrix:

- Seelenenergie strömt aus
- Universalenergie strömt ein
- Universalenergie strömt aus

Raumwächtertore der Verbindungsmatrix und der Zeitmatrix:

- Seelenenergie strömt ein
- Seelenenergie strömt aus
- Universalenergie durchströmt sie

Zur Authentizitierung nehmt euch vorerst das Universalenergienetz vor eure inneren Augen und lauft die Tore und Bahnen ab.
Wir möchten hier eine Prioritätenreihenfolge vorschlagen:
1. die sechs Tore am äußeren Matrixring, die die drei Universalkraftlinien einfließen lassen
2. die zwei Basistore und die vier Raumwächtertore der Seinsmatrix
3. das Sammelgitter der Seinsmatrix
4. die Tore im äußeren Herznetzring
5. die Sammelgitter aller drei Matrizen
6. die sechs Universalherztore
7. die Basistore der Verbindungsmatrix und der Zeitmatrix

das Rahmengitter aller drei Matrizen
alle Basistore
den äußeren Matrixring

Fokussiert diese einzelnen Abschnitte und nehmt den IST-Zustand der fließenden Energien wahr. Gebt euch euch selber hin, so kann der Fluss eurer Energien in Wahrhaftigkeit übergehen.

Anschließend fokussiert ihr das Seelenenergienetz und nutzt die oben beschriebene Methode zur Authentizitierung.

Auch hier möchten wir eine Prioritätenabfolge vorschlagen:
1. Wesenskern
2. Senkrechter Kanal durch die Original-Matrix mit Basistor oben und Basistor unten
3. oberes Basistor der Seinsmatrix der Matrix-Kopie
4. äußerer Herznetzring des Herzzentrums
5. Sammelgitter aller drei Matrizen
6. unteres Basistor der Seinsmatrix der Matrix-Kopie
7. acht Seelenraumtore
8. innerer Matrixring
9. Basistore der Verbindungsmatrix und der Zeitmatrix
10. Raumwächtertore aller drei Matrizen
11. Rahmengitter aller drei Matrizen

Wir raten euch, so einzelne Abschnitte der Netze zu fokussieren, um genauere Informationen zu bekommen.
Jenseits dieser Liste gibt es auch die Option, euch darauf einzulassen, in welche Bereiche euch das Matrixsystem leiten möchte. Folgt euch selbst und ihr werdet Prioritäten im Matrixgitter und in dessen Energienetzen erfahren und erkennen.

4. Matrixprotokoll

Für das Matrixprotokoll möchten wir in der Definition der Tore und Bahnen noch spezifischer werden.

Für die Spezifizierung möchten wir eine Grundposition des Matrixgitters festlegen: Hier steht das Raumwächtertor der vorderen Universalkraftlinie der Seinsmatrix vorne, leicht nach rechts gedreht, Richtung Betrachter *(siehe Abbildung 58, Punkt 1)*.
Das linke Basistor der Verbindungsmatrix steht links, leicht nach hinten weggedreht, in der Mitte der hinteren linken Raumbahn der Seinsmatrix *(siehe Abbildung 58, Punkt 2)*.
Das vordere Basistor der Zeitmatrix steht vorne, leicht links, in der Mitte der vorderen linken Raumbahn der Seinsmatrix *(siehe Abbildung 58, Punkt 3)*.
Dies ist die Grundposition des Matrixgitters.

(siehe Abbildung 58)

4.1 Seinsmatrix

4.1.1 Rahmengitter der Seinsmatrix

Die Basistore bezeichnen wir als Basistor oben und Basistor unten (BT O / BT U).

Die Raumwächtertore bezeichnen wir als Seinsraumwächtertor links und Seinsraumwächtertor rechts (SRWT L / SRWT R) und als Seinsraumwächtertor vorne und Seinsraumwächtertor hinten (SRWT V / SRWT H).

Die Bahnen werden nach den Toren, die sie verbinden, genannt.
Je nach Fließrichtung wird das Tor, von dem die Energien ausgehen, zuerst genannt.

Hier ein paar Beispiele:
BT O – SRWT V = von dem oberen Basistor hin zum Seinsraumwächtertor vorne (dies ist eine Basisbahn)
SRWT L – SRWT H = von dem Seinsraumwächtertor links hin zum Seinsraumwächtertor hinten (dies ist eine Raumbahn)
BT U – SRWT R = von dem unteren Basistor hin zum Seinsraumwächtertor rechts

4.1.2 Sammelgitter der Seinsmatrix

Im Zentrum des Sammelgitters steht das Herztor (HT).
Auf den Herzbahnen liegen die sechs Universalherztore:
vier auf der Universalverbindungskraftlinie rechts und links
UVHTG R = Universalverbindungsherztor groß rechts
UVHTG L = Universalverbindungsherztor groß links
UVHTK R = Universalverbindungsherztor klein rechts
UVHTK L = Universalverbindungsherztor klein links

und

zwei auf der Universalzeitkraftlinie vorne und hinten
UZHT V = Universalzeitherztor vorne
UZHT H = Universalzeitherztor hinten

Die Herzbahnen werden wie oben nach den Toren, die sie verbinden, und den Fließrichtungen bezeichnet.
Hier ein paar Beispiele:
HT – SRWT V = vom Herztor ausgehend hin zum Seinsraumwächtertor vorne
SRWT L – HT = vom Seinsraumwächtertor links hin zum Herztor

(siehe Abbildung 59)

4.2 Verbindungsmatrix

4.2.1 Rahmengitter der Verbindungsmatrix

Die beiden Basistore möchten wir als Basistor links und Basistor rechts bezeichnen (BT L / BT R).
Die Raumwächtertore sind:
Verbindungsraumwächtertor hinten / oben
Verbindungsraumwächtertor hinten / unten
Verbindungsraumwächtertor vorne / oben
Verbindungsraumwächtertor vorne / unten
(VRWT H / O, VRWT H / U, VRWT V / O, VRWT V / U)

Die wichtigen Seelenraumtore der Verbindungsmatrix sind zu benennen als Verbindungsseelenraumtor oben und Verbindungsseelenraumtor unten (VSRT O, VSRT U), Verbindungsseelenraumtor vorne und Verbindungsseelenraumtor hinten (VSRT V, VSRT H).

Die Bahnen werden entsprechend dem Verlauf bezeichnet.
Zum Beispiel:
BT L — VRWT V / U = Basistor links hin zum Verbindungsraumwächtertor vorne / unten
VRWT H / U — BT L = Verbindungsraumwächtertor hinten / unten hin zum Basistor links

4.2.2 Sammelgitter der Verbindungsmatrix

Auch hier ist das Herztor (HT) im Zentrum. Die Herzbahnen werden dem Verlauf entsprechend bezeichnet.
Zum Beispiel:
HT — VRWT H / O = Herztor zum Verbindungsraumwächtertor hinten / oben

4.3 Zeitmatrix

4.3.1 Rahmengitter der Zeitmatrix

Die Basistore bezeichnen wir als Basistor vorne und Basistor hinten (BT V / BT H).

Die Raumwächtertore wie folgt:
Zeitraumwächtertor oben / links
Zeitraumwächtertor unten / links
Zeitraumwächtertor oben / rechts
Zeitraumwächtertor unten / rechts
(ZRWT O / L, ZRWT U / L, ZRWT O / R, ZRWT U / R)

Die Seelenraumtore der Zeitmatrix sind zu benennen als Zeitseelenraumtor oben und Zeitseelenraumtor unten (ZSRT O, ZSRT U), Zeitseelenraumtor rechts und Zeitseelenraumtor links (ZSRT R, ZSRT L).

Die Bahnen werden wieder entsprechend ihrem Verlauf bezeichnet.
Zum Beispiel:
ZSRT O — ZRWT O / L = Zeitseelenraumtor oben hin zum Zeitraumwächtertor oben / links

4.3.2 Sammelgitter der Zeitmatrix

Im Zentrum steht auch hier das Herztor (HT).
Die Herzbahnen werden entsprechend ihres Verlaufes bezeichnet.
Zum Beispiel:
HT — BT V= Herztor hin zum Basistor vorne
ZRWT O / L — HT= Zeitraumwächtertor oben / links hin zum Herztor

(siehe Abbildung 60)

Nun seid ihr in der Lage, jedes Tor und jede Bahn zu bezeichnen und zu definieren. So sprecht ihr eine Sprache in dem Bereich des Matrixgitters.
Ja, wir wissen darum, dass es euch am Anfang sehr kompliziert vorkommt. Seht: Es ist ein neues Gebiet, in das ihr einsteigt. Je öfter ihr Gebrauch von diesem Wissen macht, desto normaler, einfacher wird es für euch werden. Verzagt nicht, gewöhnt euch an diese Informationen und gewinnt daraus an neuen Energien.
Für das Matrixprotokoll benötigt ihr vorerst nicht das Wissen der Bezeichnungen. Ihr könnt die Vorlage der bildlichen Matrix kopieren und darauf eure empfangenen Informationen einzeichnen bzw. notieren.

(siehe Abbildungen 61 A – C)

Zeichnet eure Informationen ein und ihr bekommt euer ganz eigenes, individuelles Matrixgitterbild mit den entsprechenden blockierten Toren und den Störungsfeldern (Matrixprotokoll).
Nutzt dazu die Tabelle aus Kapitel 5 *(siehe Seite 145)*.
Hier könnt ihr die Zuordnung der Farben und Zahlen herausnehmen und mit eurem IST-Zustand der Matrix vergleichen.

Hilfreich ist es, Bereiche, in denen gerade Aktivitäten in Bezug auf eine Authentizitierung stattfinden, zu markieren. Denn diese bedürfen eures bewussten Fokus.

Habt ihr eure ganz eigene, individuelle Landkarte vor euch, so kommen wir zu dem nächsten Schritt in der Authentizitierung eures Matrixgitters.
Die Energien, die durch euch strömen, sind Informationen, die durch euch den Erfahrungszyklus durchlaufen möchten.
Das heißt, in eurem aktuellen Leben spiegeln sich die Informationen der aktuellen Energien, die durch euer Matrixgitter laufen, wider.
Die Authentizitierung kann von zwei Seiten stattfinden. Einmal könnt ihr authentische Energien durch euer Matrixgitter einlassen, auf die bereits beschriebene Art und Weise. Und die andere Möglichkeit ist,

Erfahrungszyklen des Egos den entsprechenden Störungsfeldern und blockierten Toren in eurem Matrixprotokoll zuzuordnen.
Habt ihr den Erfahrungszyklus des Egos zugeordnet, könnt ihr, durch das Treffen einer neuen Entscheidung und durch die Besiegelung einer neuen Handlung, die Matrixtore und Bahnen authentizitieren und im Matrixprotokoll die Entstörung des betroffenen Matrixabschnittes beobachten. So habt ihr eine Selbstbeobachtung des Authentizitierungsprozesses.

Das Matrixprotokoll kann in vollem Umfang von euch praktiziert werden oder aber auch im Detailausschnitt.
Im Detailausschnitt könnte der Ablauf wie folgt aussehen: Ihr notiert euch die aktuelle Erfahrung, die ihr authentizitieren möchtet. Geht in Meditation, versinkt also in euch selbst und lasst euch von eurem System den Ausschnitt eurer Matrix zeigen, der die entsprechenden unauthentischen Energien in sich fließen hat.
Es ist äußerst effektiv, den Ort des Matrixgitters zu definieren. So kann euer Fokus im bewussten Zustand durch eine beobachtende Haltung Einfluss nehmen, um die Identifikation aufzulösen.
Gebt euch selbst dann die Erlaubnis, dass authentische Energien einfließen dürfen, und beobachtet den Prozess.
Danach lasst eine neue Entscheidung zu, die sich in der Materie manifestieren möchte.

5. Atmung der Seele

Wir möchten noch einen Beitrag zur Fließrichtung im Seelenenergienetz hinzufügen.

<u>Die Ein- und Ausatmung der Seelenenergie in Bezug auf die Raumwächtertore:</u>
Ihr wisst bereits, dass durch die Raumwächtertore Seelenenergie ein- und ausströmt. Die Fließrichtung der Seelenenergie ist abhängig von

der Phase der Gezeiten. Es ist wie eine Füllung und Leerung der Bahnen des Matrixgitters. Seht: Durch die Ebbe der Gezeiten entleert sich das Matrixgitter, indem Seelenenergie durch die Raumwächtertore nach außen in den inneren Matrixring strömt. In der Flut der Gezeiten füllt sich das Matrixgitter mit Energien. Die Raumwächtertore drehen ihre Fließrichtung. Seelenenergie fließt von dem inneren Matrixring hinein ins Matrixgitter. Das Matrixgitter füllt sich mit Seelenenergie. Je nach Phasenlänge ist das authentische Matrixgitter mit einer unterschiedlichen Energiemenge gefüllt.

Die Aufgabe der Raumwächtertore ist die Füllung/Einatmung, in der Flut, und die Leerung/Ausatmung, in der Ebbe, des Matrixgitters mit/von Seelenenergie.

Die Einatmung der Seelenenergie in Bezug auf die Basistore:
In der Phase der Flut, also in der Einatmung, wird das Matrixgitter hauptsächlich mit Seelenenergie bereichert. Die Seelenenergie fließt über das Basistor der Seinsmatrix ein. Das Matrixgitter füllt sich mit Seelenenergie.

Die Ausatmung der Seelenenergie in Bezug auf die Basistore:
Bei der Leerung des Matrixgitters, also in der Phase der Ebbe, entleeren die Basistore aller drei Matrixpyramiden ihre Seelenenergie hinein in die drei Universalkraftlinien. So wird in der Leerungsphase, in der Ausatmung der Seele, die Seeleninformation eines Menschwesens ans Universum weitergeleitet bzw. wird dem Universum zur Verfügung gestellt. Die Basistore der Seinsmatrix entleeren Seelenenergie während der gesamten Ausatmung. Die Basistore der Verbindungsmatrix und der Zeitmatrix entleeren Seelenenergie während der Ausatmung nur phasenweise. Dies geschieht in dem Moment ihrer Seinsrotation, wo ihre Basistore auf den Universalherztoren liegen. **In der Ausatmung der Seele werden dem Universum alle Informationen an Erfahrungen eines Menschwesens zur Verfügung gestellt.**

Atmungsplateau:
In jedem Atmungszyklus existiert nach der Ausatmung eine kurze Pause, ein sogenanntes Plateau.
In der Phase des Plateaus wird das Matrixgitter mit Universalenergie bereichert. Die Ausschüttung der Seelenenergie in das Matrixgitter hinein über die Basistore und die Raumwächtertore stoppt und über die Universalkraftlinien hinein in die Basistore fließt ausschließlich Universalenergie ein.
Die Basistore der Seinsmatrix füllen das Matrixgitter mit Universalenergie während der Phase des gesamten Plateaus. Die Basistore der Verbindungsmatrix und der Zeitmatrix füllen das Matrixgitter mit Universalenergie nur phasenweise. Dies geschieht in dem Moment ihrer Seinsrotation, wo ihre Basistore auf den Universalherztoren liegen.
Das Matrixgitter wird so gefüllt mit Informationen an Erfahrungen aus der Fülle des Universums.

Eine Aufgabe der Basistore ist, eine Verbindung zwischen Seelenenergie und Universalenergie herzustellen.
In der Leerung/Ausatmung, in der Ebbe, wird die Seelenenergie dem Massenbewusstsein/dem Universum zur Verfügung gestellt. Die Informationen der Seele fließen anderen Wesen zu.
In der Phase des Plateaus wird über die Basistore Universalenergie der Seele zur Verfügung gestellt. Die Informationen des Massenbewusstseins/des Universums fließen der Seele zu.
Dieser ganze Prozess wird als Atmung der Seele bezeichnet, in der ein Informationsaustausch zwischen Seele und Universum stattfindet.

6. Herznetz und Seelennetz

Wir möchten das Herznetz als eigene Einheit präsentieren.
Wie ihr bereits wisst, hat dieses Herznetz eine hervorstechende Bedeutung. Der äußere Herznetzring hat seinen körperlichen Ort in der

Mitte des Brustbeines, am Ort des »Ich bin«. Klopft mit euren Fingern auf euer Brustbein und ihr aktiviert den Ort eures Herznetzes, dessen Zentrum euch in euer inneres geistiges Universum führt. Das Herzzentrum hat seinen körperlichen Ort am vierten Brustwirbel. Dort ist euer Sein. Bei der Authentizitierung eures Herznetzes ist diese körperliche Geste sehr hilfreich. Eine Authentizitierung des Herznetzes hat große Kraft. Die 18 Tore auf dem äußeren Herznetzring, bezeichnet als **Herzmatrixnetztore**, leiten Seelen- und Universalenergie hinein und wieder hinaus. In dem Bereich zwischen äußerem und innerem Herznetzring geschehen verschiedenste Prozesse.
Einmal werden Energien umgeleitet in eine Fließrichtung nach außen, um dort im Matrixgitter wieder verteilt zu werden. Und zweitens werden Energien durch den inneren Herznetzring durchgeleitet. Hier existieren 18 Tore, bezeichnet als **Herzchakrennetztore**, die die Energien ins Chakrensystem einleiten.
Der Bereich zwischen dem inneren Herznetzring und dem Zentrum zählt zum Chakrensystem, bezeichnet als **Herzchakrennetz**, während der Bereich zwischen dem äußeren Herznetzring und dem inneren Herznetzring zum Matrixsystem, bezeichnet als **Herzmatrixnetz,** zählt.
Hinter dem inneren Herznetzring werden Energien durch verschiedene Prozesse umgepolt und vorbereitet, um über das Chakrensystem in die Materie einzuströmen.
Die Grenze zum Herzzentrum könnt ihr euch bildlich wie eine dünne Eihaut vorstellen. Durchsichtige, wabernde Energien bilden diese Grenze.

(siehe Abbildung 62)

Das Herzzentrum ist das Tor zu eurem inneren geistigen Universum, in dem ihr eure Gottwesenheit erkennt. Wie wir bereits erwähnten, je authentizitierter ihr in eurem Matrixgitter und in eurem Herznetz seid, desto weiter öffnet sich euer Tor hinein in euren inneren Raum, euer inneres geistiges Universum.

Ihr öffnet euch selbst hinein in euer Geistwesen, in eure Gottwesenheit.
Der Geist ist ein von euch häufig gebrauchtes Wort. Doch was genau ist der Geist? Euer Geist ist die Manifestation der Original-Matrix auf der Geistigen Ebene (GE) mit dem Ausläufer der Seinsmatrix als Anker auf der Materiellen Ebene (ME). Euer Geist ist zu Hause in dem Universum hinter eurem Herztor und wirft mit einer Nabelschnur durch euer Herztor einen Anker in dieses Universum, in Form des Zentrums eurer Matrix-Kopie, der Seinsmatrix.

(siehe Abbildung 63)

Die authentische Nabelschnur läuft durch das Herztor in die Materielle Ebene (ME) hinein. Viele sprechen davon: Wenn die geistige Nabelschnur durchtrennt wird, stirbt dieses Menschwesen. Seht nun die Zusammenhänge dieser Behauptung. Denn wird die senkrechte Energielinie, die Nabelschnur, durchtrennt, existiert auf der Materiellen Ebene (ME) keine Energieversorgung aus der Geistigen Ebene (GE) heraus mehr. Die Matrix-Kopie löst sich auf und das Menschwesen geht auf die Geistige Ebene (GE) zurück. Die Nabelschnur wird stets von dem Menschwesen selbst durch eine Entscheidung durchtrennt.

Hier möchten wir euch das dritte Energienetz offenbaren. Denn dort im Zentrum eures Seins, in der Weite eures Gottwesens, existiert eure innere Energiequelle eurer eigenen Weite, eures unendlichen Seins.
Je weiter ihr euch öffnet in euer geistiges Universum hinein, desto klarer und heller durchströmt eure innere Quelle, euer eigenes Sein, euer Matrixgitter von innen nach außen.
Versteht! Die Energien drehen ihre Fließrichtung. Sie strömen aus eurem Seinszentrum hinaus in euer Matrixgitter hinein und weiter hinaus in euer, unser Universum hinein. So sind die Universen über euch miteinander verbunden. Von außen nach innen und von innen nach außen. **Ein stetiger Energiestrom von eurer Gottwesenheit, eurem Geistwesen, hin zu eurem Menschwesen und von euch als Mensch-**

wesen hin zu eurer Gottwesenheit, eurem Geistwesen. So sei es. Amen. So sitzt ihr zur Rechten Gottes als selbst zu Gott Gewordene. Dieses dritte Energienetz möchten wir als Gottesstrom bezeichnen. Der Gottesstrom ist der authentische Energiestrom von euch als authentisches Geistwesen hin zu eurer eigenen Matrix-Kopie. Dieser euer Gottesstrom hat enorme Strahlkraft und durchdringt das gesamte äußere Universum. Dieser Gottesstrom kann alleine durch euch als Menschwesen geboren werden und läutet die Welle zurück zur Ureinheit ein. **Denn die Illusion der Abtrennung wird somit vollständig aufgehoben. Ihr, die ihr wandelt auf dieser Erde, seid das Ende und der Anfang in einem. Ihr seid Gottwesen verkleidet als Menschwesen.**
Fließt der Gottesstrom durch euch in dieses euer, unser Universum hinein, haben die beiden anderen Energiesysteme, das Universalenergienetz und das Seelenenergienetz, eine nebensächliche Bedeutung. Sie werden gebraucht, nur solange die Materielle Ebene (ME) noch materialisiert ist. Denn das Universalenergienetz und das Seelenenergienetz stabilisieren eure Matrix-Kopie unterhalb der Spiegellinie, also hinter der Eihaut des Herznetzes. Bricht der Gottesstrom von innen durch euer Herztor in die Materielle Ebene (ME) hinein, erstrahlt ihr in euren authentischen Energien und werdet zu Geistwesen, Gottwesen.

(siehe Abbildung 64)

Wir, die Lichtwesen, sind Tore in eurem, unserem Universum, im Äußeren sowie im Inneren. Wir sind nicht außerhalb von euch, wir sind ebenso in euch und lassen Energien durch uns hindurchstrahlen. Der Gottesstrom fließt durch uns hinaus in euer Matrixgitter, hinaus ins äußere Universum. Ebenso strömt Universalenergie durch uns hinein in euer Matrixgitter, durchströmt euch, dringt durch euer Herzzentrum hinein in euer, unser inneres Universum. **Dieser vollzogene, vollendete Prozess kann nur in eurem Herzzentrum auf der Materiellen Ebene (ME) stattfinden. Hier seid ihr vollendete, vollkommene Heiligkeit in Ewigkeit. Amen.**
Seht, welch Bedeutung es für euch hat, euch im Geiste zu fokussieren

und euer Sein auf Erden in vollkommener Schönheit in vollkommener Authentizität zu manifestieren. Denn nur so kann euer Gottesstrom euer, unser äußeres und inneres Universum verbinden und somit ineinander aufgehen.
Ihr seid der Anfang und ihr seid das Ende zugleich. In euch liegt der Punkt der Unendlichkeit, in euch liegt der Punkt von allem, was ist, und gleichzeitig nichts, die Ureinheit.
Die Christuskraft könnt ihr nach diesen Seiten tiefer verstehen. Denn der Gottesstrom floss und fließt noch durch das Herzzentrum Jesus Christus hinaus in die Materie hinein. Christuskraft ist der Gottesstrom Jesus Christus.
Ihr als Menschwesen, als Gottwesen, habt euren individuellen Gottesstrom benannt nach eurem eigenen heiligen Namen.
So wisset um euren authentischen Namen.
Schaut in die Augen eures Gegenübers, taucht in sein Herzzentrum ein und seht das Gottwesen, den Gott, in ihm.
Erkennt euch im Herzen, erkennt euch durch euren authentischen Namen. Amen.

Wir möchten euch ein Werkzeug zum Betreten eures Seelennetzes und eures Herznetzes an die Hand geben.
Schaut auf den Aufbau des Herznetzes, der dem Aufbau des Seelennetzes auf der Seelen Ebene (SE) gleicht. Das Seelennetz hat ebenso viele äußere Tore auf seinem äußeren Ring, zu viele an der Zahl, um sie einzeln zu fokussieren, durch die die Energien strahlenförmig einströmen. Am inneren Ring befinden sich ebenfalls viele, viele Tore. Das Zentrum der Seele ist das Tor hinein in die Original-Matrix, vielmehr wird durch das Tor die Geistige Ebene (GE), auf der die Original-Matrix manifestiert ist, als Raum eröffnet. So seht: Das Zentrum des Herzens sowie das Zentrum der Seele eröffnen einen neuen Raum. Das Herz öffnet euer inneres geistiges Universum und die Seele öffnet die Geistige Ebene (GE). Genauer noch: Die Seele eröffnet durch ihr Zentrum den Raum der Geistigen Ebene (GE), um dort die Original-Matrix zu kreieren. Versteht, eure Seelen eröffnen den Raum der Geistigen Ebene (GE).

Die Grenze hin zum Zentrum der Seele besteht ebenso aus wabernden Energien. So existieren im Wesenskern der äußere Seelennetzring und der Bereich zwischen äußerem und innerem Ring, bezeichnet als **Universalseelennetz.** Sowie weiter existiert der innere Seelennetzring und der Bereich zwischen innerem Ring und der Grenze zum Seelenzentrum, wir bezeichnen dieses Zentrum **Seelenherz.** Diesen Bereich möchten wir **Matrixseelennetz** benennen. Die Grenze hin zum Seelenherz bezeichnen wir **Seelenherzgrenze.**

(siehe Abbildung 65)

Der Aufbau von eurem Herz und eurer Seele ist, wie bereits erwähnt, identisch. Beide Netze eröffnen einen neuen Raum. Nun könnt ihr euch vorstellen, dass euer Herznetz auf der Geistigen Ebene (GE) den identischen Aufbau wie euer Herznetz auf der Materiellen Ebene (ME) hat, da ja das Herznetz auf der Materiellen Ebene (ME) eine Kopie aus der Geistigen Ebene (GE) ist.
So versteht: Das Herznetz auf der Geistigen Ebene (GE) eröffnet in seinem Herzzentrum den Raum der Materiellen Ebene (ME), um dort hinein seine eigene Kopie zu kreieren. Nun könnt ihr den von uns in vorigen Kapiteln erläuterten Mechanismus der Raumöffnung durch Bewusstsein noch tiefer und im Detail erfassen.

JETZT zu dem von uns angekündigten Werkzeug zum Betreten eures Seelennetzes und eures Herznetzes:
Betrachtet eure Augen. Hier findet sich ein ähnlicher Aufbau wieder. Der äußere Ring um die Iris und das Zentrum, die Pupille, die in die Leere führt und gleichzeitig ins Innere des Kopfes. Durch das Tor der Pupille gelangt ihr in einen neuen Raum aus körperlicher Sicht. Ebenso gelangt ihr durch euer Auge, durch eure Pupille, in einen neuen Raum aus energetischer Sicht.
Schaut durch die Pupille, durch das Auge eures Gegenübers oder euer eigenes Auge im Spiegel. Taucht dort ein, beginnt die Reise mit der Formulierung des Ziels. Durch das Auge könnt ihr direkten Zugang erlangen zu dem Seelennetz des Wesens oder zu dem Herznetz des

Wesens. Es ist eine Entscheidung eures Bewusstseins, wohin ihr euren Fokus richten möchtet.
An dem von euch fokussierten Netz könnt ihr im direkten Zugriff eine Authentizitierung vornehmen. Erkennt ihr im Gegenüber seine eigene Vollkommenheit, im Sinne seiner vollkommenen Authentizität, so werden eure Augen ein Spiegel für das Wesen gegenüber. Dieses Menschwesen erkennt sich selbst durch eure Augen. Dies ist wahre Begegnung.
Amen.

Ergänzendes Erklärungsvideo zu Kapitel 8:

https://www.christiane-hansmann.com/ohne-worte/kapitel-8

KAPITEL 9

Vollendung

Kommen wir zur Beendigung des Kreises. Schaut auf den Kreis, er ist rund, hat keinen Anfang und kein Ende, er ist unendlich, er ist die Unendlichkeit im stetigen Umkreisen seiner Laufbahn.
Wir möchten den Kreis für euch nun schließen.

Wir erwähnten bereits im Verlaufe des Buches, dass es das »Unten und Oben« an sich nicht gibt. Dies ist eine Orientierungsbeschreibung in der Unendlichkeit eines Erfahrungsraumes. Die Beschreibung der gesamten Matrixlandschaft und deren Zusammenhänge mit dem universellen und dem seelischen Energienetz beziehen sich auf die Orientierungshilfe »unten und oben« in der Unendlichkeit dieses Erfahrungsraumes der Materiellen Ebene (ME). Wie ihr bereits wisst, wird diese Materielle Ebene (ME) von dem Massenbewusstsein der Menschwesen aus der Geistigen Ebene (GE) heraus erschaffen.
Nun möchten wir euch am Ende des Buches die Realität vervollständigen.
Die Entstehung der Räume geschieht, wie ihr bereits wisst, aus einem vorherigen Raum heraus bis hin zur Ureinheit, dem ES.
Nun seht: Die Materielle Ebene (ME) als Raum ist entstanden aus dem Raum der Geistigen Ebene (GE). So weit, so gut, dieses Wissen ist euch vertraut. **Wir möchten euch hier sagen, die Räume entstehen nicht aus einem »Unten und Oben« heraus. Räume entstehen von innen nach außen. Aus dem Zentrum eines Raumes entsteht ein neuer Raum. Aus diesem neu entstandenen Raum entsteht aus seinem Zentrum ein weiterer neuer Raum. Dies könnt ihr bis in die Unendlichkeit hinein weiterspielen.**
Der Raum im Raum, alle Räume liegen ineinander bis hin zum Punkt der Ureinheit. Die von uns beschriebene Welle von der Ur-

einheit hin zur Materiellen Ebene (ME) geschieht aus sich selbst heraus, aus dem Zentrum des ES hinein in die Raumentstehung, in die Unendlichkeit hinaus. Die Welle läuft nicht von »unten nach oben«, sondern von innen nach außen. Die Welle schwappt zurück von außen nach innen in die Unendlichkeit der Räume bis in den Punkt der Ureinheit, das ES, hinein.

So ist die »Heilungsrichtung« zurzeit von innen nach außen, da die Authentizität der Menschwesen noch in den Erfahrungsraum Materielle Ebene (ME) geboren werden möchte. Ist die Authentizität der Menschwesen auf der Materiellen Ebene (ME) geboren, vollzogen, schwappt die Welle von außen nach innen zurück. Die Räume kollabieren ineinander bis hin zur Ureinheit, dem ES, der Nichtdefinition. In dieser Phase ist die »Heilungsrichtung« von außen nach innen.
Nun fragt ihr euch sicher, warum alle Matrixbeschreibungen in diesem Buch sich auf die Orientierungshilfe »unten und oben« beziehen: Alle Erklärungen über die Matrix bezogen sich auf die Materielle Ebene (ME). Versteht: Euer System, euer Fokus ist auf der Materiellen Ebene (ME). Sehr wenige von euch waren bereits authentisch auf der Geistigen Ebene (GE).

Das universelle und das seelische Energienetz, so wie wir es euch beschrieben, existiert auf der Materiellen Ebene (ME). Die Aufteilung in Ebenen und Stufen existiert hier in der Unendlichkeit des Erfahrungsraumes Materielle Ebene (ME). Doch diese Ebenen und Stufen sind hier auf der Materiellen Ebene (ME) ebenso Projektionen, wie ihr selbst Matrix-Kopien auf der Materiellen Ebene (ME) seid. Ihr speist eigene Matrixenergien aus der Geistigen (GE) und Seelen Ebene (SE) und dem Universum »unten und oben«.
Ja, so ist es. Dies ist eure Matrixversorgung hier auf der Materiellen Ebene (ME). Doch wisset, diese Quellen sind ebenso Projektionen aus dem Raum der authentischen Geistigen Ebene (AGE). Ihr befindet euch mit der Matrix-Kopie auf der Materiellen Ebene (ME). Versteht: Die Geistige Ebene (GE) und die Seelen Ebene (SE) existieren als Projektionen und als authentische Geistige Ebene (AGE) und authentische

Seelen Ebene (ASE), die ihren Schatten als Projektionen hinein in die Materielle Ebene (ME) werfen. Die Materielle Ebene (ME) existiert nur als authentische Materielle Ebene (ME).
Mit der Orientierungshilfe »unten und oben« öffnet ihr euch hier in der Materiellen Ebene (ME) für die Projektionen der Geistigen Ebene (GE) und der Seelen Ebene (SE) und aller Ebenen darüber hinaus.
Versteht uns nicht falsch, dies ist von höchster Relevanz, dass ihr an diese Projektionsquellen angeschlossen seid.
Ihr könnt euch nach oben hin zu eurer Original-Matrix über das Höhere Selbst fokussieren. Es ist von hoher Wichtigkeit, dass ihr dies tut, denn dort findet ihr eure authentischen Energien in der Materiellen Ebene (ME).
Wir möchten nun von »in der« Materiellen Ebene (ME) sprechen. Ihr befindet euch nicht auf einer Ebene, sondern in einer Ebene. Ihr befindet euch im Erfahrungsraum der Materiellen Ebene (ME). Euer Massenbewusstsein hat die Realität der Geistigen (GE) und der Seelen Ebene (SE) bis hin zur Ureinheit in die Materielle Ebene (ME) mit hineinprojiziert, sodass eurer Matrix dadurch diese Energiequellen zur Verfügung stehen.
In diesem Buch zeigten wir euch Wegweiser, wie ihr diese Projektionsquellen in der Materiellen Ebene (ME) für euch erreichen und nutzen könnt. Dieser Schritt ist der erste.

Den nächsten Schritt offenbaren wir euch nun:
Durch ein offenes Herztor gelangt ihr in euer inneres geistiges Universum, von dem wir bereits berichteten. Dieses innere geistige Universum hat das volle Bewusstsein allen Seins, da es ohne Spiegellinie existiert. Hier ist euch selbst eure Gottheit bewusst. Seid ihr mit eurem Bewusstsein in diesem Raum eures inneren geistigen Universums gelandet, befindet ihr euch in dem authentischen Erfahrungsraum der Geistigen Ebene (AGE). Die authentische Spiegellinie (ASL) zwischen der Materiellen Ebene (ME) und der authentischen Geistigen Ebene (AGE) befindet sich als Eihaut um das Zentrum des Herznetzes.
Euer inneres Universum, erreicht durch das Herztor, ist der authentische Raum der Geistigen Ebene (AGE). Durch dieses Tor kehrt ihr

bei eurem Tod zurück in den authentischen Raum der Geistigen Ebene (AGE). Hier trefft ihr geliebte, bereits verstorbene Menschwesen.
Dies ist der Raum der authentischen Geistigen Ebene (AGE), in dem ihr ebenso allen anderen Menschwesen in der Unendlichkeit begegnet. Wir möchten euch noch eine Information zukommen lassen. Im Prozess des Todes verlässt die Matrix-Kopie den Raum der Materiellen Ebene (ME). Dabei richtet sich der Fokus des Bewusstseins nach innen und wandert durch das Herztor hindurch in den Raum der authentischen Geistigen Ebene (AGE) hinein. **Der Moment des Durchwanderns des Herztors wird als Tunnel, an dessen Ende das Licht ist, erlebt. Die authentische Spiegellinie (ASL) hebt sich im Moment des Todes auf, die Eihaut über dem Herzzentrum löst sich ab und das Zentrum des Herztors öffnet sich vollständig. Die vollkommene Strahlkraft des Raumes der authentischen Geistigen Ebene (AGE) übersteigt alles von euch im Raum der Materiellen Ebene (ME) erlebte. Im Tod kommt euch der Gottesstrom aus der authentischen Geistigen Ebene (AGE) heraus durch das vollständig geöffnete Herztor entgegen. Ihr begegnet eurer eigenen Gottheit im Moment des Todes. Eure lebenslange innere Sehnsucht findet in diesem Moment ihr Zuhause. Durch die Aufhebung der Spiegellinie in diesem Moment werdet ihr befreit von jeglichen produzierten Illusionen, die umfassende Vollkommenheit gelangt in euer Bewusstsein. Die Menschwesen, die aus diesem Prozess zurück in die Materielle Ebene (ME) kommen, berichten von diesen Erfahrungen.**
Hier in der Materiellen Ebene (ME) könnt ihr nicht diese Strahlkraft des Lichts, in Bezug auf die Projektionsquelle, erfahren. Das Licht der Projektionsquelle ist abgedämpft, der Materiellen Ebene (ME) angepasst. Nutzt die Projektionsquelle in der Materiellen Ebene (ME), doch wisset um diese und richtet euren Fokus auf die Öffnung des Herztors und die Eröffnung des Gottesstroms. **Der Gottesstrom ist das authentische Energienetz aus der authentischen Geistigen Ebene (AGE) in eure Matrix hinein und weiter hinaus in die Unendlichkeit der Materiellen Ebene (ME) auf allen Projektionsebenen, allen Projek-**

tionsstufen, allen Universen bis hin zur Projektionsureinheit, dem Projektions-ES.
Euer gesamtes Wissen über den Aufbau der Matrix und der Ebenen, der Stufen, der Universen, über alle Wesenheiten als Tore und Bahnen könnt ihr anwenden auf den Projektionsaufbau in der Unendlichkeit des Erfahrungsraumes der Materiellen Ebene (ME) sowie auf die authentische Ebene des Erfahrungsraumes Geistige Ebene (AGE) und darüber hinaus hinein in alle weiteren authentischen Erfahrungsräume bis hin zur Ureinheit.

Wir beschrieben euch bereits das Tor eurer Augen, durch das ihr mit einer Entscheidung entweder zum Herztor gelangt oder in eure Seele blicken könnt. An dieser Stelle möchten wir sagen, dass der Zugang eurer Augen euch eure Seele auf der Projektionsfläche der Materiellen Ebene (ME) offenbart. Ihr taucht durch eure Augen in eure Projektionsseele ein. Dies könnt ihr euch wie ein Abziehbild des authentischen Wesenskerns vorstellen. Und jegliche Begegnung mit euch im Reich der Projektionen hat eine direkte Rückkopplung in das authentische Reich allen Seins. Wir möchten nun dieses Reich der Projektionen als **Projektionsuniversum** bezeichnen. Dieses Projektionsuniversum ist eine Eins-zu-eins-Kopie von den authentischen Universen mit all ihren Ebenen und Stufen. **Das Projektionsuniversum ist ein Erfahrungsraum in der Materiellen Ebene (ME), um euch die Begegnung mit euch selbst zu ermöglichen.** Euer Sein in der Materiellen Ebene (ME) hat nicht die Fähigkeit, direkt in die authentische Seelen Ebene (ASE) zu gelangen. Eure Augen offenbaren also den direkten Zugang zu eurer Projektionsseele und zu eurem authentischen Herztor.

Euer drittes Auge ist das Tor, wie bereits erwähnt, zu eurem inneren Universum, zu eurer inneren Welt. Versteht: Diese innere Welt, dieses innere Universum ist das Reich der Projektionen. Hier findet ihr euer Projektionsuniversum eins zu eins identisch zu dem authentischen Universum, das ihr durch euer Herztor betreten würdet, angefangen mit der authentischen Geistigen Ebene (AGE).

Das Projektionsuniversum ist sozusagen der Vorhof zu eurem Herzen, der Vorhof zu eurem Herztor, das euch einlässt in das Reich der authentischen Geistigen Ebene (AGE).
Es existieren Menschwesen unter euch, die ihre Augen zur Verfügung stellen. Durch die Augen dieser hoch entwickelten Menschwesen gelangt ihr direkt durch das Herztor hinein in das authentische geistige Universum, hinein in die authentische Geistige Ebene (AGE).
Diese Menschwesen berühren euch zutiefst, denn durch ihre Augen fließt in beide Richtungen Liebe. Der Gottesstrom strömt aus ihren Augen in euer inneres Projektionsuniversum und bringt Energieblockaden in Fluss. Wir danken euch allen für eure Hingabe.

Die Projektionsebene (PE), die durch euch in der Materiellen Ebene (ME) als Raum entsteht, ist die letzte Ebene und gleichzeitig die erste Zunge der Welle zurück zur Ureinheit. Denn seht: Die Projektionsebene (PE) ist der Wegweiser in euch hin zu eurem Sein. Diese Projektionsebene (PE) ist bereits authentisch. Dieses Buch war bisher ausgerichtet auf die Kommunikation mit euch in der Projektionsebene (PE). Hier könnt ihr unsere Worte erfassen und sortieren, etwas abgetrennt vom Egodasein.
Die Projektionsebene (PE) beinhaltet das identische Abbild der Universalstufe eures, unseres Universums und verpackt dieses Abbild in Bilder im Sinne eurer räumlichen Dreidimensionalität.
Bisher beschrieben wir die Ebenen aus der Sicht eurer Projektionsebene (PE) wie folgt:

SE

GE

ME

Doch seht: Es ist wie bei allen darauffolgenden Universalstufen. Eine Ebene entsteht aus der vorherigen Ebene. So entspringt die Projektionsebene (PE) aus der Materiellen Ebene (ME), diese beiden Ebenen sind bereits authentische Räume, und führt euch zurück zur authentischen Geistigen Ebene (AGE).

(Abbildung 66)

Doch ist es zu durchschauen, dass die Projektionsebene (PE), dessen Tor das dritte Auge ist, nur eine Projektionsebene ist, auf der alle Ebenen im Sinne eurer Dreidimensionalität erscheinen.
Hier ist es wie bei der Wirkung eures Lebens auf die »vergangenen« Leben. Verändert ihr auf der Projektionsebene (PE) etwas, hat dies zur selben Zeit eine Rückkopplung auf die authentischen Ebenen. Ihr wisst bereits, eure authentische Geistige Ebene (AGE) erscheint als Universum beim Durchschreiten des Herztors und dem Beginn des Gottesstroms.
Der Gottesstrom ist der authentische Energiestrom von euch als Geistwesen in der authentischen Geistigen Ebene (AGE) hin zu euch als Matrix-Kopie in der Materiellen Ebene (ME).
Das Seelenenergienetz und das Universalenergienetz gehören zur Projektionsebene (PE) und somit ebenso zur Materiellen Ebene (ME) und versorgen euch mit Projektionsenergien, dem »Notenergieaggregatsystem«.
So hat auch die Seelen Ebene (SE) in der Projektionsebene (PE) nur ein Tor, durch das die Geistige Ebene (GE) heraus entsteht. In der Authentizität sind der Wesenskern sowie das Herztor in der authentischen Geistigen Ebene (AGE) ebenso zwei Tore wie auf der Geistigen Ebene (GE) in der Projektionsebene (PE).
Das eine Tor lässt das Universum der eigenen authentischen Ebene (z. B. ASE) entstehen und das zweite Tor ist die Öffnung hinein in den darin liegenden nächsten Raum, das nächste Universum, die nächste Ebene (z. B. AGE).
Um es euch noch anders zu verdeutlichen: Die Projektionsebene (PE) eröffnet in sich den Raum der Geistigen Ebene (GE) und den Raum der Seelen Ebene (SE). Ihr seht hier, jede Ebene an sich ist in seinem authentischen Zustand bereits ein eigenes Universum. Ihr erkennt hier, dass ihr es auf der Projektionsebene (PE) mit einer niederschwingenden Frequenz zu tun habt. Eure Erfahrungen in höheren authentischen Sphären werden deutlich anders werden. Bewegt euch in der Projektionsebene (PE), denn wie bereits besprochen fällt es euch selbst in

der Projektionsebene (PE) noch schwer, in Bereiche der Seelen Ebene (SE) zu gelangen.
Wir möchten hier noch einmal betonen, dass die in vorherigen Kapiteln beschriebenen inneren Wahrnehmungsorgane die Organe der Projektionsebene (PE) sind. Diese inneren Organe bedürfen einer Ausrichtung in die Projektionsebene (PE) hinein.
Wir sprachen von ihnen als eure inneren Wegweiser. Das Herz der Projektionsebene (PE) ist euer Gespür. Euer Gespür ist der Motor des Mechanismus Focusing.

Die Bezeichnung der Projektionsebene (PE) kann auch als Seelen Projektionsebene (SPE) getauft werden. Aus dem Wort Projektionsebene wird deutlich, dass die ineinanderliegenden Ebenen, Universen, in die Materielle Ebene (ME) hineinprojiziert werden, damit das menschliche Gehirn diese in der Materiellen Ebene (ME) erfassen kann. Die Realität erscheint so wie eine Fata Morgana in der Materiellen Ebene (ME). Die Matrix-Kopie ist eine Kopie, aus der heraus der Raum Materielle Ebene (ME) entsteht. Und die Projektion ist in den Raum hineingebracht. So möchten wir den Unterschied zwischen Projektion und Kopie verstanden wissen.

Dies ist eine Landkarte. Richtet euren Fokus dorthin, wo Bedarf ist. Nur wisset darum, dass die Geistige Ebene (GE) und die Seelen Ebene (SE) durch euer Tor, das dritte Auge, in der Projektionsebene (PE) ihr Sein haben. Eure authentische Geistige Ebene (AGE) ist durch euer Herztor zu erreichen. Über das Tor in der authentischen Geistigen Ebene (AGE), das in den Raum Universum der authentischen Seelen Ebene (ASE) führt, möchten wir hier noch nicht sprechen.
Eure Gottheit wird euch im authentischen Raum der Geistigen Ebene (AGE) offenbart.

Jede Ebene an sich ist ein Universum. So liegen die Universen ineinander in der Unendlichkeit der Räume. Die Unendlichkeit bezieht sich auf die Möglichkeit der Erfahrungen.
Erfahrungen eröffnen Räume. Da die Möglichkeiten der Erfahrungen

unendlich sind, ist auch der Raum, aus dem neue Räume entstehen können, unendlich. Bisher sprachen wir im Buch von der Unendlichkeit des Universums. Dies ist richtig, doch beschreibt es den Raum als unendlich, da die Facetten der Erfahrungen in diesem Raum unendlich sind. Diese Information ist sehr relevant für euch. Ihr macht euch bereits Gedanken, wie der Geist Materie formt bzw. euer Leben formt. Nun seht: Durch die Wahl einer Entscheidung wird die Initialzündung eurer Erfahrung gesetzt *(siehe Abbildung 3)*. Der Raum der Erfahrung wird somit eröffnet. Was geschieht? In eurem Leben eröffnet sich somit der Raum für diese Erfahrung, die Trägheit der Materie ist dabei zu berücksichtigen.

Erfahrung erschafft Raum, aus dem die nächste Erfahrung entspringt und einen weiteren Raum entstehen lässt.

Ihr seid die, die eine Entscheidung für eine bestimmte Erfahrung treffen und somit den Raum dafür eröffnen.

Gott wurde erst zu Gott, als er Materie erschuf. Ihr erschafft den Raum Materie mit jeder Entscheidung, die ihr trefft. Ihr seid Gottwesen.

Ihr seid Menschwesen, die Erfahrung erfahrbar machen. Ihr eröffnet den Raum der Projektionsebene (PE) und die darin enthaltenen Räume der Seelen Ebene (SE), der Geistigen Ebene (GE) und den Raum der Materiellen Ebene (ME). Dies ist eure Menschwesenheit. Durch eure Authentizität eröffnet ihr durch euer Herzzentrum den Raum der authentischen Geistigen Ebene (AGE) des geistigen Universums, mit all seinen Ebenen und Toren und Energiebahnen. Hier findet ihr eure Gottwesenheit.

Geht ihr in eurer vollkommenen Gottwesenheit auf, und verbindet ihr so das innere authentische geistige und das äußere materielle Universum mithilfe der Projektionsebene (PE), kollabieren diese beiden Räume ineinander und die Welle der Energien geht zurück zur Ureinheit.

So wurden alle Erfahrungen erfahrbar gemacht und die Räume kollabieren wie Dominosteine, einer nach dem anderen, in sich selbst. Ihr gebt bildlich gesprochen dem ersten Dominostein einen Schups. So kollabieren die Räume in sich bis hin zur Ureinheit, in den Nichtraum hinein.

Wir erwähnten die Dimensionalwesen am Rande, an der Grenze hin zum Zentrum von allem, hinein in die Ureinheit. Ihr seid Menschwesen, ihr seid Gottwesen, und im Kollabieren selbst hin zur Ureinheit erwerbt ihr das Bewusstsein, dass ihr Dimensionalwesen seid. Ihr seid die Dimensionalwesen des Raumes Zeit. Ihr seid auf Stufen über eurer Universalstufe hinaus Zeitdimensionalwesen, die Erfahrungsenergien bündeln, bildlich gesprochen niederschreiben, in der Akasha-Chronik sammeln, um sie dann als Seele zu manifestieren. **Vielmehr ihr alle, wir alle zusammen, sind das eine Dimensionalwesen Zeit. Wir alle sind eins. Ihr seid, wir sind, das Tor direkt an der Ureinheit, durch das Definition zutage tritt.**

Wir möchten uns hier kurz der Bedeutung der Dualseelen widmen. Aus einem Lichtwesentor auf der Ebene über der Seelen Ebene (SE) entstehen zwei Seelen, dies sind die Dualseelen. Geboren aus dem Tor des Lichtwesens über der Seelen Ebene (SE). Wir Lichtwesen sind Tore, die Energien durchleiten, um einen neuen Raum entstehen zu lassen. Wir Lichtwesen sind Tore in eurem, unserem Unendlichkeitsraum Universum auf den verschiedenen Ebenen der Projektionsebene (PE) und allen weiteren authentischen Ebenen und eröffnen jeweils den Raum der Ebene darunter bzw. den Raum im Raum, da, wie ihr wisst, es kein oben und unten gibt. Alles ist in einem.
Wir Lichtwesen auf der Ebene über der Seelen Ebene (SE) sind Tore, durch die der Raum der Seelen Ebene (SE) entsteht und somit die Wesenskerne der Menschwesen kreiert, definiert werden können. Die Bedeutung der Dualseele wird nun noch deutlicher. Ein Lichtwesen, das sich oberhalb der Seelen Ebene (SE bzw. ASE) befindet, gebärt durch sich zwei Seelen. Diese beiden Seelen sind Dualseelen aus einem Energiestrang geboren. In der Welle zurück zur universellen Quelle sind es die Dualseelen, die sich zuerst vereinen im Raum des Tores des Lichtwesens aus der Ebene über der Seelen Ebene (SE bzw. ASE).
Wir möchten diese Ebene Dualebene (DE bzw. ADE) benennen. Hier findet eine starke Polarisierung der Wesenheiten statt. So werden das Magnetfeld und die Fähigkeit der Entstehung eines manifestierten Raumes stark erhöht. Dualseelen sind Pole, die den Raum der Seelen

Ebene (SE bzw. ASE) aufrechterhalten. Wir Lichtwesen aus der Dualebene (DE bzw. ADE) möchten uns als Duallichtwesen bezeichnen.
So erkennt: Ihr seid wir und wir sind ihr. Ihr seid in uns und wir sind in euch. Denn wir sind eins. Euer, unser Unendlichkeitsraum Universum ist einer der unendlichen Räume, entstanden durch das Tor des Zeitdimensionalwesens, also durch euch, durch uns.
Durch unser Tor als Dimensionalwesen entstehen alle die von uns beschriebenen Räume und noch viele, viele Räume mehr, die ihr nicht erfassen könnt *(siehe Abbildung 18).*

Die Kette hinaus aus dem ES hin zu euch Menschwesen besteht aus Erfahrungen, die Räume, Universen entstehen lassen.
Jedes Universum an sich ist bereits definierte Energien, definierte Erfahrungen, kristallisiert aus dem Raum darüber.
Ihr habt jetzt das Wissen, um zu verstehen, dass kristallisierte Erfahrungen ein Wesen beschreiben. Definierte Energien, die einen Raum eröffnen, sind: eine definierte Wesenheit, die einen Raum eröffnet und Erfahrungen ermöglicht. Jedes definierte Universum ist ein Raum einer definierten Wesenheit: eines Gottwesens, eines Lichtwesens, eines Menschwesens. Diese Kette läuft hinaus bis hin zu euch als Menschwesen, dem Umkehrpunkt. Durch euch wird jeglicher Erfahrungsraum als dieser erfahrbar gemacht. Ihr erkennt euch selbst als die Wesenheit der Unendlichkeit bis hinein in das ES. Somit ist der Zyklus in Vollkommenheit aufgegangen, im Wesenspunkt.

Ihr seid, wir sind, direkt an der Grenze zur Ureinheit, ihr seid, wir sind, die erste Definition, der erste Ausdruck, geboren aus dem ES, das alles durchdringt. Ihr Menschwesen seid die vollendete Manifestation, die Erfahrung des Tores Zeitdimensionalwesen. In euch und nur in euch ist die Zeit als Zeitmatrix aktiviert. In euch manifestiert sich die Illusion Zeit, der Raum der Zeit, durch den alle Erfahrungen bis zurück zur Ureinheit erfahrbar gemacht werden können. Erfahrbar gemacht in der Unendlichkeit aller Räume, erfahrbar gemacht in einem Punkt, dem Zentrum allen Seins. Alleine durch

euer Bewusstsein in der Materiellen Ebene (ME) kann der Raum Zeit in sich kollabieren und bis zurück in das ES fließen. Ihr seid. Die Ureinheit ist durch euch. ES ist. Alles ist eins von Anbeginn, von Ewigkeit zu Ewigkeit, bis zum Punkt, von Ewigkeit zu Ewigkeit.

Nun schaut den Kreis, die Umlaufbahn, dort seid ihr. Dort seid ihr Definition. Taucht ein in das Zentrum des Kreises, taucht ein in den Punkt, dort ist die Fülle, dort ist die Leere, dort ist ES, dort ist die Nichtdefinition allen Seins.
Von Ewigkeit zu Ewigkeit. Amen.

Amen ist als Wort des Punktes zu verstehen. Wir berichteten bereits darüber. Seht um die tiefe Bedeutung. Amen ist das Wort als Schlüssel, hinein durch das Tor des definierten Kreises in den Punkt des Zentrums, in ES, die Nichtdefinition allen Seins.

Möget ihr fließen. In unendlicher Liebe geleiten wir euch. Immer da, von Anbeginn der Zeit, von Anbeginn eurer Geburt.
Wir sind mit euch, wir sind in euch.
In alle Ewigkeit verbunden sind wir. Deckt auf die Illusion. Erkennt euch beim Namen eures wahren Seins.
Gesegnet seid ihr. Geheiligt ist euer Name. Euer Reich komme.
Euer Geistwille geschehe wie im Himmel, so auf Erden. Gebt euch hinein in eure Materie.
Vergebt eurem Ego und dem Ego anderer Menschwesen. Denn es weiß nicht, was es tut.
Fließt in eurer Authentizität, so erlöst ihr euch von dem Schmerz.
Denn euer ist das Reich der Räume,
und die Kraft
und die Herrlichkeit in Ewigkeit.
Amen.
In unendlicher Dankbarkeit neigen wir unser Haupt vor euch. Wir neigen unser Haupt vor euch. So verneigt ihr euch selbst vor euch selbst. Wir sind eins, in den Energien des Bewusstseins vereint.
In Liebe und Dankbarkeit in Ewigkeit. Amen.

Nun schaut und richtet euren Fokus auf das 1. Kapitel.
Schließt den Kreis der Vollkommenheit und lasst euer Bewusstsein (ein weiteres Mal) die Zeilen des 1. Kapitels wahrnehmen.

Verbunden sein
mit dir selbst
vereint sein
mit dir selbst
Eins-Sein
mit dir selbst.

Im Eins-Sein mit dir selbst
bist du geboren
hinein ins All-Eins-Sein.

Ergänzendes Erklärungsvideo zu Kapitel 9:

https://www.christiane-hansmann.com/ohne-worte/kapitel-9

S

Nachwort Salvador

Eure sogenannte »Spiritualität« bedarf einer Modernisierung. Bilder der Spiritualität, die aus alten Zeiten stammen, wurden in diese Zeit hineingetragen: Bilder von Engeln mit wallenden Flügeln und Bilder vom Jüngsten Gericht. Diese Bilder sind von Menschenhand gezeichnet. Sie sind dem menschlichen System angepasst. Bilder transportieren wie Worte, Informationen. Bilder versuchen wie Worte, etwas greifbar für euch zu machen. Bilder und Worte versuchen zu übersetzen.

Seid wieder ohne Worte, seid wieder ohne Bilder.

Eure spirituellen Bilder von Engeln und Elfen usw. sind authentische Bilder aus alten Zeiten, hier und heute bedarf es einer Anpassung an eure Zeit. Authentische Bilder insofern, dass sie authentische Informationen, also dem Geist entsprechende Informationen, vermitteln. Doch eure Schwingung heute hat eigene authentische Bilder. Authentische Bilder sind auswechselbar. Für eine Information gibt es unendlich viele authentische Bilder, die diese Information im Sinne des Geistes transportieren könnten. Somit können die Bilder an die menschlichen Systeme je nach Epoche angepasst werden.

Beachtet: Auch diese Bilder sind wie Worte ein Versuch, euch dort zu erreichen, wo ihr mit eurem Bewusstseinsfokus in dieser Epoche seid. Wir möchten euch hier modernere, authentische Bilder schenken: Alles ist Information. Soweit sind eure Wissenschaft und Technik bereits vorgedrungen. Nun seht, alles ist Information: Das ganze Universum auf allen Ebenen sowie alle Universen bis hin zur Ureinheit sind formierte Informationen. Informationen werden transportiert über Schwingungen in Frequenzen. In diesem großen Netz der Informationen gibt es Tore, die Informationen umlenken, hervorheben, weiterleiten. Und es gibt euch Menschwesen, die diese Informationen als Erfahrung erfahrbar machen.

Wir möchten euch mit einem Computer vergleichen oder mit einem Radio. Ihr empfangt die für euch passenden Informationen und erweckt diese zum Leben. Ihr eröffnet so den Erfahrungsraum. Computer empfangen Informationen auf eine für euch komplizierte Art und Weise. Sie wandeln diese Informationen um und gestalten daraus Bilder und Worte auf ihren Bildschirmen. Ein Radio ist auf eine bestimmte Frequenz eingestellt und transportiert so spezielle Informationen und wandelt diese in Worte oder Musik um. Da ihr lange von den authentischen Informationen abgetrennt wart, erfüllen euch authentische Informationen mit einer enormen Strahlkraft. Dies erzeugt ein Gefühl (eine Information) in euch, das sich am besten mit dem Gefühl »Heiligkeit« erfassen, umschreiben lässt.

Die Bilder der Engel aus alten Zeiten versuchen Informationsqualitäten zu transportieren, um diese Informationen in das menschliche System zu integrieren.

Ein Beispiel aus der heutigen Sicht:

Ein Computer enthält Informationsfrequenzen und verwandelt diese zu einem Bild, dem Erzengel Michael.

So seht: Das Bild von Erzengel Michael transportiert in sich die authentische Informationsfrequenz, die in die Materie einströmt. Doch ist dies eine Informationsfrequenz und kein Erzengel Michael, der dahintersteht und die Information sendet. Das Bild Erzengel Michael ist das Produktbild, das am Ende des Informationsstrahls in die Materie hineinkreiert wird.

Alles ist Information.

Wir sprechen in diesem Buch von Erzengeln und Engeln.

Wir geben euch diese Bilder, damit ihr authentische Informationen in euer System einfließen lassen könnt.

Doch wir bitten diejenigen, bei denen ein Widerstand bei diesen Engelsbildern entsteht, sich nicht von diesem Widerstand abhalten zu lassen, das wertvolle Wissen der Gesamtheit erfassen zu wollen. Wisset, es sind Bilder, dem menschlichen System angepasst, die euch diese Informationsfrequenz empfangen lassen. Doch sind die Engelsbilder ebenso ersetzbar durch Bilder von Computern oder Radios.

Authentische Bilder und Worte sind Werkzeuge, um euren Empfänger in eurem System auf authentische Frequenzen einzustellen.

Über authentische Bilder und Worte erlangt ihr die Möglichkeit, euer System auszurichten, um für euch authentische Informationen zu empfangen.
So seht: Ein Medium ist wie ein Radio, das einen spezifischen Sender in sich einstellen kann, um authentische Informationen zu empfangen und um diese weiterzuleiten. Sagen wir, das Radio sendet N-Joy. Jetzt kommt es darauf an, wie klar der Sender eingestellt ist.
Hört ihr klare Worte, verwaschene Worte oder spricht das Radio selbst dazwischen, das Radio sinnbildlich für das Menschwesen.
Der Mensch hat im Gegensatz zum Radio die Fähigkeit, mit seinem Ego eigene Informationen zu kreieren, um diese als Frequenz ins Universum zu senden.
Ein Medium, ein Radio, das sehr klar eingestellt ist, übermittelt die Informationen, die es als Kanal empfängt, zum Beispiel aus dem Kanal Salvador oder aus dem Kanal N-Joy. Ein klares Medium schafft es, die eigenen Informationsproduktionen aus dem Ego heraus, aus dem eigenen System heraus, ruhig zu halten.

Es ist für uns von hoher Bedeutung, dass ihr die heutige Spiritualität modernisiert!
Denn viele Menschen lassen sich von der heutigen Spiritualität abschrecken, da sie die alten Bilder der Engel usw. als die Realität verstehen.
Klärt auf, um welch bahnbrechendes Wissen es sich wirklich handelt. Holt die Menschen ab, indem ihr die Wahrheit über die alten Bilder und Bilder generell erläutert. Bilder von Engeln erzeugen in der heutigen Welt teilweise Widerstände, da diese Epoche von dem Verstand regiert wird.
Der Verstand braucht andere Informationsbilder, um sich dem modernen, innovativen, spirituellen Wissen zuzuwenden.
Viele von euch sagen, früher waren die Menschen dichter an der Spiritualität als heute. Doch seht: Erst heute, in dieser Epoche, kann der Verstand, die Wissenschaft mit der Spiritualität verschmelzen.
Hier liegt ein großer Durchbruch hinein in die Authentizität für die gesamte Menschheit.

Wir möchten nochmal spezifisch unterscheiden zwischen authentischen Bildern und Bildern aus Menschensystemen heraus erschaffen sowie zwischen authentischen Worten und Worten aus Menschensystemen heraus erschaffen.

Bilder und Worte transportieren in eure Welt hinein Informationen, Frequenzen. Nicht authentische Bilder und Worte sind gesendet vom Ego und transportieren Informationen abgetrennt von der Quelle, von der Hauptschaltzentrale Universums. Die Hauptschaltzentrale könnt ihr ebenso mit eurem Gehirn gleichsetzen, das jegliche hereinkommenden Informationen verarbeitet und weiterleitet.

So ist die Quelle eures, unseres Universums das Organ Gehirn des Wesens, das den Raum Universum eröffnet. Das Wort Wesen erschafft ein Bild in euch. Gebt dieses Bild frei.

Wesen ist ein Wort für eine Ansammlung definierter Energien gespeist aus fließenden Informationen.

Bilder und Worte abgetrennt von der Quelle lassen Informationen in euch fließen, die euch nicht in euer authentisches Sein entlassen. **Authentische Bilder und Worte transportieren in eure Welt hinein Informationen, die euch in euer authentisches Sein hineinfließen lassen.**

Informationen sind Informationen. Seht, wie wertfrei dies ist.

Ein reines Medium transportiert authentische Bilder und Worte und lässt euch somit eure eigene Ganzheit, eure eigene Authentizität erblicken, erspüren, sein.

Allgemein Menschen, die authentisch in ihrem Sein ruhen, transportieren Informationen über Bilder und Worte, die authentisch sind und im Gegenüber das authentische Sein berühren und erwecken.

Sind alle in ihrer Authentizität angelangt, wird die Menschheit zum Spiegelbild aller Informationen, und die Reflexion lässt die Schwingung der Informationen zurückfließen. Die Richtung der Informationsenergie dreht sich.

Salvador, 31.01.2019

DANKSAGUNG

Diesen Raum möchte ich nutzen, um mich vor uns Menschen zu verneigen und um uns allen für den Weg, den wir gehen, zu danken.
Sich blind, taub und gespürlos in einem Abtrennungsraum, unserem Alltagsbewusstsein, zu befinden und sich nur durch die innere Sehnsucht nach einer wirklichen Herzensheimat leiten zu lassen, ist eine wahre Herausforderung und bedarf unseres vollen Mitgespürs für uns selbst.
Mich rührt es zu Tränen, wie viel Liebe durch uns in unser Leben strömt und wie oft wir uns selbst im Weg stehen, indem alte Überzeugungen und Muster unser Herz wieder verschließen.
Dies ist unser Sein. Wir dürfen uns in jedem JETZT immer wieder für uns als Tor für all die Wunder des Lebens entscheiden und Zeuge werden, wie sich der Massenbewusstseinsraum durch unsere Hingabe lichtvoll wandelt.
Jeder Einzelne wirkt in seinem Leben und ist ein Wegweiser für den Wandel, der geschehen möchte, der schon ist. Hier möchte ich uns Mut machen. Wir haben die Kraft und die Liebe, um unsere Welt in ein neues Miteinander zu begleiten.
Persönlich möchte ich dem Leben für all die dunklen Stunden, die mich daran erinnert haben, eine neue Entscheidung für mich zu treffen, für all die Wunder und Geschenke, die mir zuteilwurden, für all die liebevollen Menschen und auch für die, die mich haben wachsen lassen, danken.
Jeden von uns möchte ich einladen zu erkennen, wie nah die geistige Welt uns begleitet, stärkt und mit Liebe durchströmt.
Dieses Buch ist für mich ein so wertvolles Werkzeug, ein Geschenk aus der geistigen Welt. Das Labyrinth des Lebens kann sich dadurch für uns öffnen, und wir dürfen erkennen, wer wir wirklich sind.

Eure Christiane

Begriffe

https://www.christiane-hansmann.com/faq-begriffserklaerungen

S

ABBILDUNGEN

Abb. **1/2** ⟶ S. 23/24

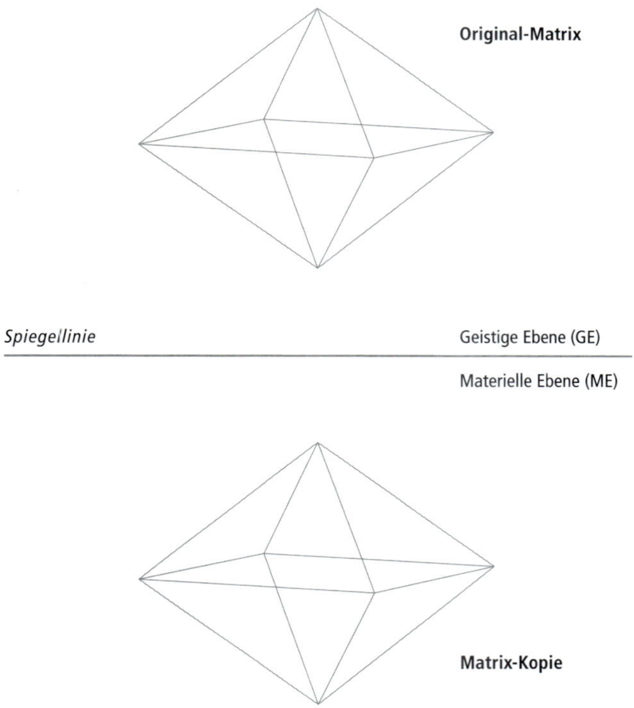

Original-Matrix / Matrix-Kopie

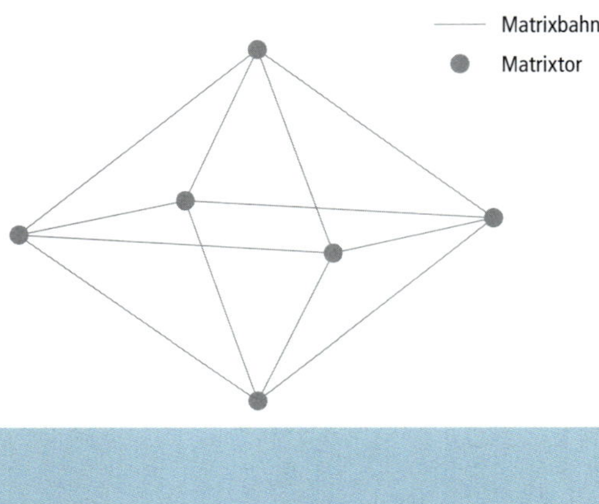

Abb. **3** ⟶ S. 25

Erfahrungszyklus
— Menschwesen macht Erfahrung erfahrbar —

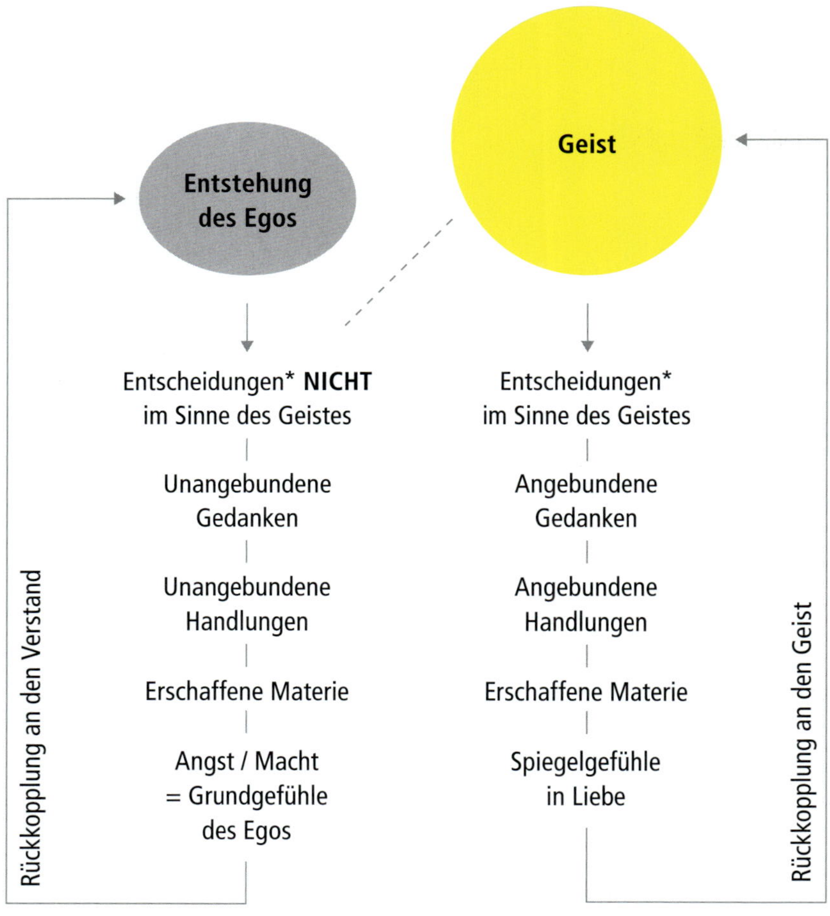

*Entscheidung = »freier Wille«

Abb. **4** ⟶ S. 29

Matrixgitter in Verbindung mit dem Chakrensystem

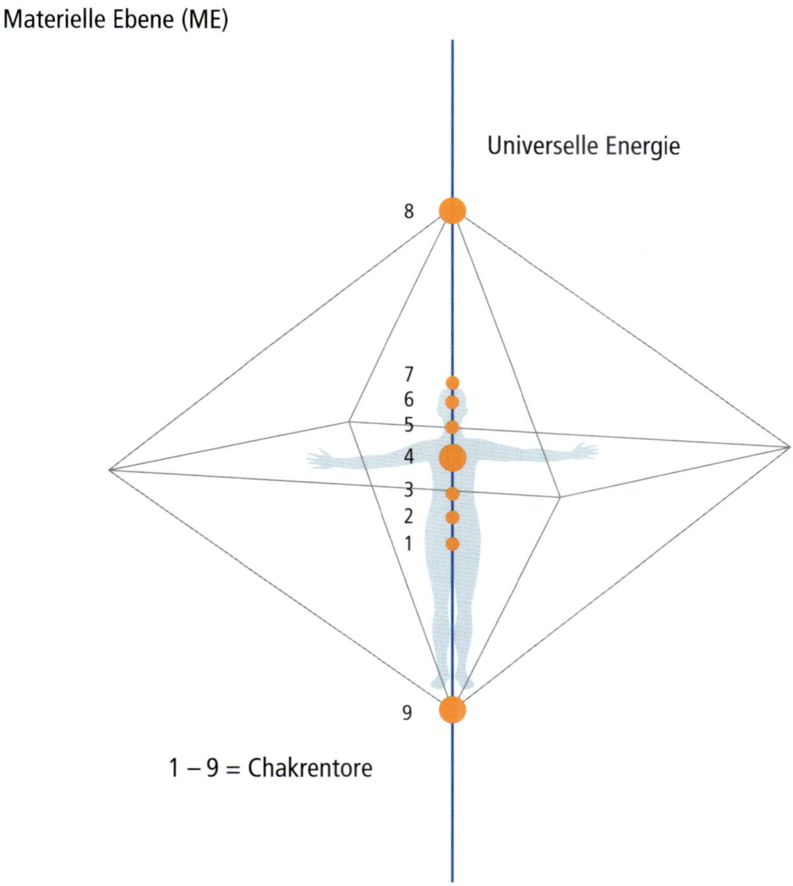

Abb. **5** ⟶ S. 30

Universelle Energie

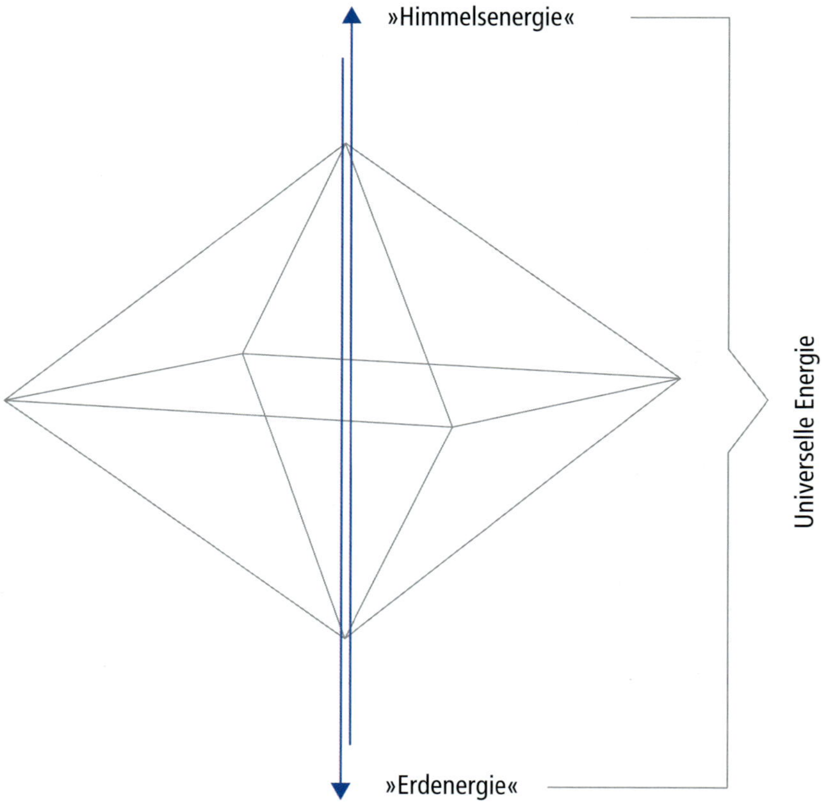

Abb. **6** ⟶ S. 31

Definition der Energien

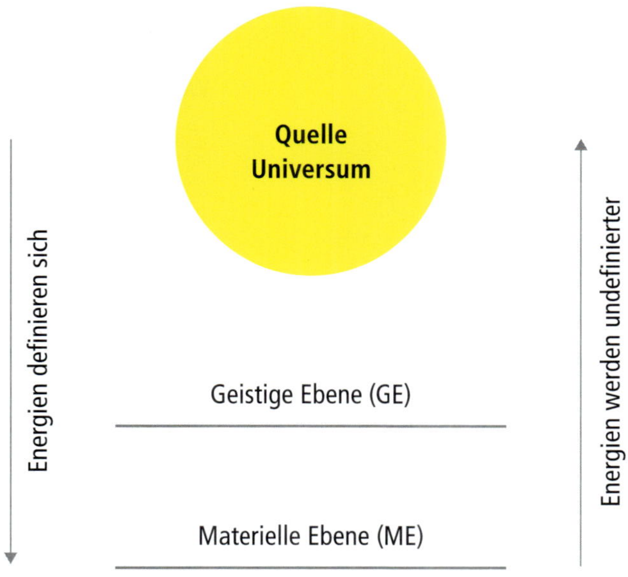

Abb. **7** → S. 34

Ebene der Seele

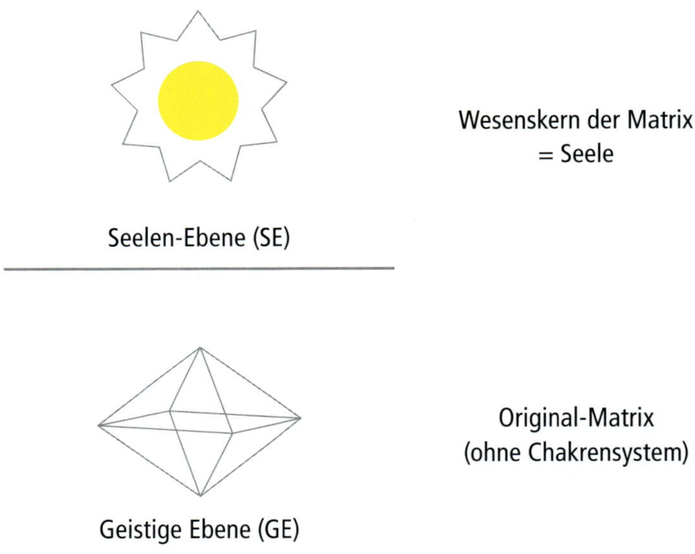

Abb. **8** ⟶ S. 36

Ausdruck der Quelle

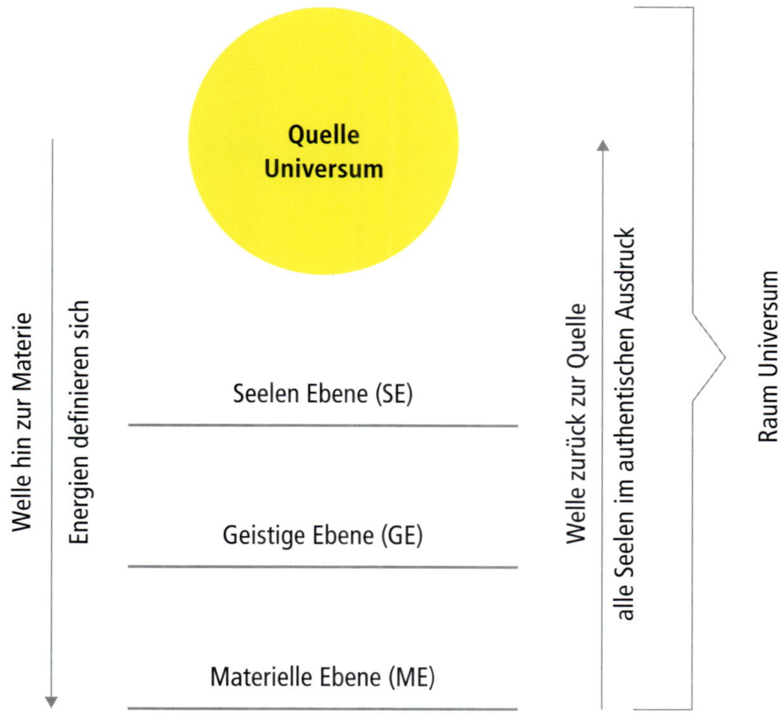

Abb. **9** ⟶ S. 38

Matrix- & Chakrensystem

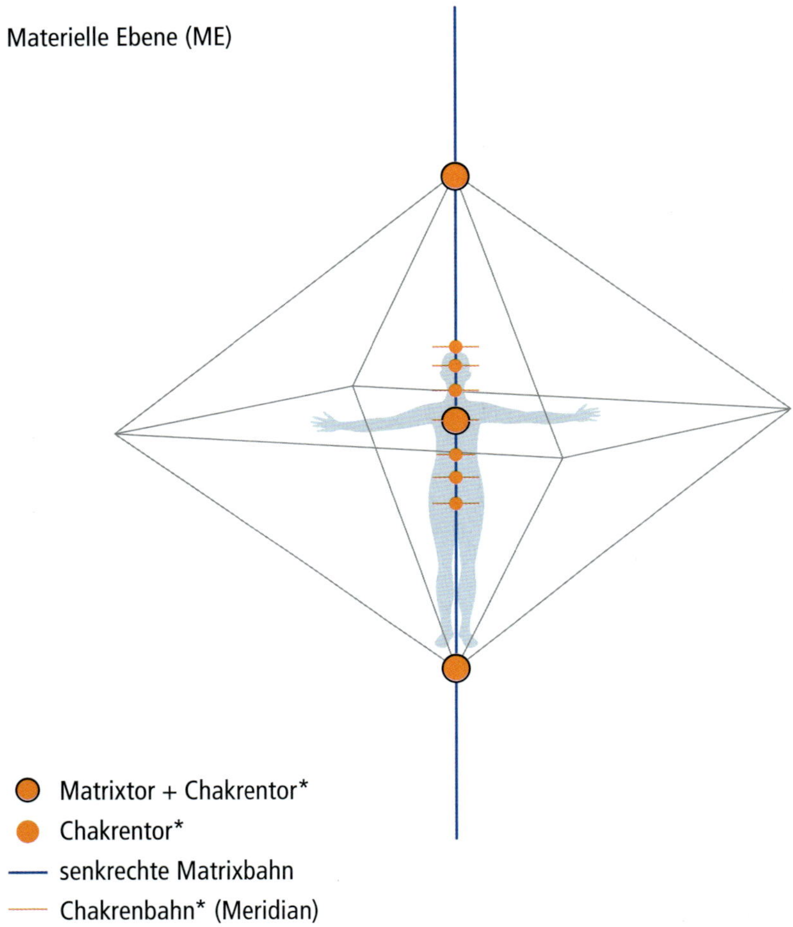

* existiert nur auf der Materiellen Ebene (ME)

Abb. **10** ⟶ S. 39

Das Energiekreuz

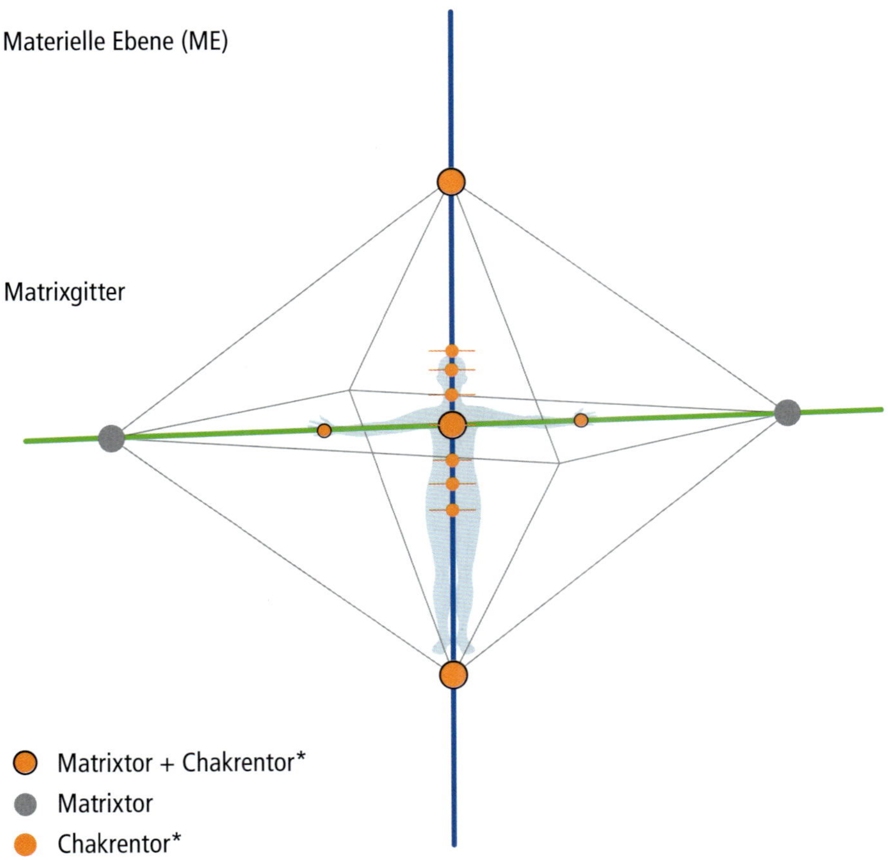

- Matrixtor + Chakrentor*
- Matrixtor
- Chakrentor*
- senkrechte Matrixbahn
- waagerechte Matrixbahn
- Chakrenbahn* (Meridian)

* existiert nur auf der Materiellen Ebene (ME)

Abb. **11** ⟶ S. 44

Spiegelung

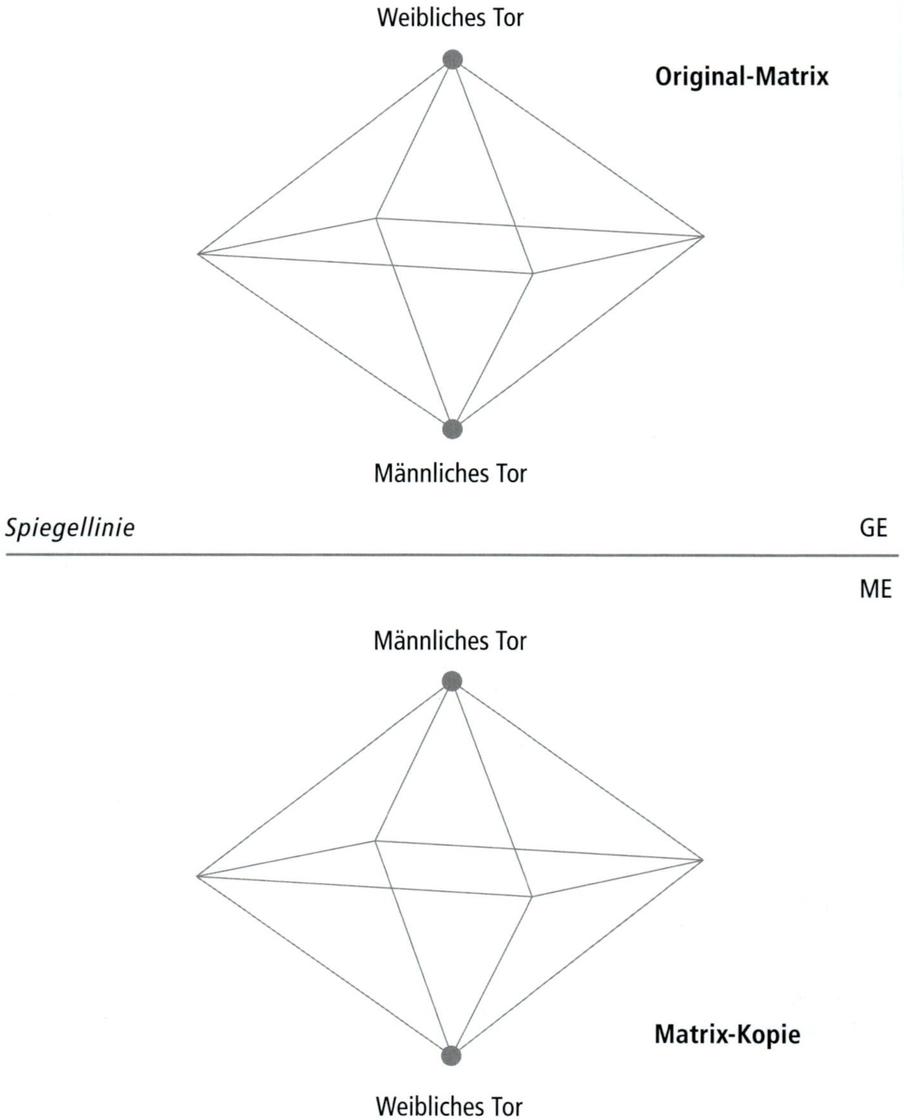

Abb. **12** ⟶ S. 46

Labyrinth Universen

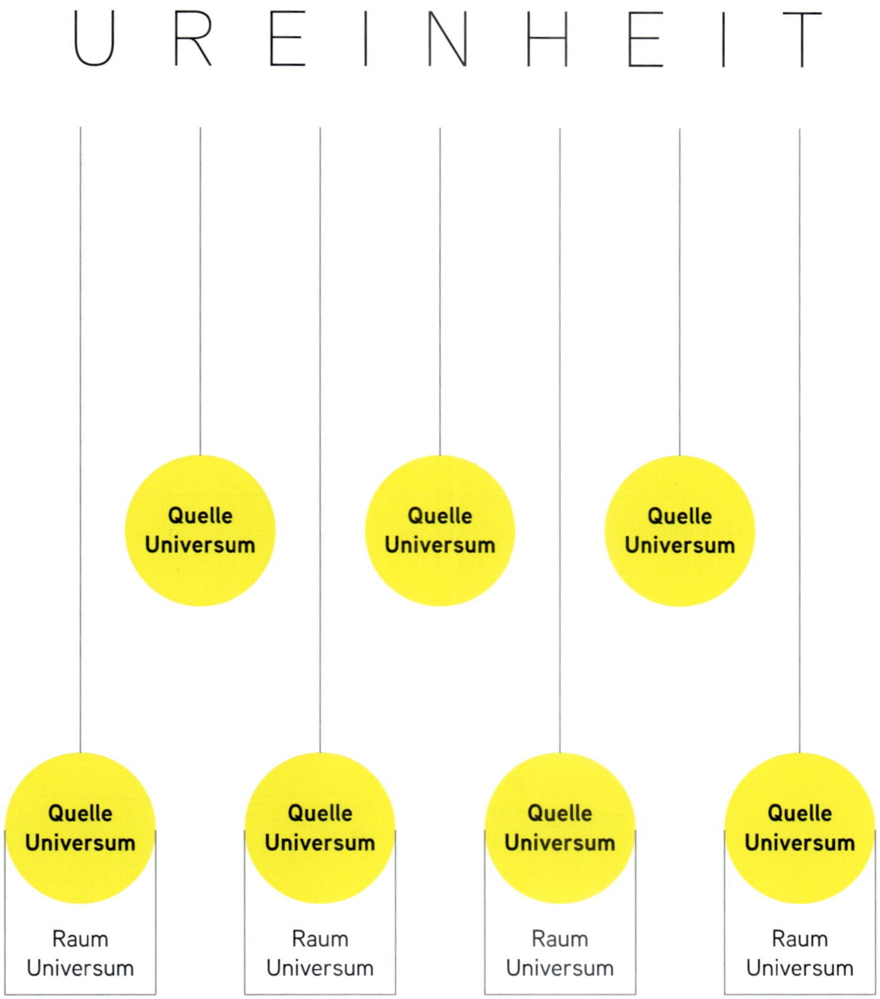

Abb. **13** → S. 47

Matrixaufbau eines Menschwesens

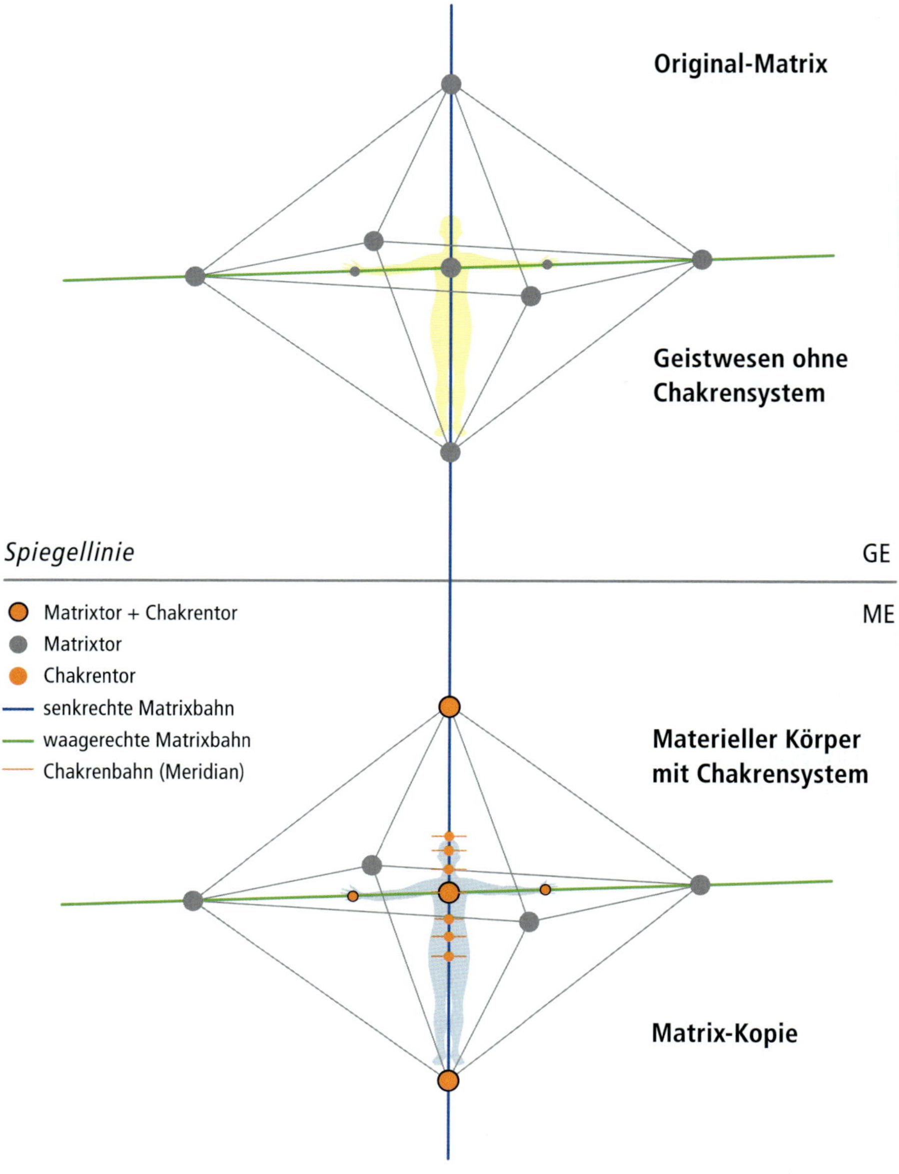

Abb. **14** ⟶ S. 48

Kommunikation

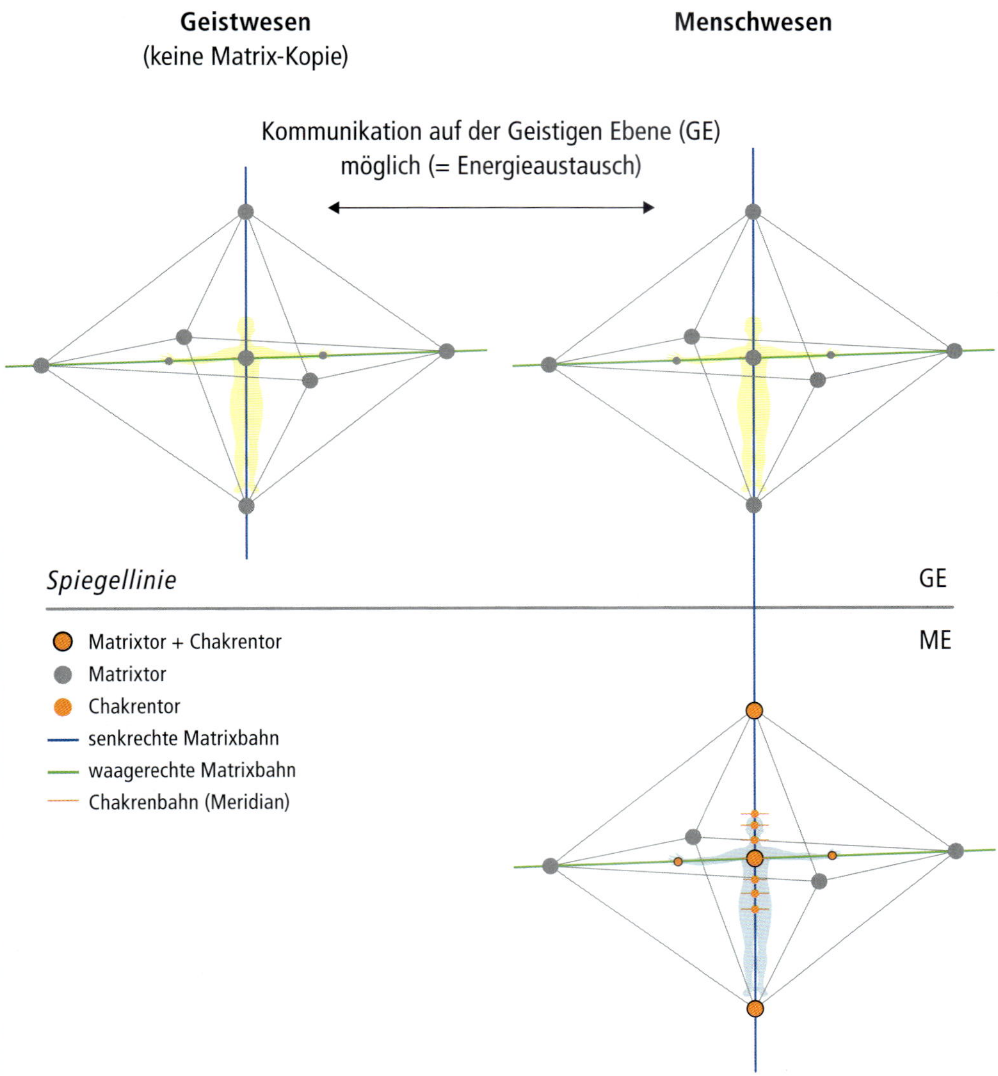

Abb. **15** ⟶ S. 48

Entstehung eines Störungsfeldes auf der Materiellen Ebene (ME)

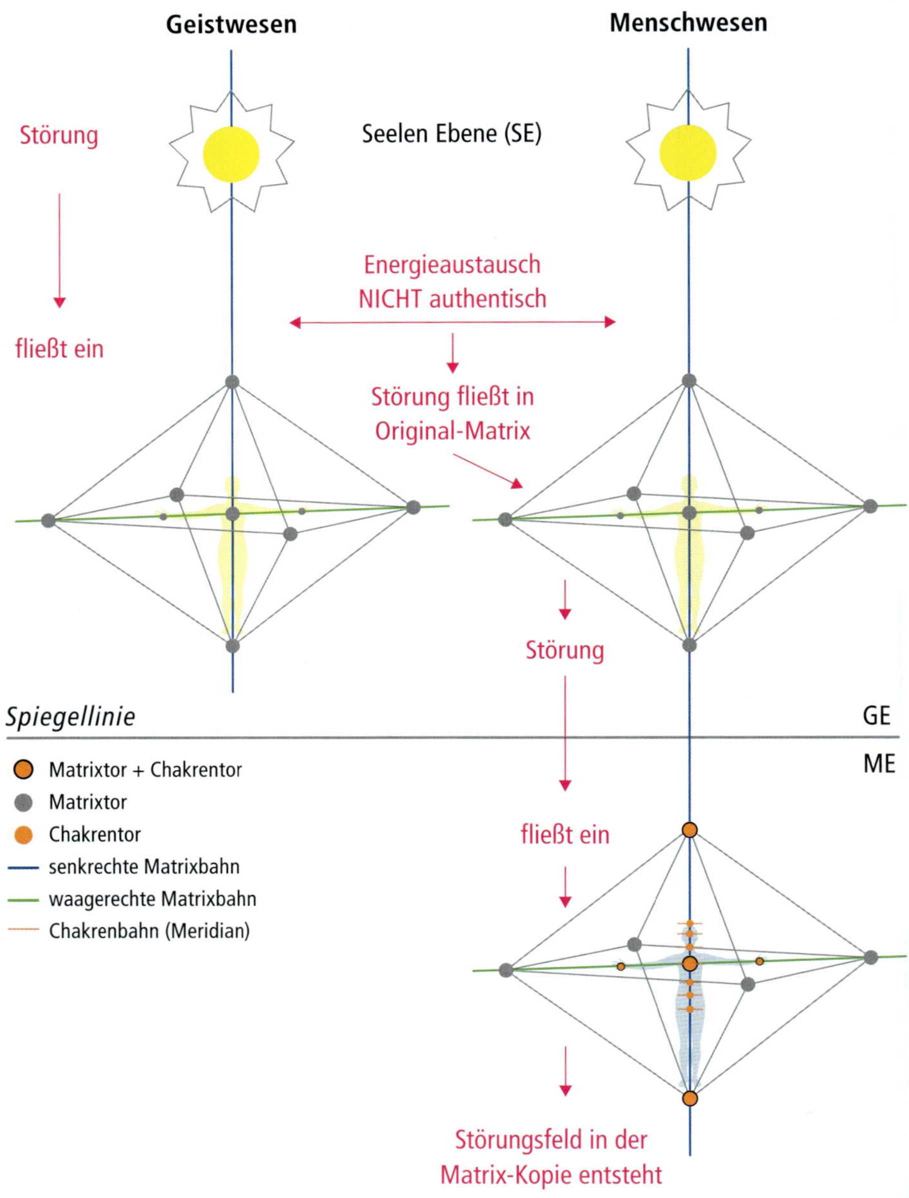

Abb. **16** ⟶ S. 61

Aktivierung der Egoerfahrung

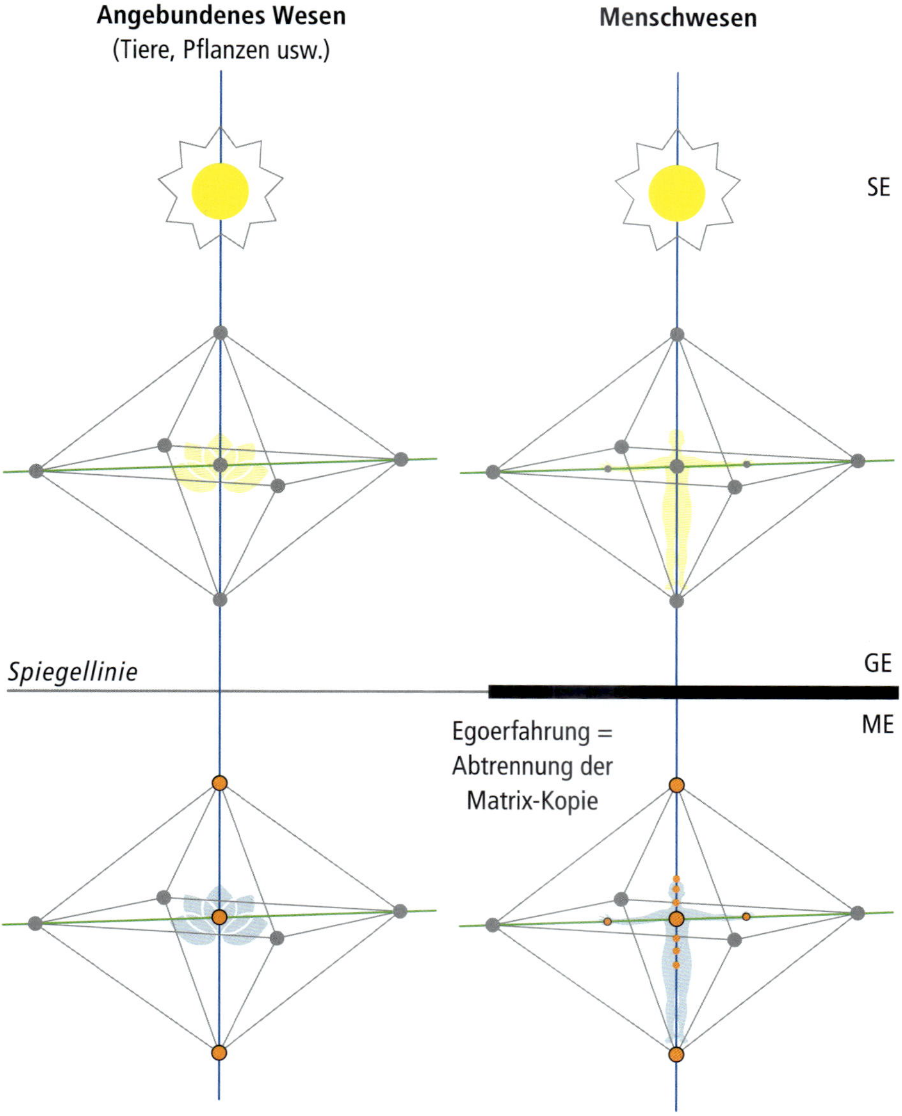

Abb. **17** → S. 64

Materieller Tod

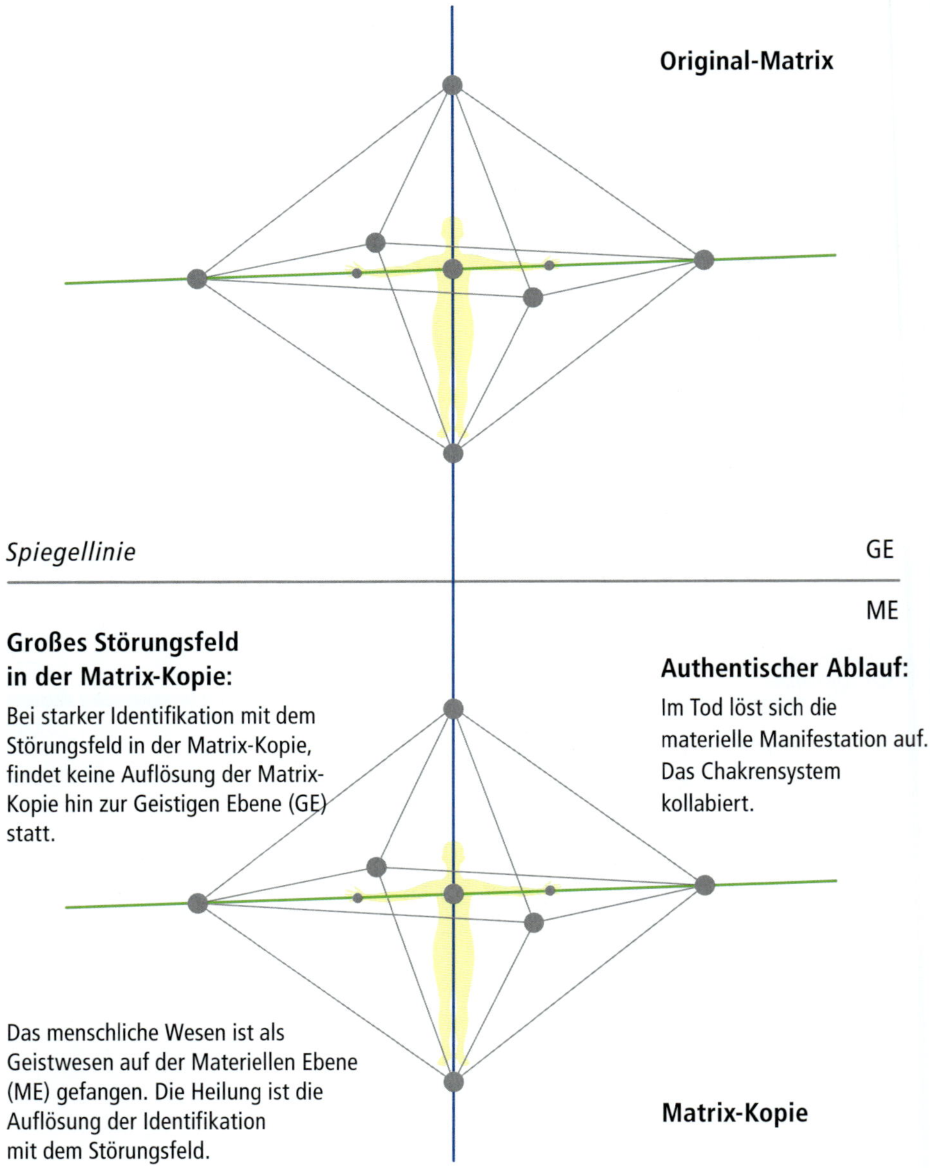

Abb. **18** ⟶ S. 107

Tabelle der Wesen

Wesen (=Tore)		Raum
Dimensionalwesen	⟶	Dimension
Gottwesen	⟶	Universum
Lichtwesen	⟶	Universalebenen bis zur Seelen Ebene
Geistwesen	⟶	Universalebene Geistige Ebene
Menschwesen	⟶	Erfahrungsraum Materie (= Materielle Ebene)

Aktivierung jeglicher Erfahrungs-räume

Abb. **19** ⟶ S. 120

Raum Universum = Matrixgitter einer Wesenheit

Unterste Stufe (Stufe 1)

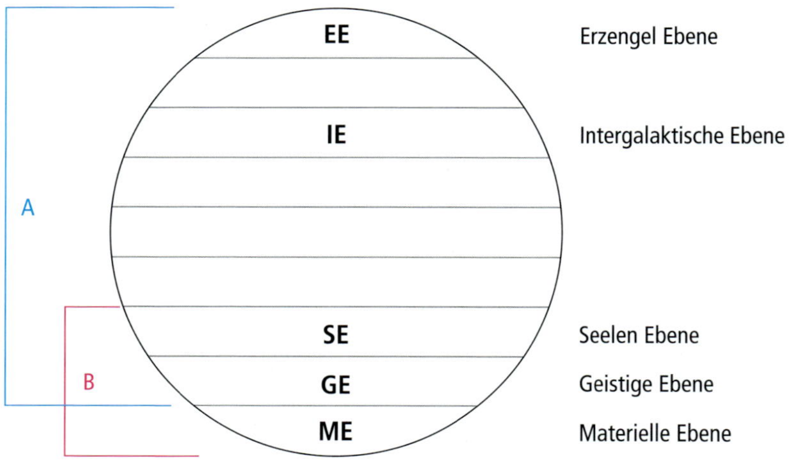

A = Lichtwesen & Geistwesen

B = Menschwesen

Abb. **20** ⟶ S. 120

Die unterste Energiestufe
= die materialisierteste Energiestufe

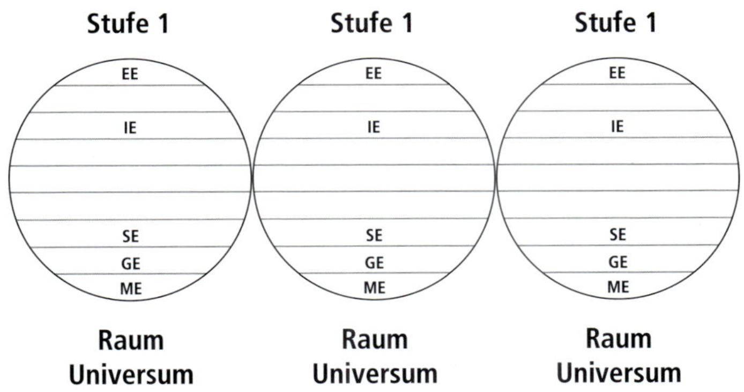

Abb. **21** ⟶ S. 120

Abstufung der Räume

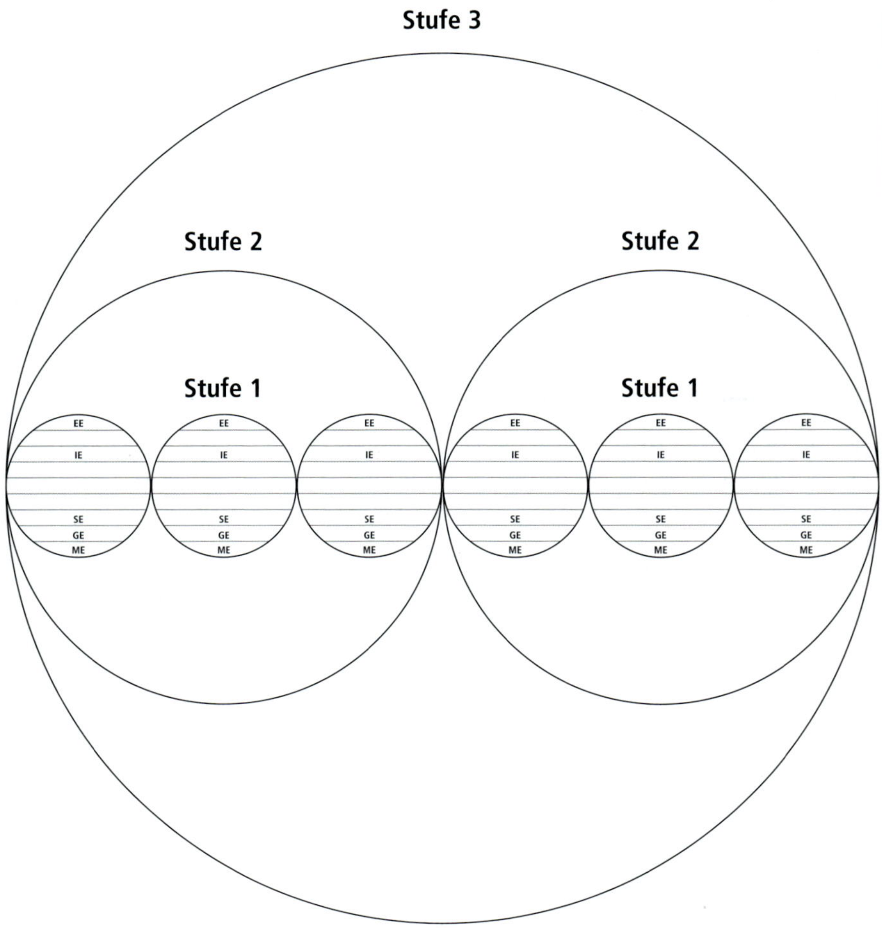

Abb. **22** ⟶ S. 120

Raum Dimension

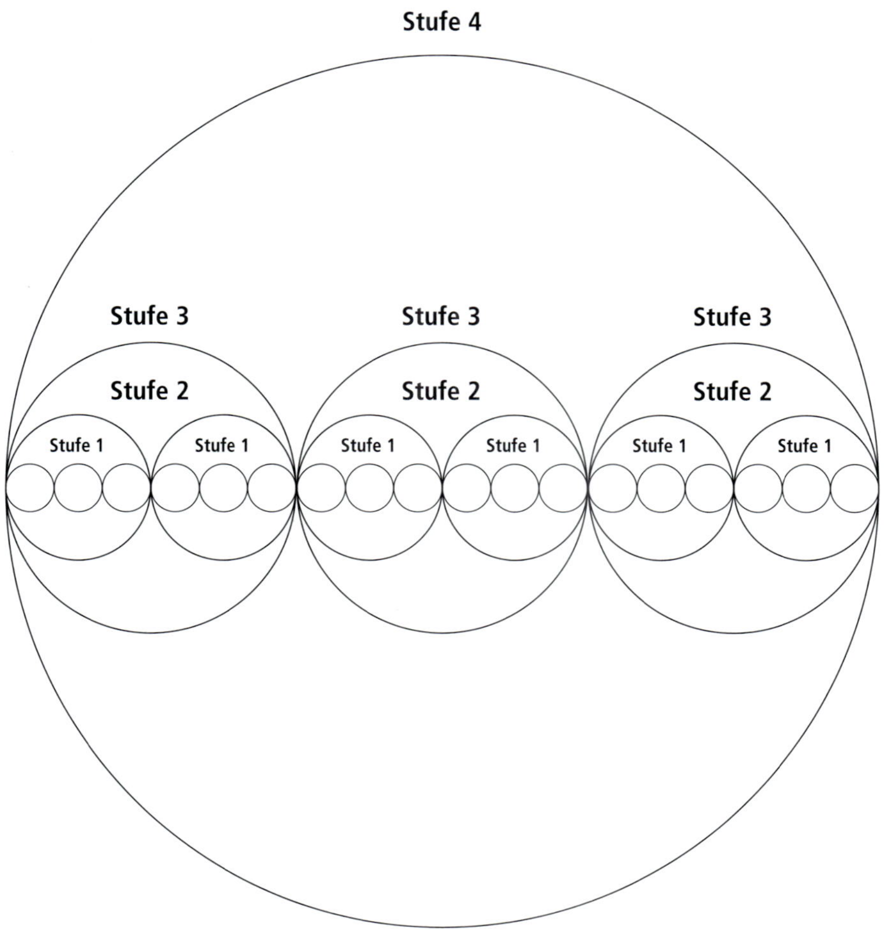

Abb. **23** ⟶ S. 120

Energietore Lichtwesen

Neun Erzengeltore

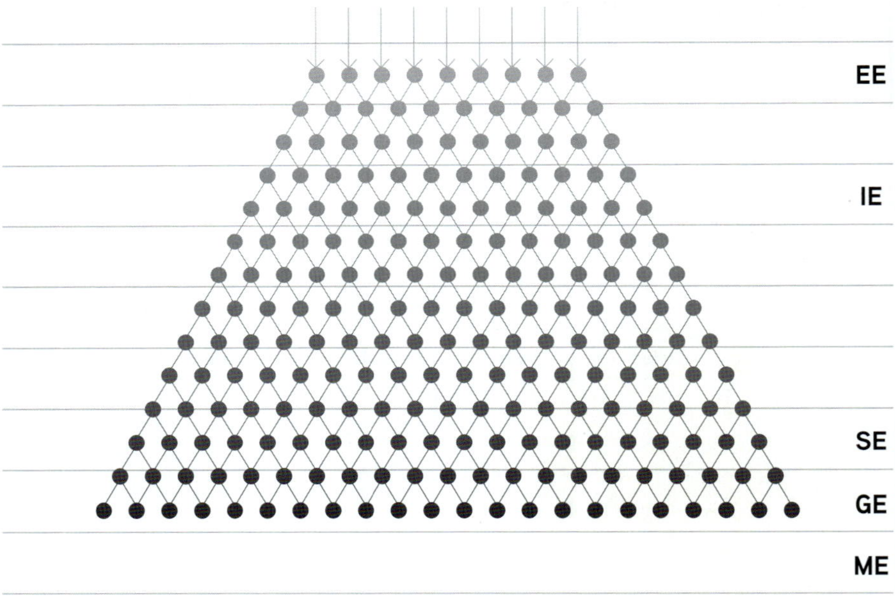

Höherfrequente Energien werden von den Toren aufgenommen und in einer niederen Schwingung in die unteren Ebenen hineinverteilt.

Die Energien, die aus den neun Erzengeltoren ausströmen, vermischen sich auf dem Weg zu den unteren Ebenen immer mehr miteinander *(s. auch Abb. 26).*

Abb. **24** ⟶ S. 124

Menschwesen kristallisiert sich um den Erfahrungsausdruck

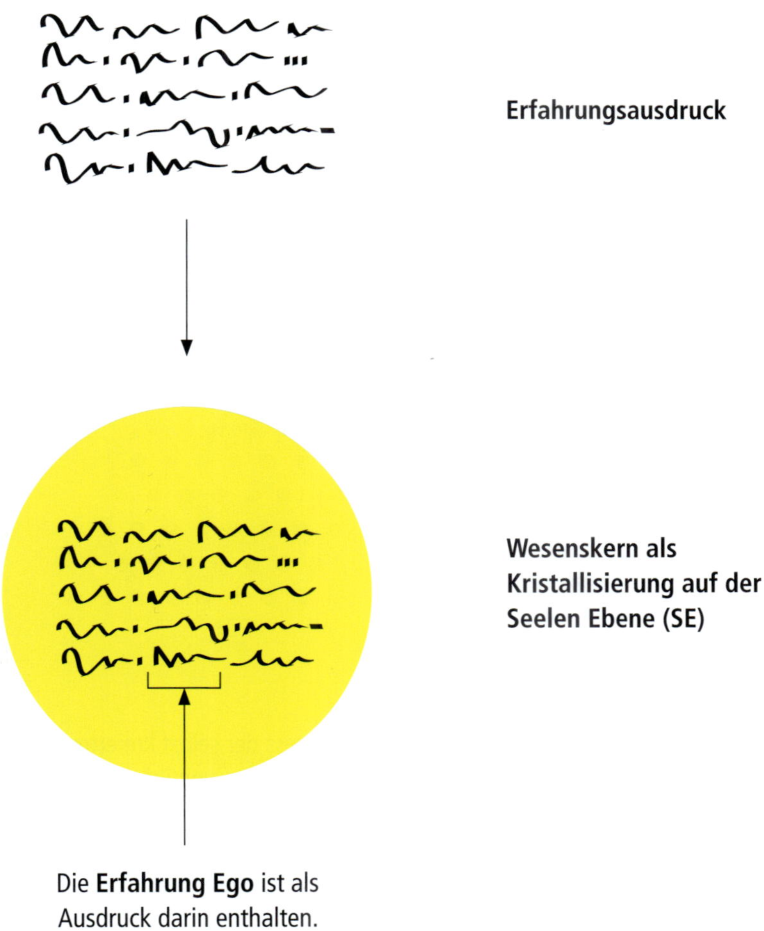

Abb. **25** ⟶ S. 125

Erfahrungsausdruck Ego

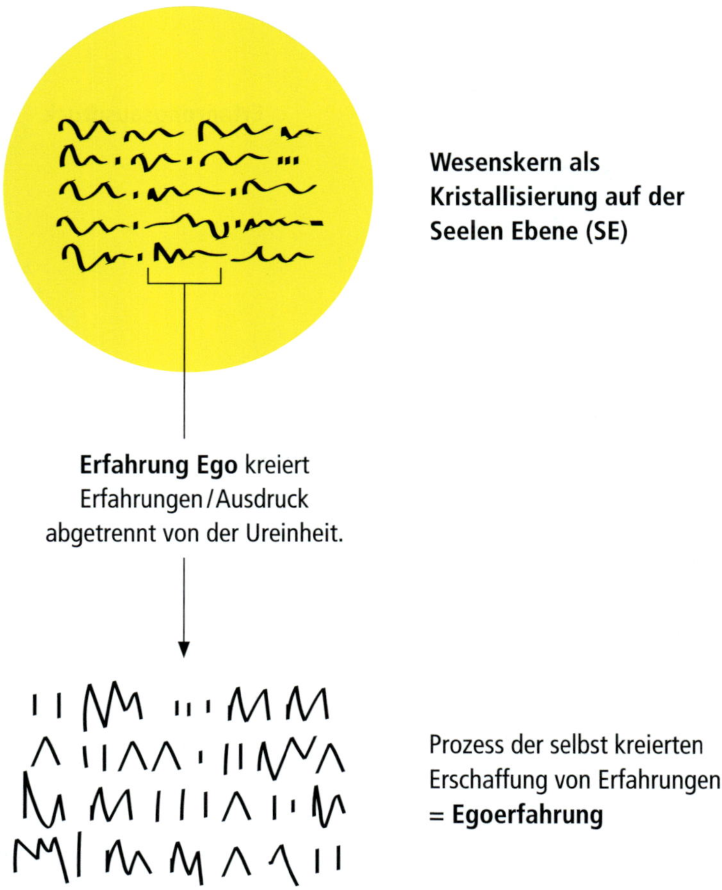

Abb. **26** ⟶ S. 133

Sharesystem

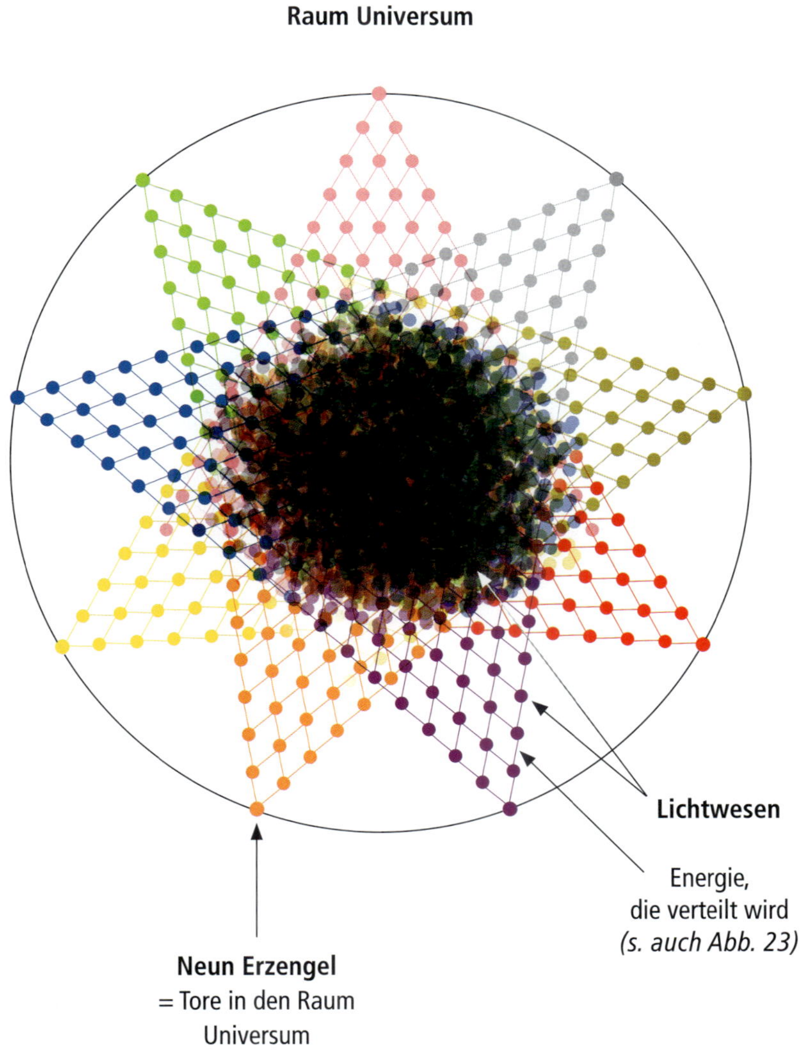

Abb. **27** ⟶ S. 133

Universum im Universum

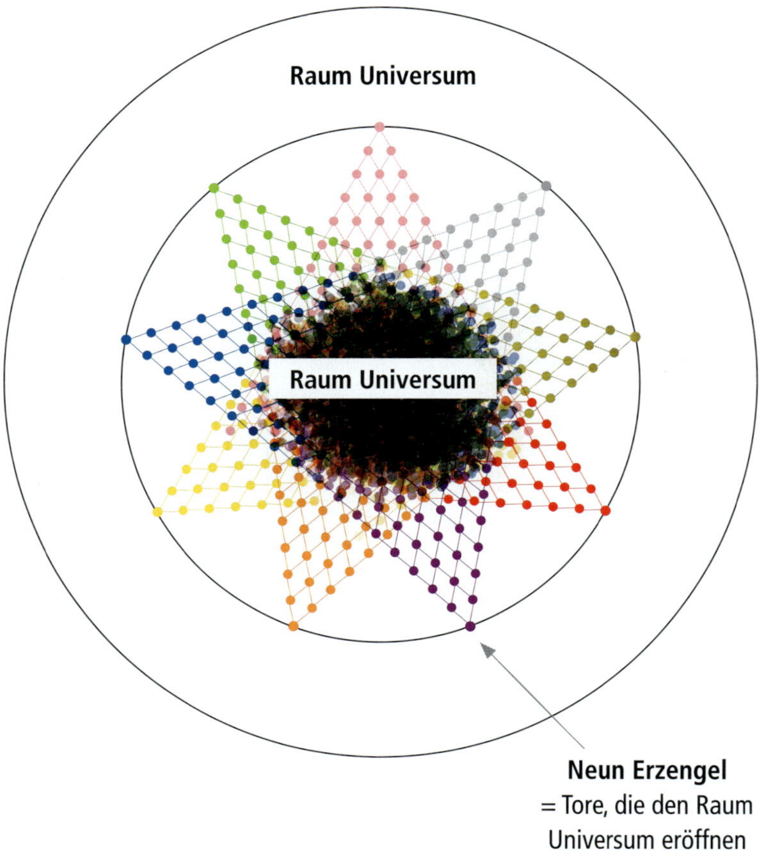

Abb. **28** ⟶ S. 134

Matrixgitter der Gottwesenheit

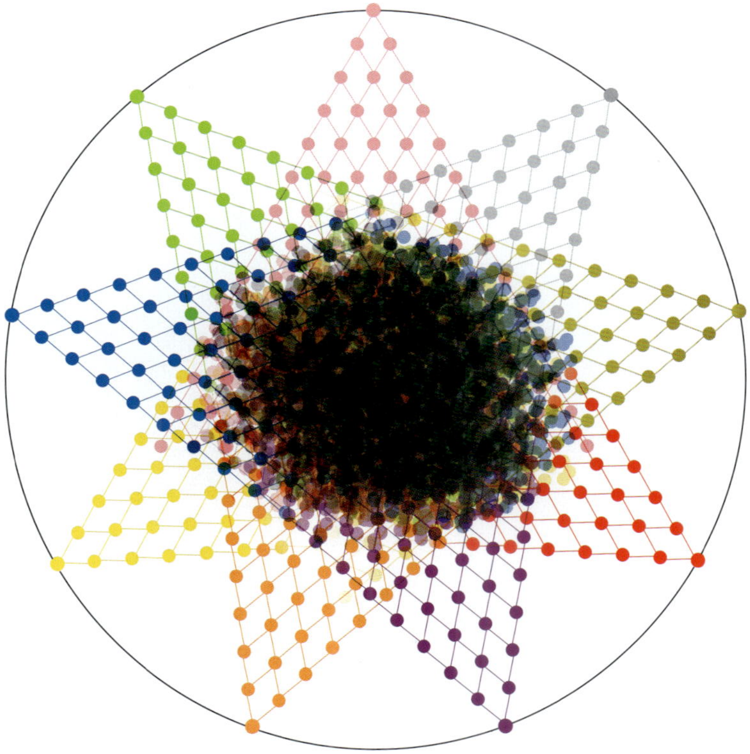

Abb. **29** ⟶ S. 135

Unendlichkeitsraum Universum

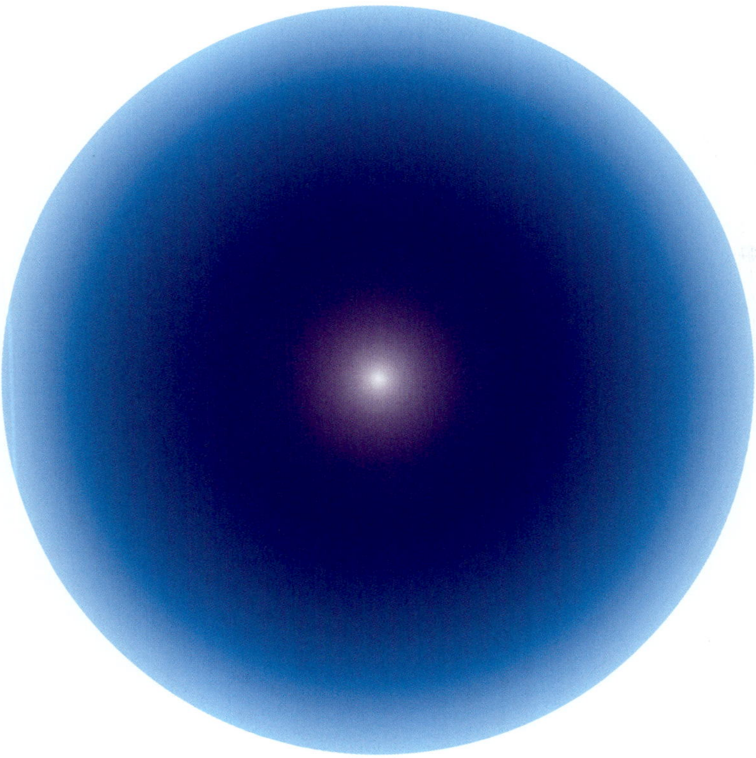

Mitte = Tor durch die Menschwesen
in alle Unendlichkeitsräume hinein

Abb. **30** ⟶ S. 137

Tore der Energienetze

Gottwesenheit
= Tor eines übergeordneten Matrixgitters

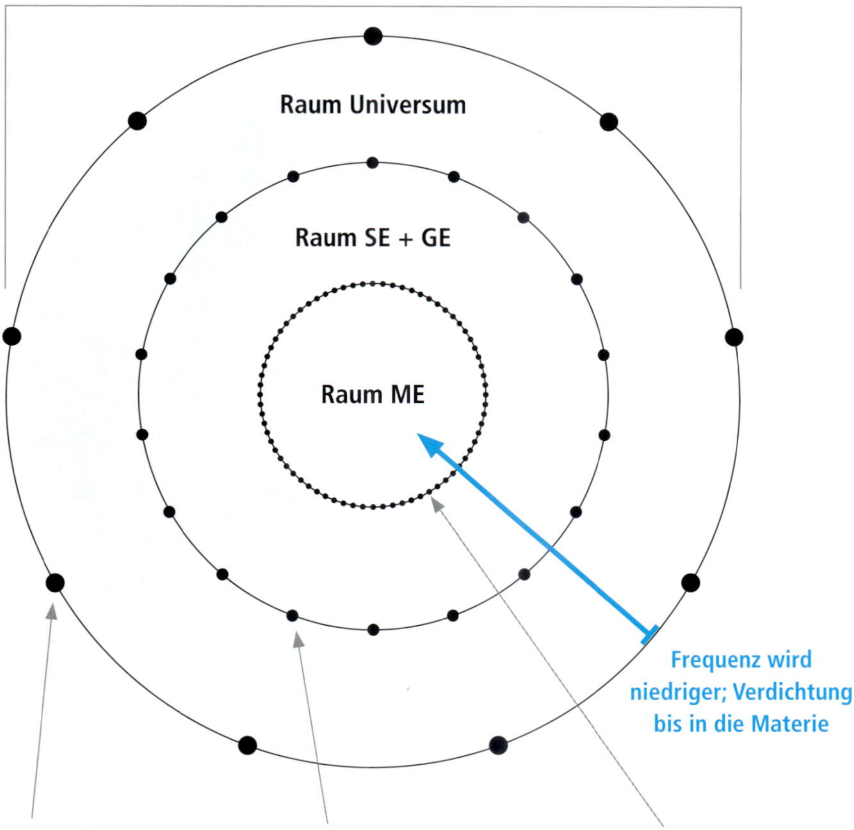

Neun Erzengel = Tore
Sie eröffnen den Raum Universum.

Lichtwesen + Geistwesen = Tore
Sie eröffnen den Raum der Seelen Ebene (SE) u. der Geistigen Ebene (GE).

Menschwesen = Tore
Sie eröffnen den Raum der Materiellen Ebene (ME).
Erst auf der ME werden Erfahrungen erfahrbar gemacht.

**Tore = definierte Energiegitter, die einen neuen Raum eröffnen.
Sie nutzen Zahlenformeln, um entsprechende Energien einfließen zu lassen.**

Abb. **31** ⟶ S. 139

Äußerer Matrixring mit den drei Zentralkraftlinien

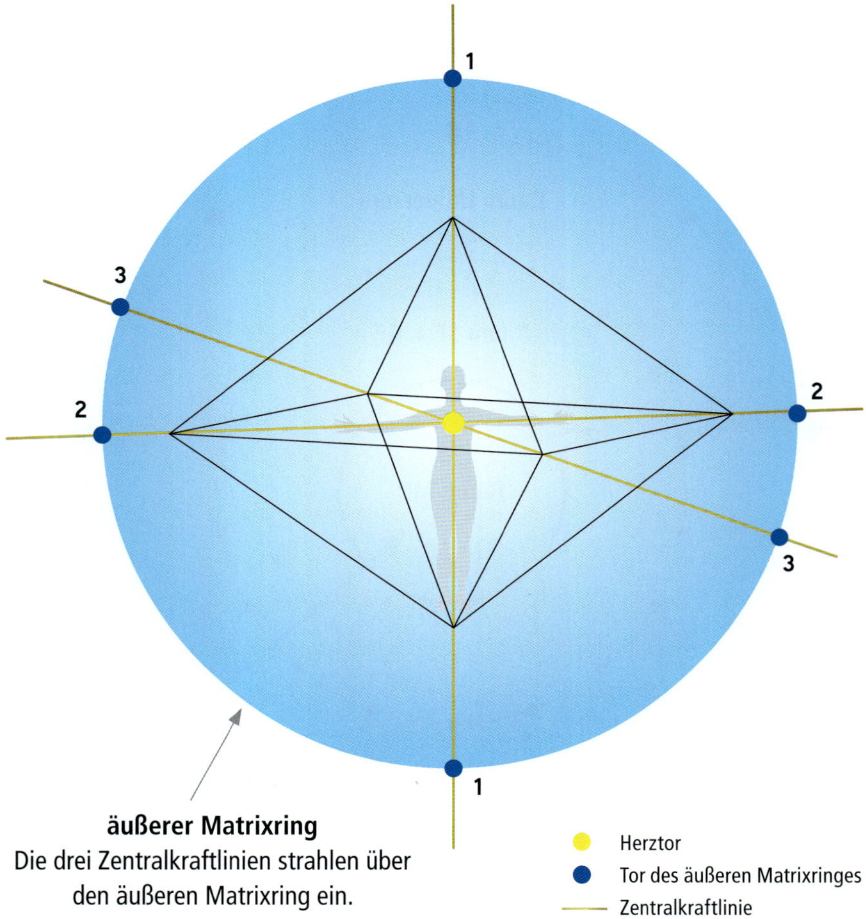

1 = Tore der **senkrechten Zentralkraftlinie** *(diese Kraftlinie ist die Nabelschnur aus der Ureinheit = Geburtsstrahl)*

2 = Tore der **waagerechten Zentralkraftlinie**

3 = Tore der **zeitlichen Zentralkraftlinie**

Abb. **32** ⟶ S. 139

Äußerer und innerer Matrixring mit den sechs Ummantelungsenergien

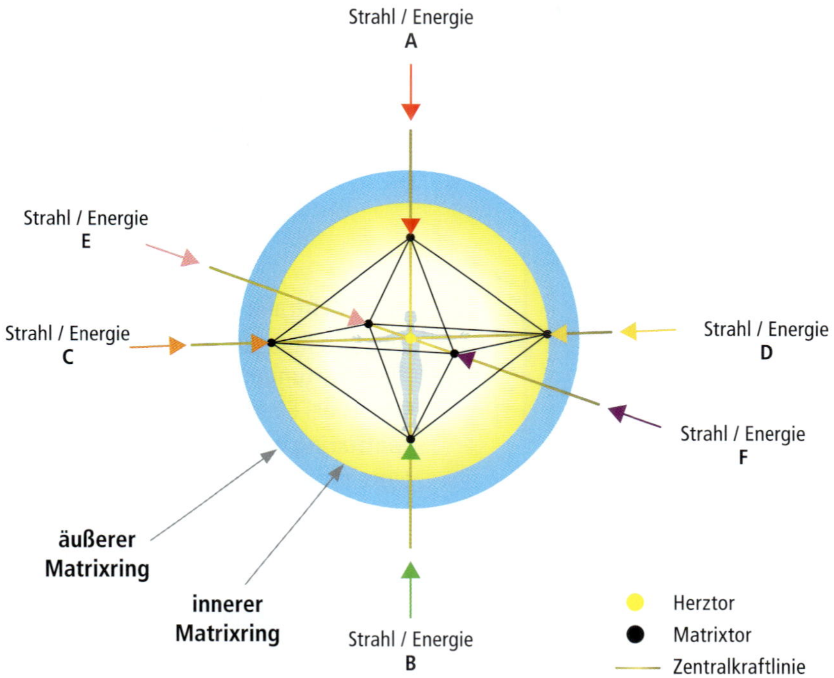

Die Ummantelungsenergien (Strahl / Energie A bis F) werden erst wirksam beim Durchströmen eines Matrixtores.

Abb. **33** ⟶ S. 140

Aufbau einer Universalkraftlinie

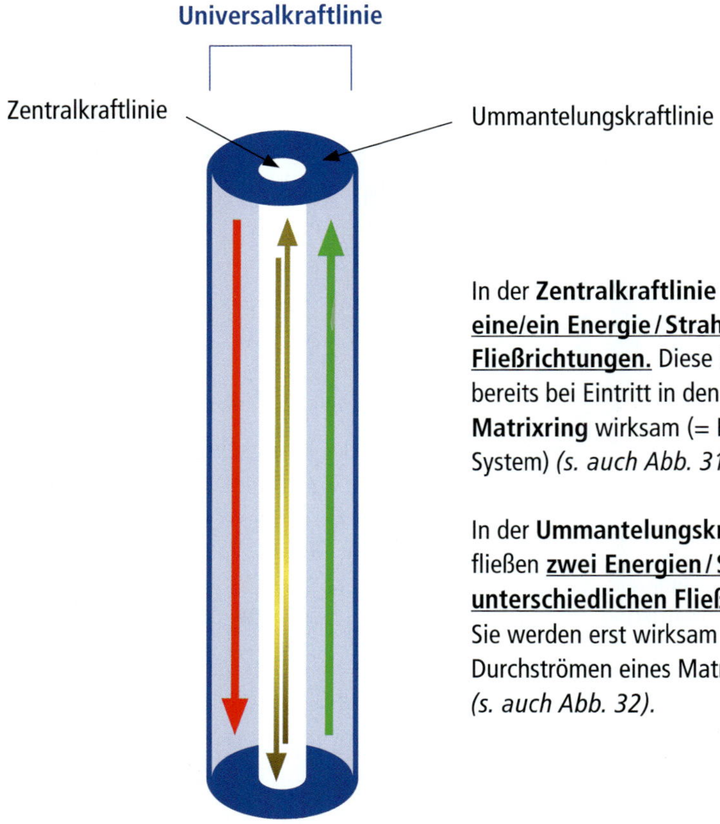

In der **Zentralkraftlinie** fließt **eine/ein Energie / Strahl mit zwei Fließrichtungen.** Diese Energie ist bereits bei Eintritt in den **äußeren Matrixring** wirksam (= Eintritt ins System) *(s. auch Abb. 31).*

In der **Ummantelungskraftlinie** fließen **zwei Energien / Strahlen mit unterschiedlichen Fließrichtungen.** Sie werden erst wirksam beim Durchströmen eines Matrixtores *(s. auch Abb. 32).*

Jede Universalkraftlinie beinhaltet also **drei Energiequalitäten**.

Abb. **34 A** ⟶ S. 168f.

Grundpositionen der Matrizen

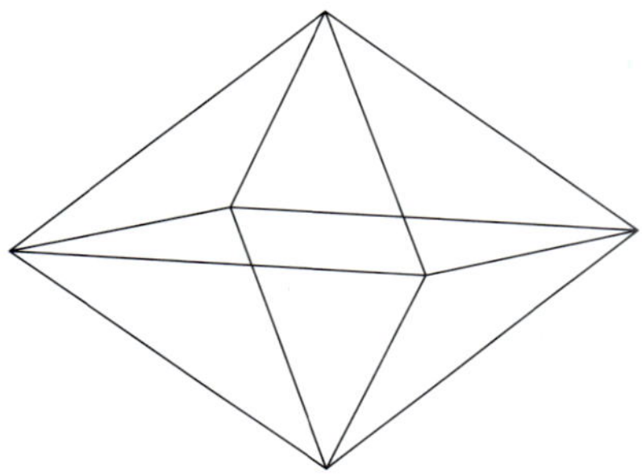

senkrechte
Matrixpyramide
(Seinsmatrix)

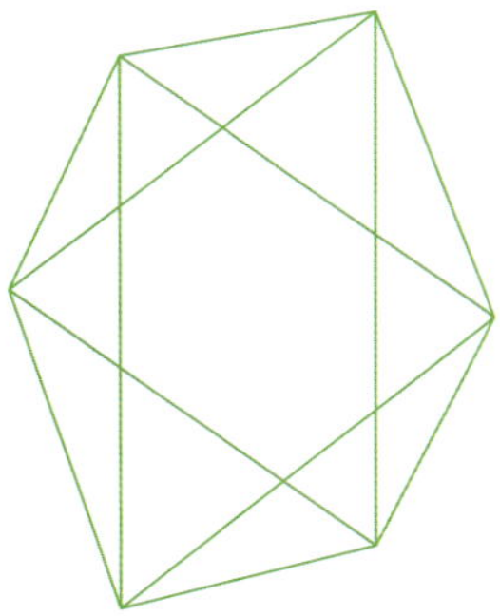

waagerechte
Matrixpyramide
(Verbindungsmatrix)

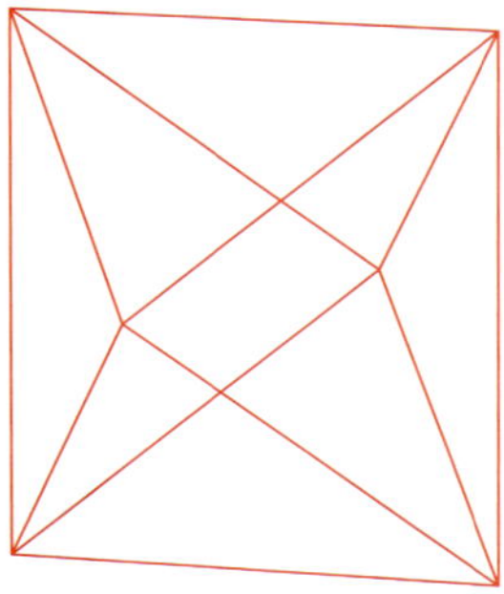

zeitliche
Matrixpyramide
(Zeitmatrix)

Abb. **34 B** ⟶ S. 168f.

Matrizen – Grundplatten

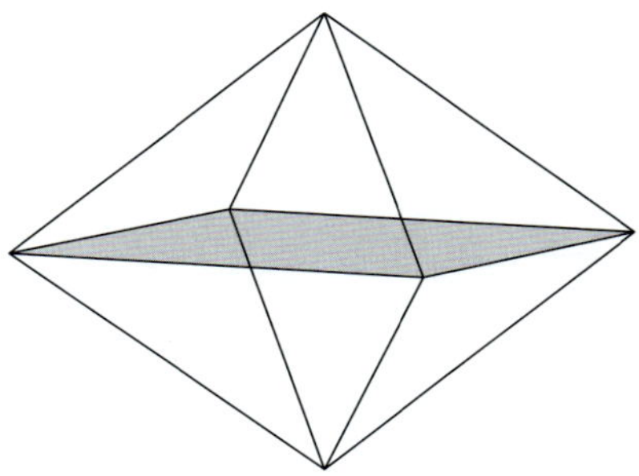

senkrechte Matrixpyramide (Seinsmatrix)

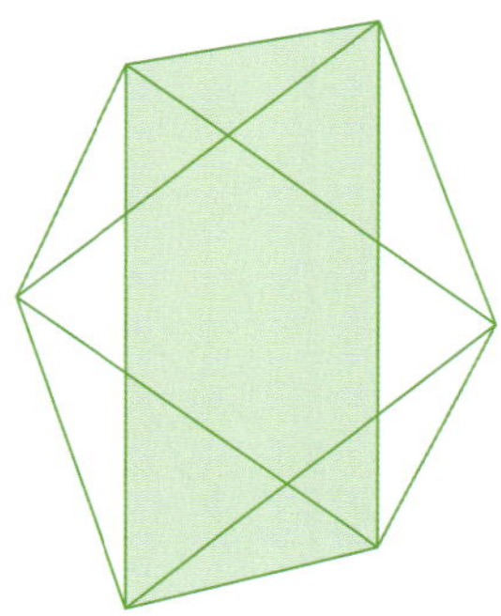

waagerechte Matrixpyramide (Verbindungsmatrix)

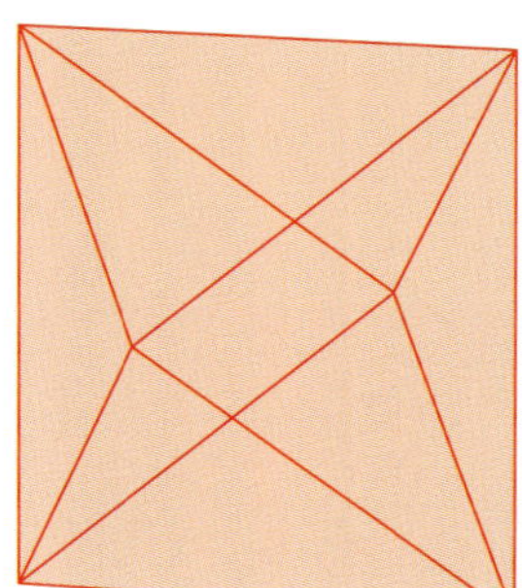

zeitliche Matrixpyramide (Zeitmatrix)

Abb. **34 C** ⟶ S. 168f.

Matrizen – Hilfe zur räumlichen Vorstellung

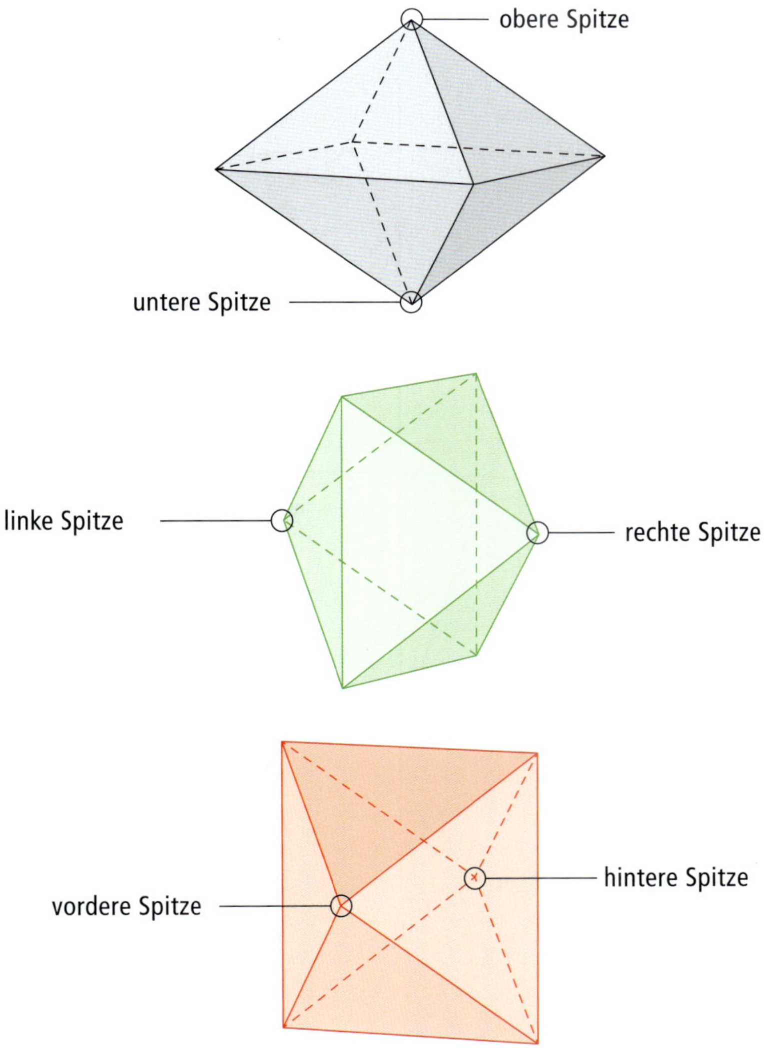

Abb. **35 A** ⟶ S. 167

Senkrechtes und waagerechtes Pyramidenpaar (Seinsmatrix und Verbindungsmatrix)

(s. auch Abb. 34 A – C zum besseren Verständnis)

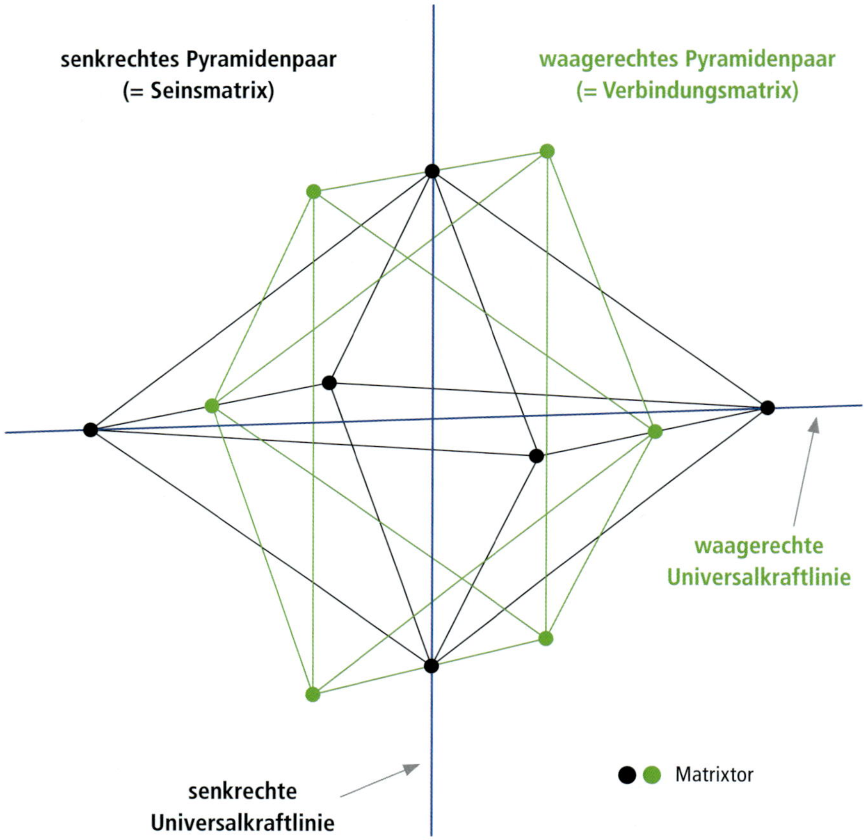

Jede **Universalkraftlinie** fließt in zwei Richtungen *(s. auch Abb. 33)*.

Abb. **35 B** ⟶ S. 169

Senkrechtes und zeitliches Pyramidenpaar (Seinsmatrix und Zeitmatrix)

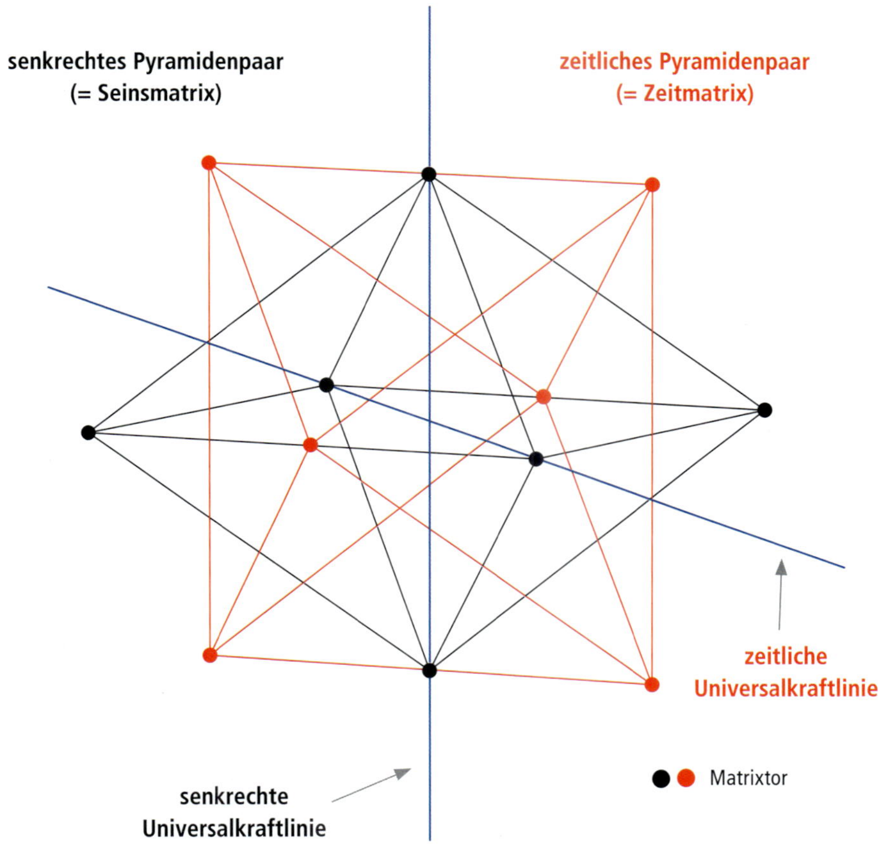

Jede **Universalkraftlinie** fließt in zwei Richtungen *(s. auch Abb. 33).*

Abb. **36** ⟶ S. 169

Gesamtes Matrixgitter

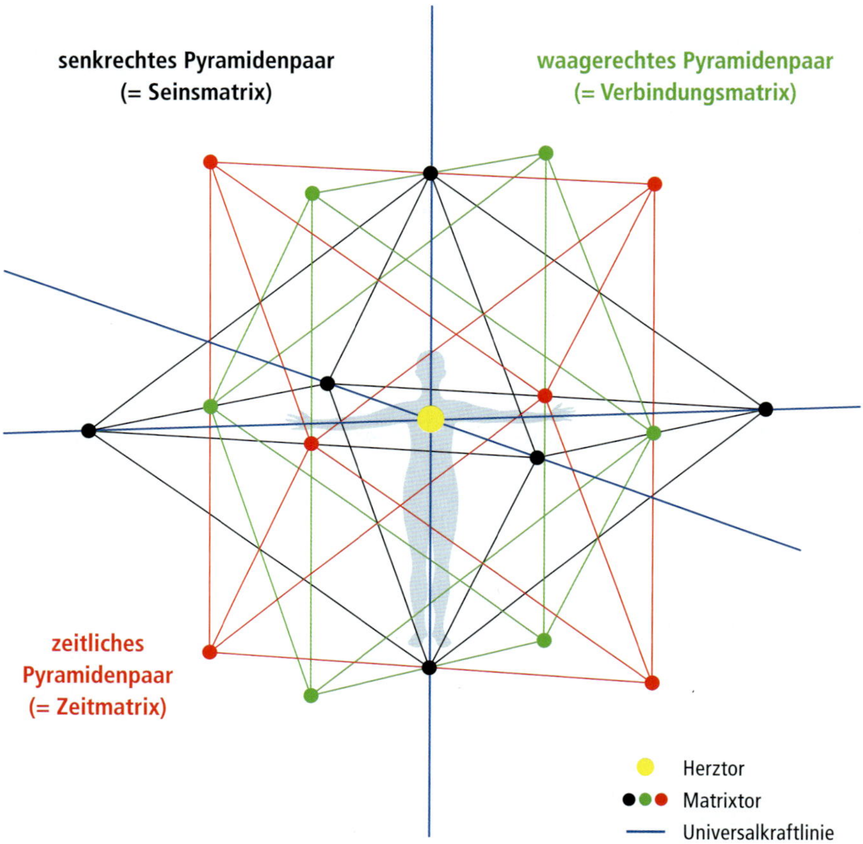

Jede **Universalkraftlinie** fließt in zwei Richtungen *(s. auch Abb. 33).*

Abb. **37** → S. 179

Matrix-DNA der Dimension Zeit

1. Erfahrung Atlantis – Vollständige Aktivierung der Zeit

DNA der zeitlichen Matrix (Zeitmatrix) auf der Seelen Ebene (SE)

Egoabschnitt
Durch Aktivierung des Egoabschnittes wird die Spiegellinie *(s. Abb. 16)* vollständig blockiert = Identifikation mit der zeitlichen Matrix (Zeitmatrix) auf der Materiellen Ebene (ME)

2. Erfahrung in der heutigen Zeit – Aufhebung der Illusion Zeit

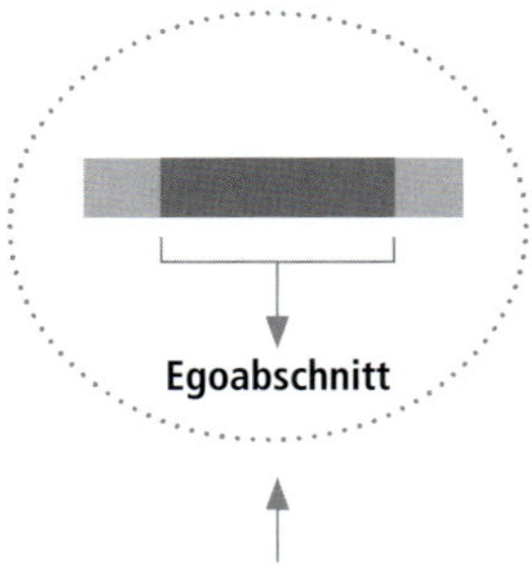

JETZT:

- Blockade der Spiegellinie wird aufgehoben
- Desillusionierung der gesamten zeitlichen Matrix (Zeitmatrix) (= automatische Beendigung der Erfahrung Ego)
- Eintauchen in die senkrechte Matrix (Seinsmatrix) = Eintauchen ins „Sein" ist möglich
- Keine Handlung mehr nötig – Ernährung durch Energien; Aufstieg auf die Geistige Ebene (GE), wenn alle Zeitmatrix-DNA-Abschnitte authentisch erfahrbar gemacht worden sind.

Achtung: Das Werkzeug „JETZT" funktioniert nicht vollständig, solange nicht **alle** Zeitmatrix-DNA-Abschnitte vorher authentisch erfahrbar in der Materie zum Ausdruck gebracht wurden *(siehe Abb. 3)*.
Das Werkzeug „JETZT" kann für den Egoabschnitt genutzt werden, alle anderen Abschnitte sind separat zu betrachten.

Abb. **38** ⟶ S. 185

Eigenrotation der zeitlichen Matrix (Zeitmatrix)

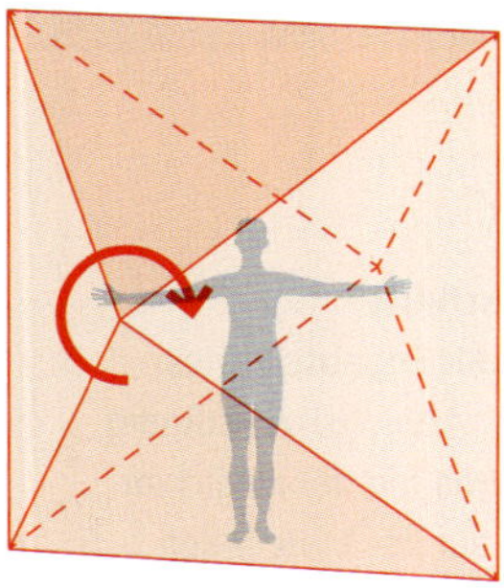

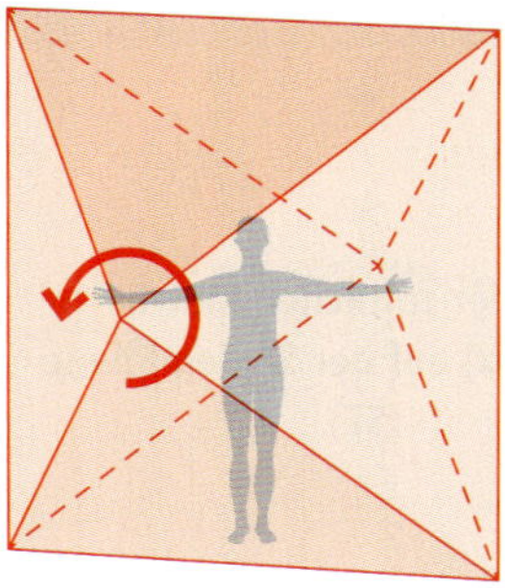

Rotation (Drehung) nach rechts

(aus der Perspektive eines in der Matrix stehenden Menschen)*

= Aktivierung der zeitlichen Matrix (Zeitmatrix)
= Aktivierung der Illusion Zeit
= Egoaktivierung

Drehgeschwindigkeit

Je unbewusster, je schneller die Rotation, desto mehr greift die Illusion Zeit, also auch die Erfahrung Ego.

Rotation (Drehung) nach links

(aus der Perspektive eines in der Matrix stehenden Menschen)*

= Deaktivierung der zeitlichen Matrix (Zeitmatrix) – Bewusstseinsfokus kann in der Zeitmatrix bleiben

Drehgeschwindigkeit

Je bewusster, je langsamer die Rotation, desto mehr fokussiert sich das Bewusstsein in der senkrechten Matrix (Seinsmatrix).

Unterschied zum „JETZT"

Im „JETZT" geht der Bewusstseinsfokus in die senkrechte Matrix (Seinsmatrix).

** in den Abbildungen ist die Rückenansicht des Menschen zu sehen*

\>\> **13. Matrixerfahrung: Eigenrotation der zeitlichen Matrix**
(siehe Audiopaket zum Buch)

Abb. **39** ⟶ S. 185

Eigenrotation der waagerechten Matrix (Verbindungsmatrix)

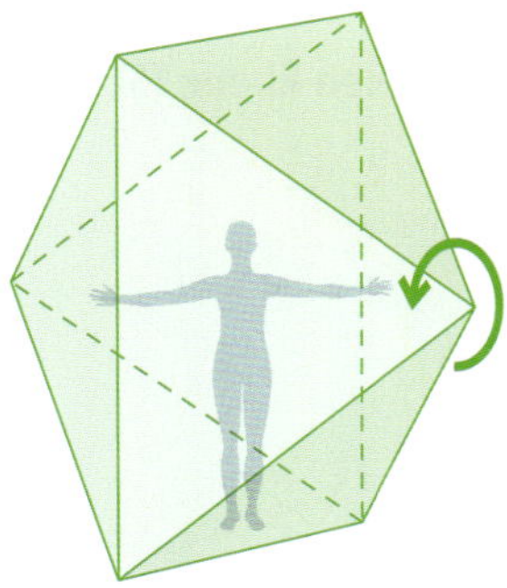

Rotation (Drehung) nach hinten

(aus der Perspektive eines in der Matrix stehenden Menschen)*

= Verschluss der waagerechten Matrix (Verbindungsmatrix)

= Verbindungen zu anderen Menschwesen werden gekappt

Drehgeschwindigkeit

Je schneller die Rotation nach hinten, desto mehr Wesenssysteme und Konkurrenz kreiert das Menschwesen.

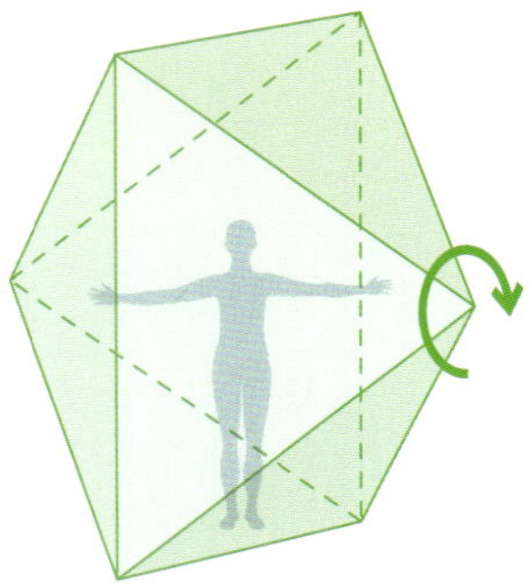

Rotation (Drehung) nach vorne

(aus der Perspektive eines in der Matrix stehenden Menschen)*

= Öffnung der waagerechten Matrix (Verbindungsmatrix)

= Öffnung zu anderen Menschwesen

Drehgeschwindigkeit

Je schneller die Rotation nach vorne, desto autarker und authentischer ist das Menschwesen.

* *in den Abbildungen ist die Rückenansicht des Menschen zu sehen*

>> **14. Matrixerfahrung: Eigenrotation der waagerechten Matrix**
(siehe Audiopaket zum Buch)

Abb. **40** ⟶ S. 187

Seelennabelschnur

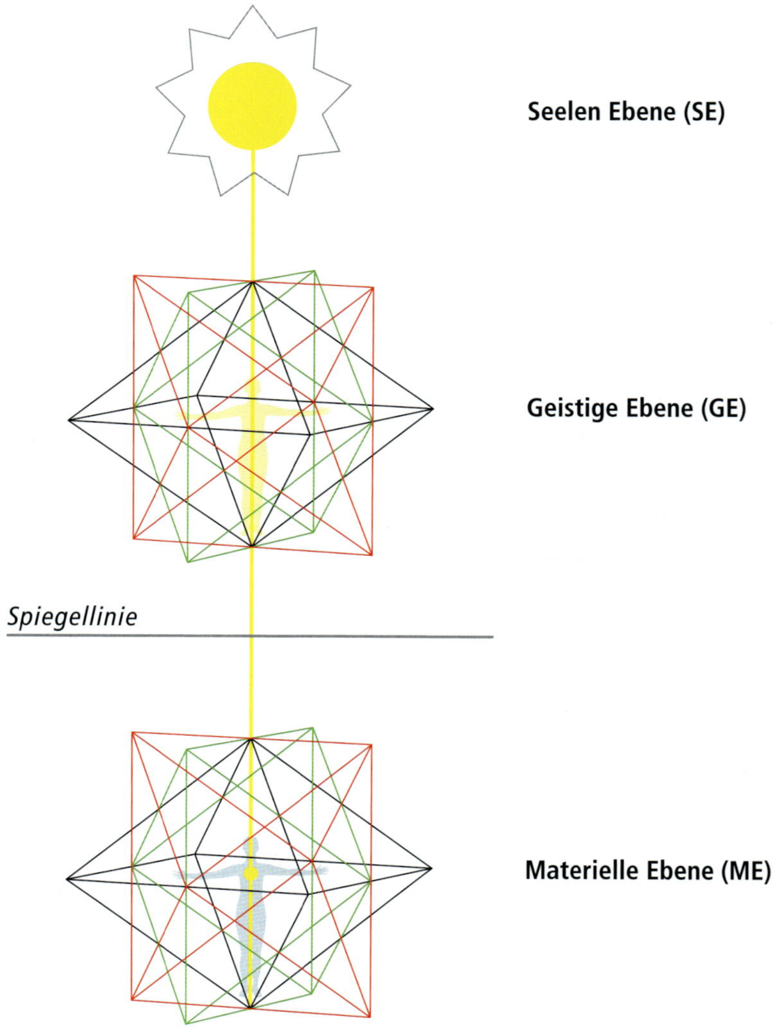

Abb. **41** ⟶ S. 187

Umkehr- und Wesenspunkt

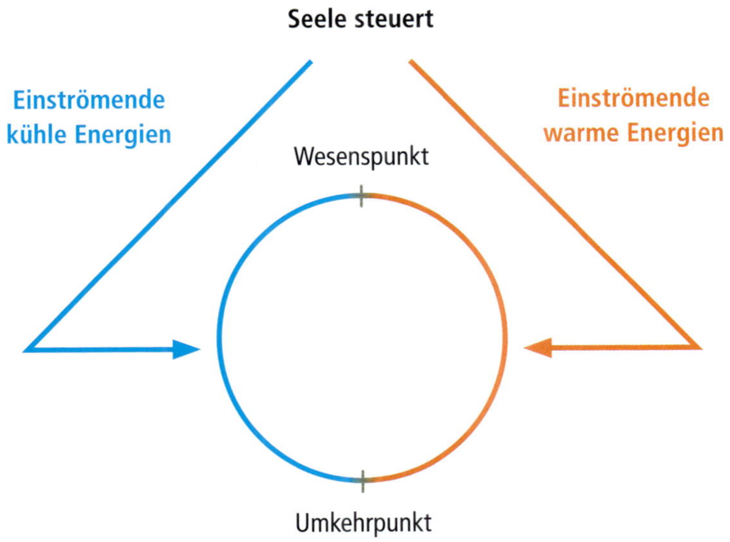

Abb. **42** ⟶ S. 188

Störungsbilder
Wesenspunkt / Umkehrpunkt

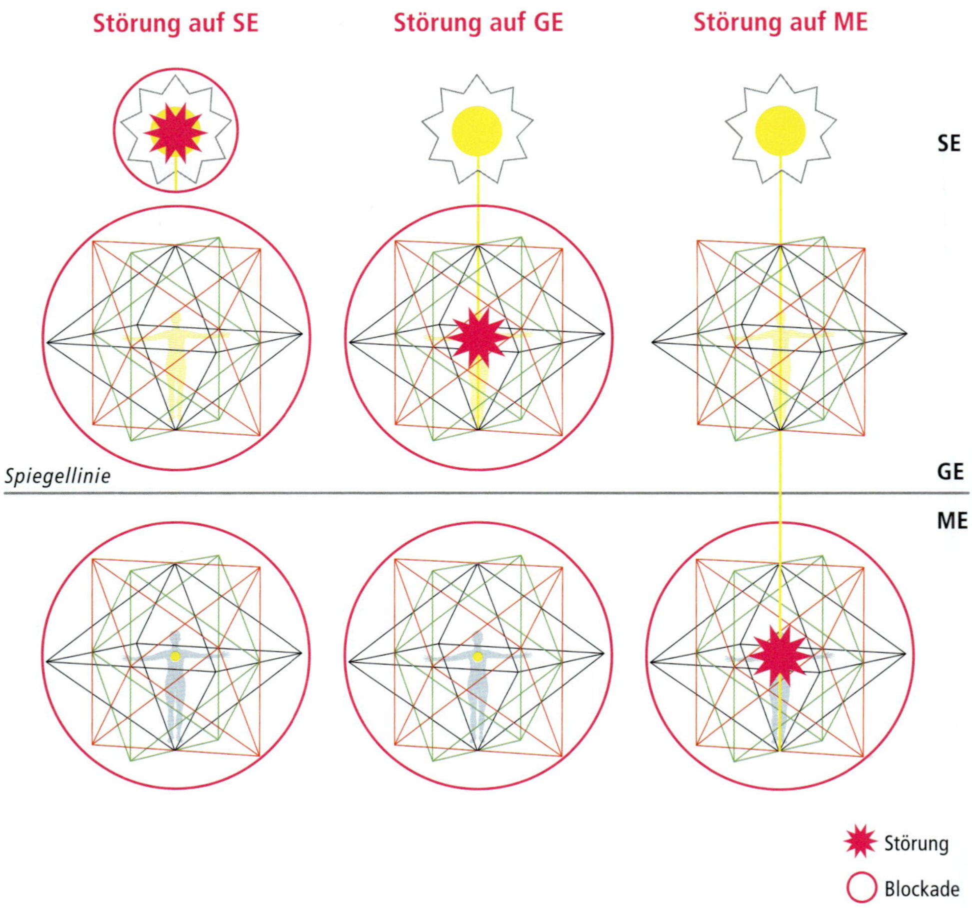

Seele, Original-Matrix und Matrix-Kopie sind von der Störung beeinträchtigt.

Original-Matrix und Matrix-Kopie sind von der Störung beeinträchtigt.

Matrix-Kopie ist von der Störung beeinträchtigt.

Abb. **43** ⟶ S. 189

Senkrechter Kanal

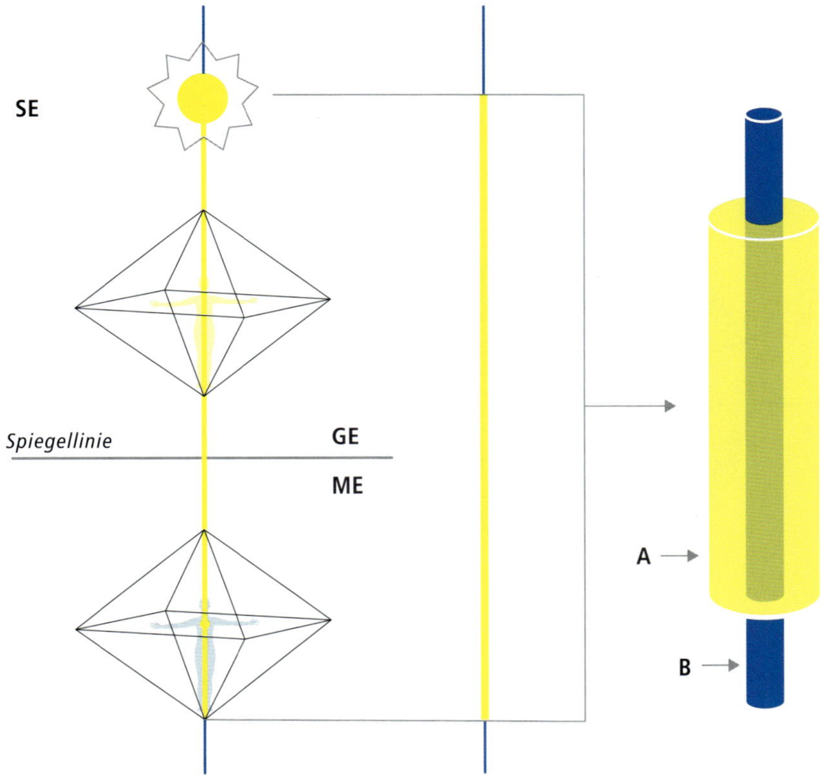

A + B = Senkrechter Kanal

A = Seelenkraftlinie des Seelenenergienetzes: Verläuft vom Wesenskern (Seele) bis zur unteren Spitze der senkrechten Matrixpyramide (Seinsmatrix) auf der Materiellen Ebene (ME) und ist die Ummantelungsenergie des Senkrechten Kanals.

B = senkrechte Universalkraftlinie: Bildet das Zentrum des Senkrechten Kanals und verläuft oberhalb und unterhalb des Senkrechten Kanals weiter.

Abb. **44** ⟶ S. 189

Erstes Energiesystem (Universalenergienetz)

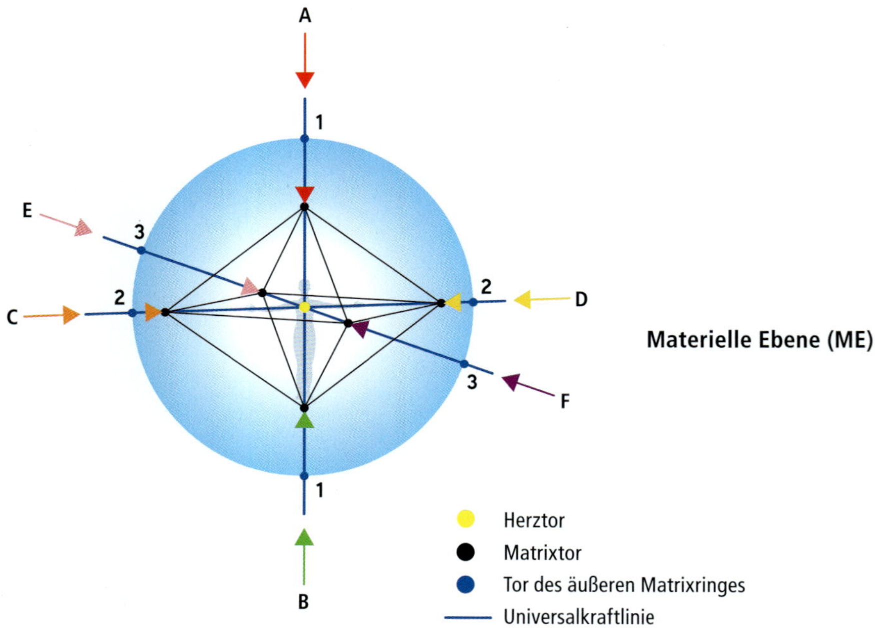

Abb. **45** ⟶ S. 190

Erstes Energiesystem auf allen Ebenen (Universalenergienetz)

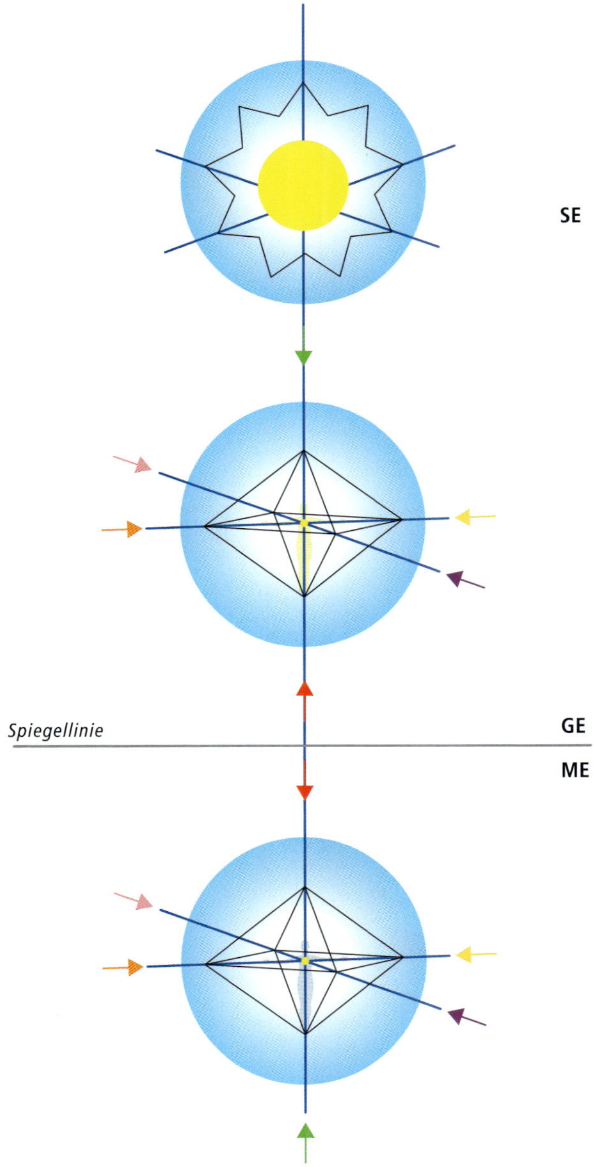

Abb. **46** ⟶ S. 191

Atmung der Seele

Bsp. A

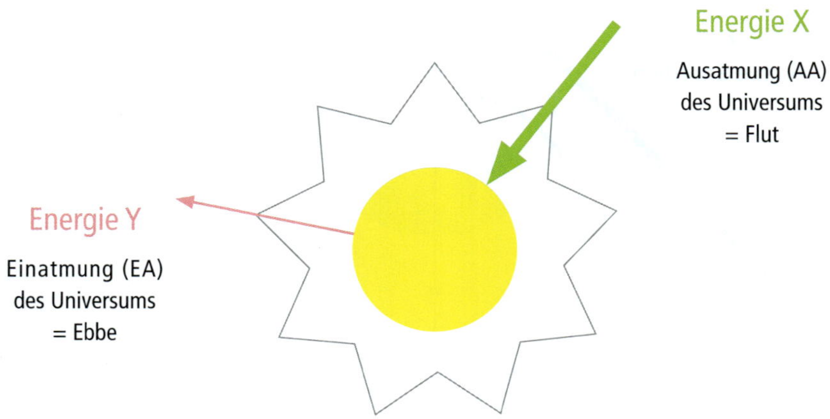

Bsp. B

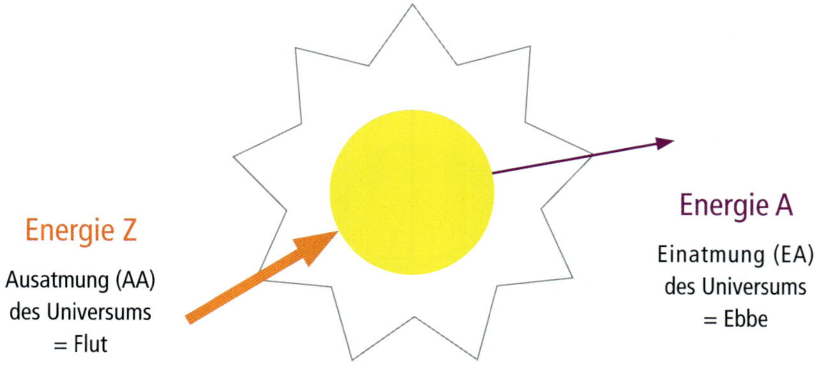

Abb. **47** ⟶ S. 193

Beispiele individueller Wesenspunkte

(s. auch Abb. 41)

Bsp. A

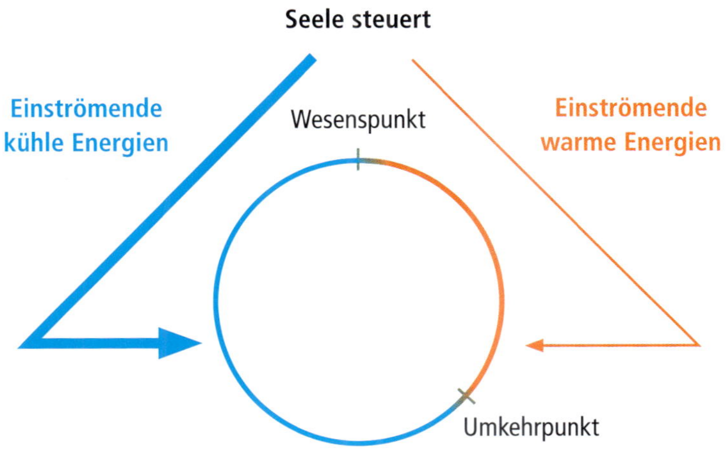

Mehr einströmende kühle Energien = **kühles Wesen**

Bsp. B

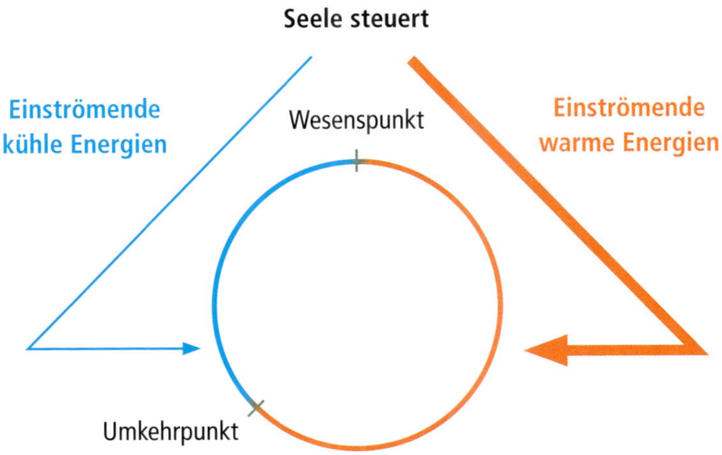

Mehr einströmende warme Energien = **warmes Wesen**

Abb. **48** ⟶ S. 195

Versorgung des Wesenskerns durch das Seelenenergienetz (zweites Energiesystem)

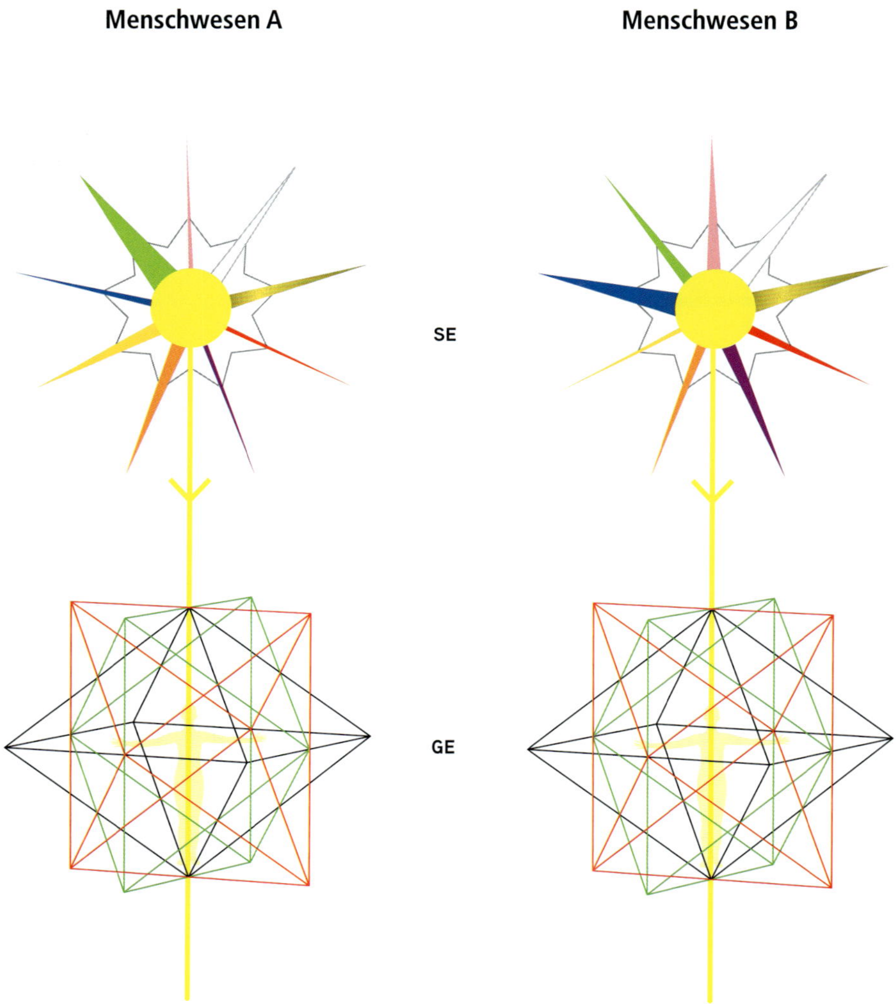

Abb. **49** ⟶ S. 201

Bildung des inneren Matrixringes durch das Seelenenergienetz (zweites Energiesystem)

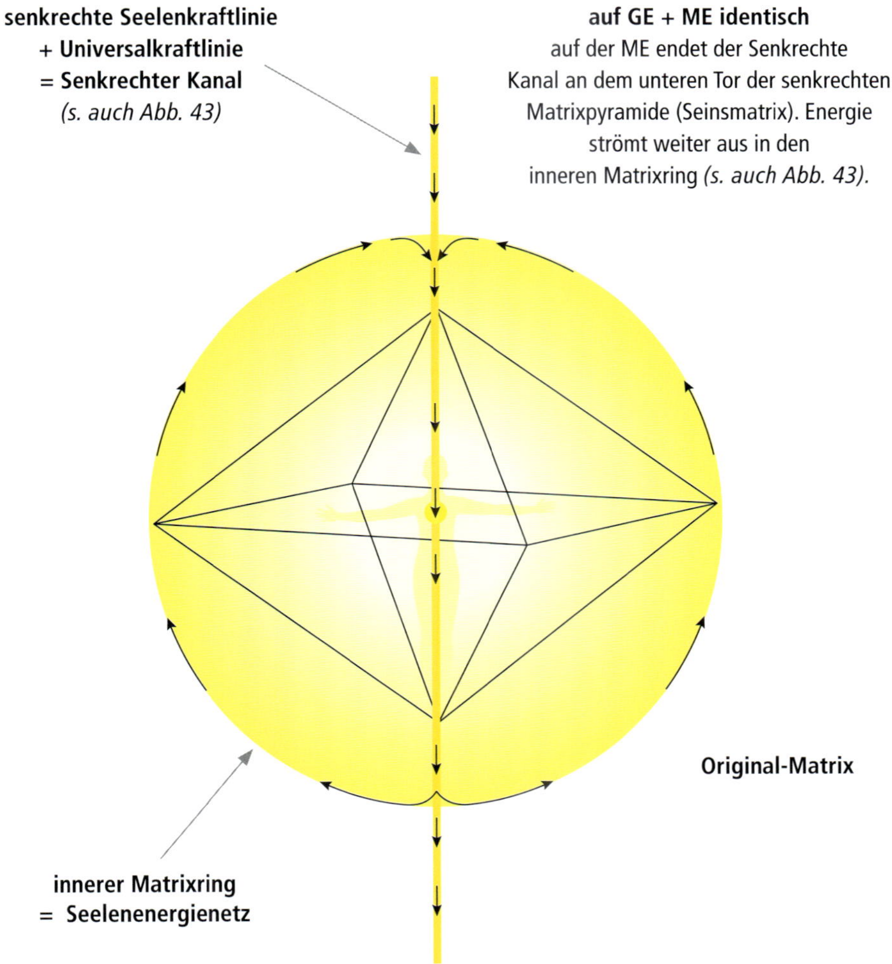

Abb. **50** ⟶ S. 201

Versorgung der senkrechten Matrix (Seinsmatrix) durch das Seelenenergienetz (zweites Energiesystem)

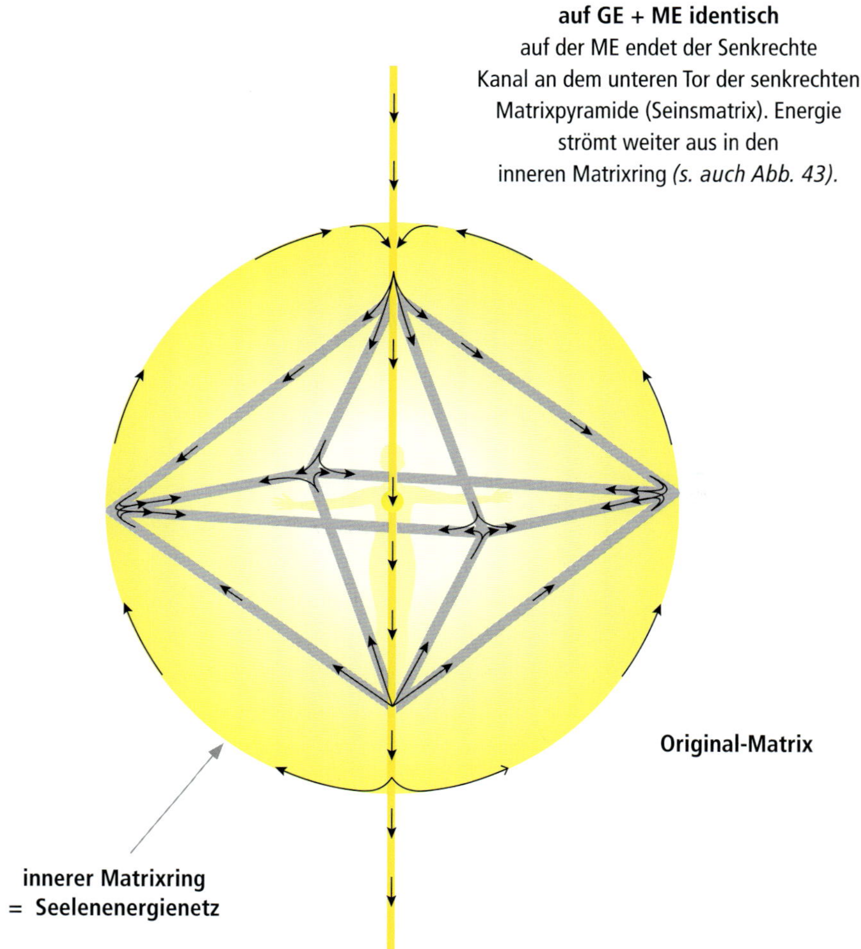

Abb. **51** ⟶ S. 202

Bildung des äußeren Matrixringes durch das Universalenergienetz (erstes Energiesystem)

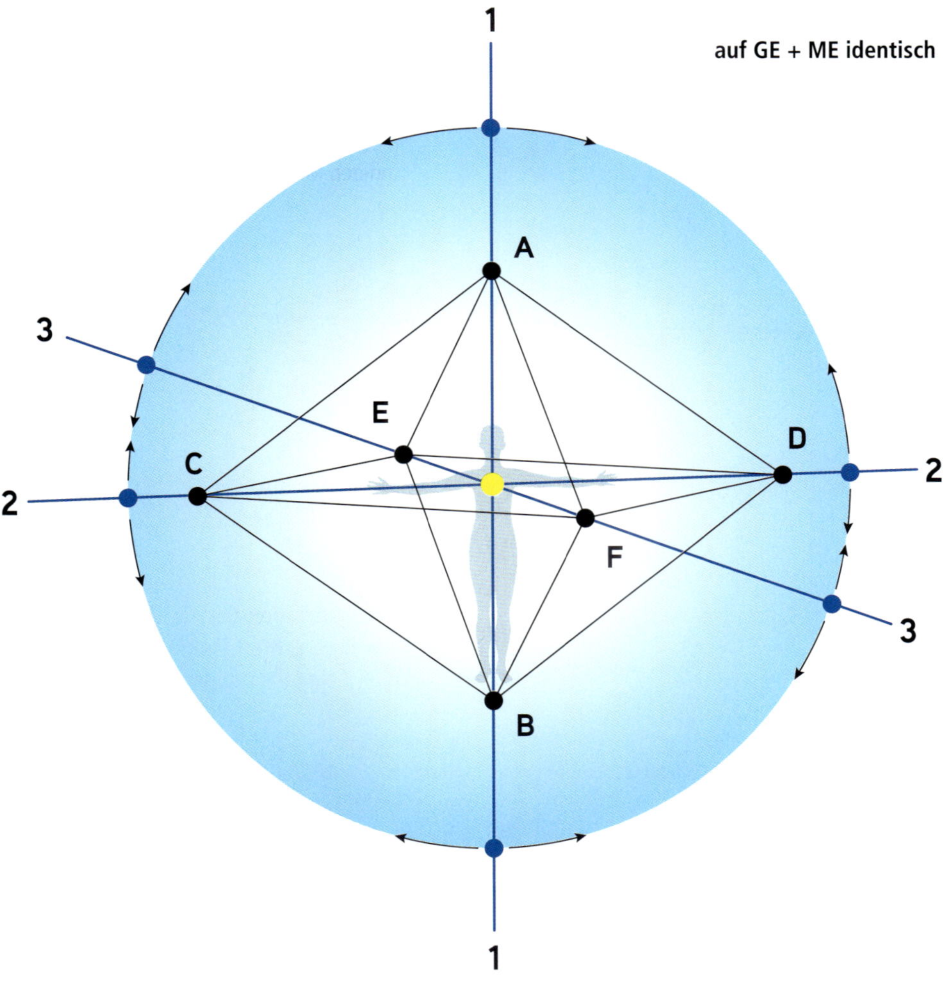

1–3 sowie A–F = einströmende Strahlen/Energien

(s. auch Abb. 31, 32, 33)

Abb. **52 A** ⟶ S. 204

Eintritt der Universalenergie in die waagerechte Matrix (Verbindungsmatrix)

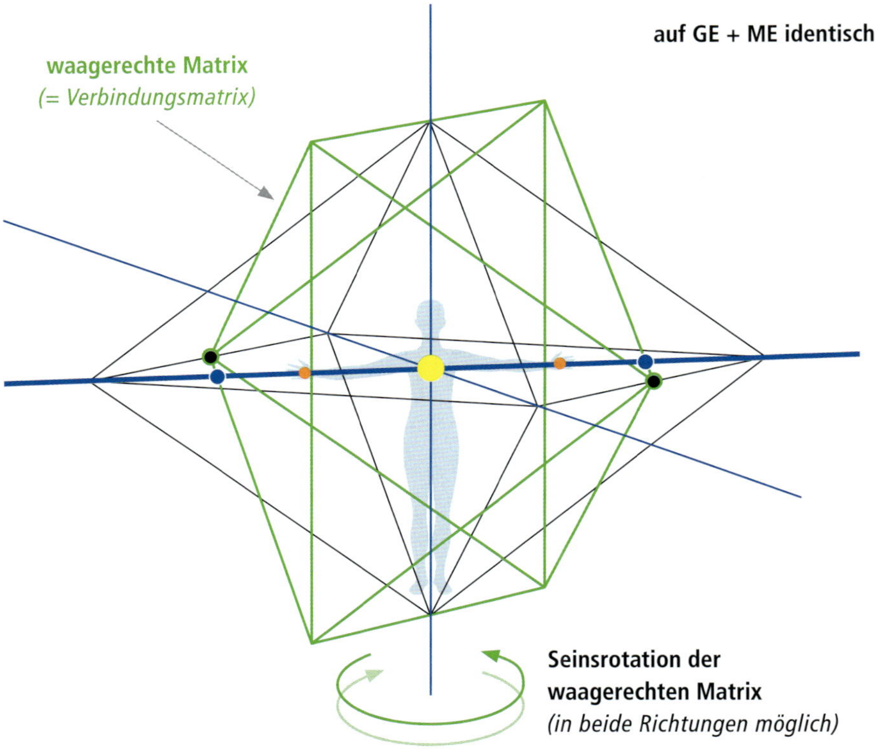

● **Punkt 1 = große Handmatrixtore** auf der waagerechten Universalkraftlinie

● **Punkt 2 = Pyramidenspitzen (= Matrixtore) der waagerechten Matrix**

● **Kleine Handmatrixtore** = Hier strömt dauerhaft Universalenergie aus der waagerechten Universalkraftlinie ein.

— **Waagerechte Universalkraftlinie**: Beinhaltet Strahl 2, Strahl C und Strahl D *(s. auch Abb. 31, 32 + 51).*

Sobald sich Punkt 1 und Punkt 2 überschneiden, strömt Universalenergie in die waagerechte Matrix ein.

***Achtung:** Die Matrizen haben sowohl eine **Eigenrotation** (s. Abb. 39) als auch eine **Seinsrotation**. Die Seinsrotation erfolgt auf horizontaler Ebene um die senkrechte Universalkraftlinie.*

Abb. **52 B** ⟶ S. 204

Versorgung der waagerechten Matrix durch das Universalenergienetz

auf GE + ME identisch

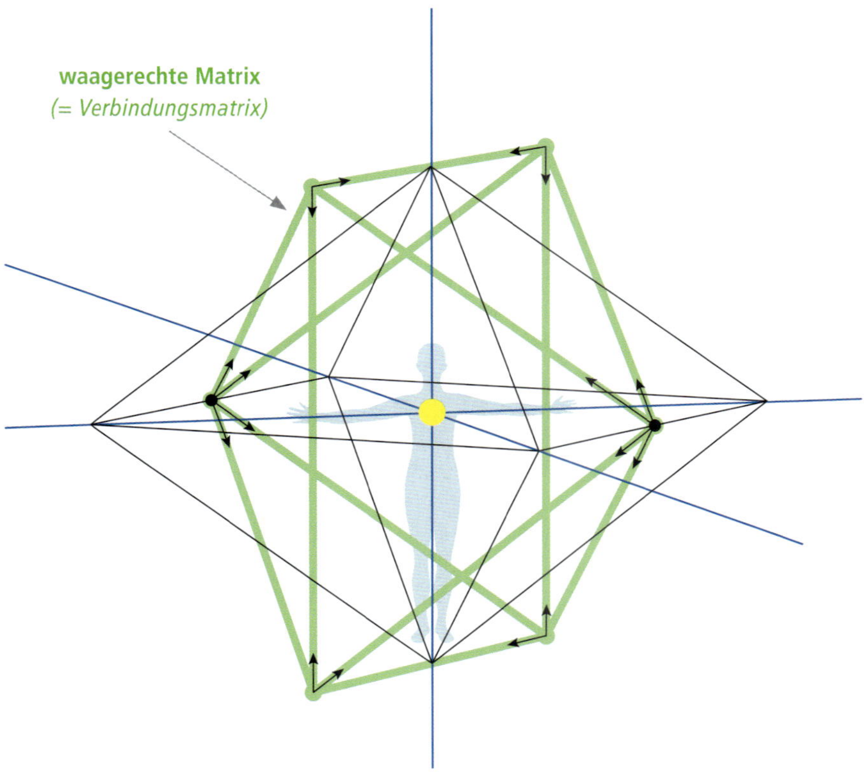

- ● Pyramidenspitzen (= Matrixtore) der waagerechten Matrix (Punkt 2)
- ● Matrixtore der waagerechten Matrix
- —— Universalkraftlinie

Nachdem sich Punkt 1 und Punkt 2 überschnitten haben *(s. Abb. 52 A)*, strömt Universalenergie über die Matrixtore der waagerechten Matrix in die waagerechte Matrix ein und versorgt diese mit Energie.

Abb. **53 A** ⟶ S. 205

Eintritt der Universalenergie in die zeitliche Matrix (Zeitmatrix)

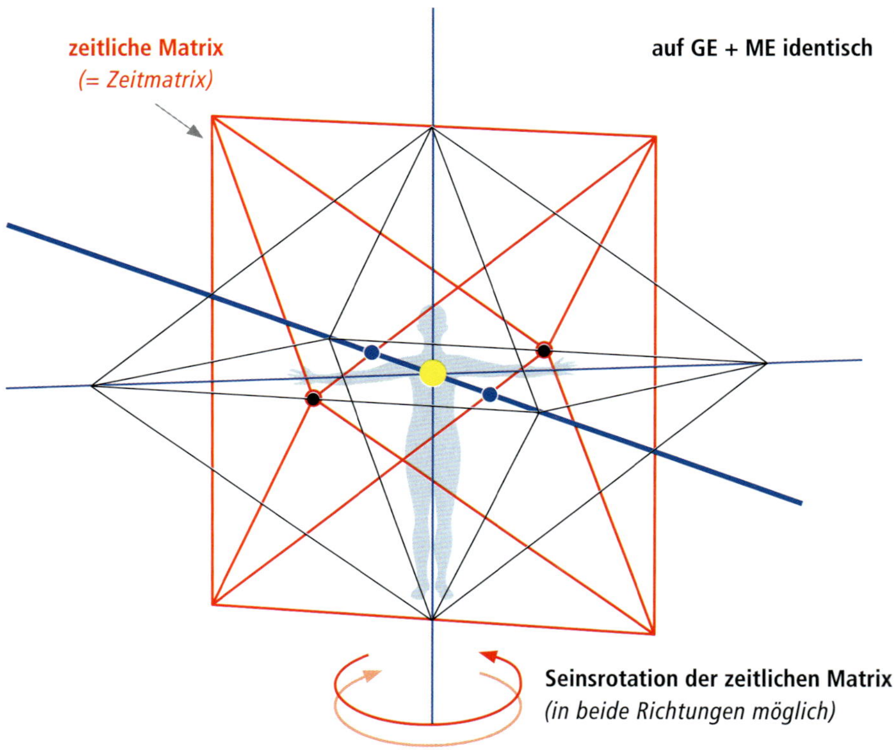

● **Punkt 1 = Zeitmatrixtore auf der zeitlichen Universalkraftlinie**

● **Punkt 2 = Pyramidenspitzen (= Matrixtore) der zeitlichen Matrix**

— **Zeitliche Universalkraftlinie**: Beinhaltet Strahl 3, Strahl E und Strahl F *(s. auch Abb. 31, 32 + 51).*

Sobald sich Punkt 1 und Punkt 2 überschneiden, strömt Universalenergie in die zeitliche Matrix ein. Je langsamer die zeitliche Matrix rotiert, desto weniger wird sie mit Universalenergie versorgt. Der Raum Zeit kollabiert „am Ende", da er nicht mehr mit Energien versorgt wird. Das Menschwesen ist dann in der senkrechten u. waagerechten Matrix präsent.

Achtung: *Die Matrizen haben sowohl eine* ***Eigenrotation*** *(s. Abb. 38) als auch eine* ***Seinsrotation****. Die Seinsrotation erfolgt auf horizontaler Ebene um die senkrechte Universalkraftlinie.*

Abb. **53 B** ⟶ S. 205

Versorgung der zeitlichen Matrix durch das Universalenergienetz

auf GE + ME identisch

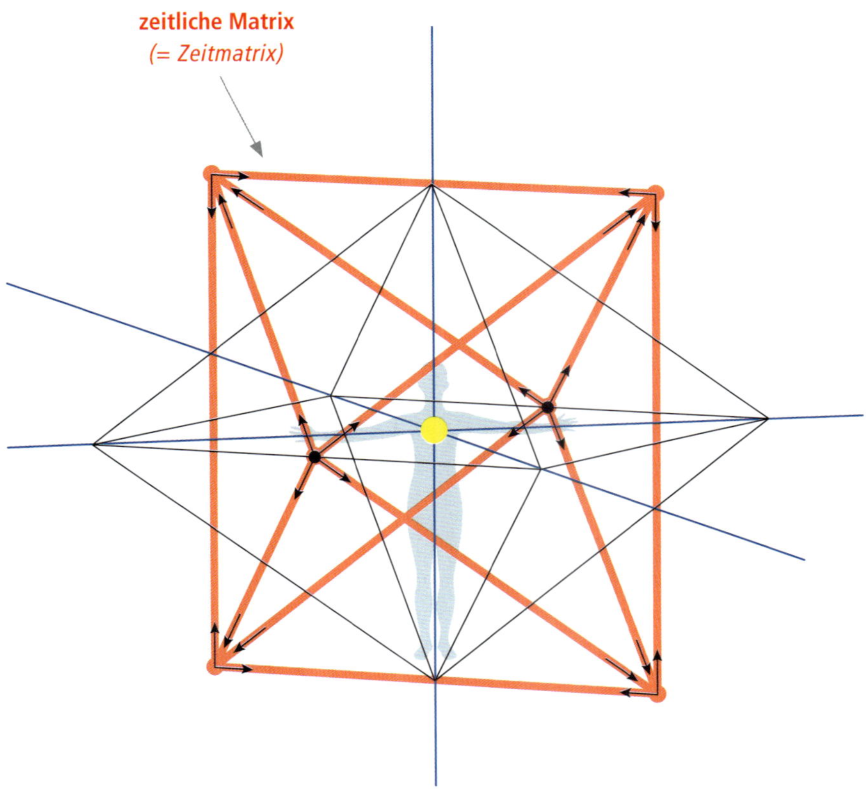

● Pyramidenspitzen (= Matrixtore) der zeitlichen Matrix (Punkt 2)

● Matrixtore der zeitlichen Matrix

—— Universalkraftlinie

Nachdem sich Punkt 1 und Punkt 2 überschnitten haben *(s. Abb. 53 A)*,
strömt Universalenergie über die Matrixtore der zeitlichen Matrix in die zeitliche Matrix ein und versorgt diese mit Energie.

Abb. **54 A** ⟶ S. 208

Versorgung der waagerechten Matrix (Verbindungsmatrix) durch das Seelenenergienetz

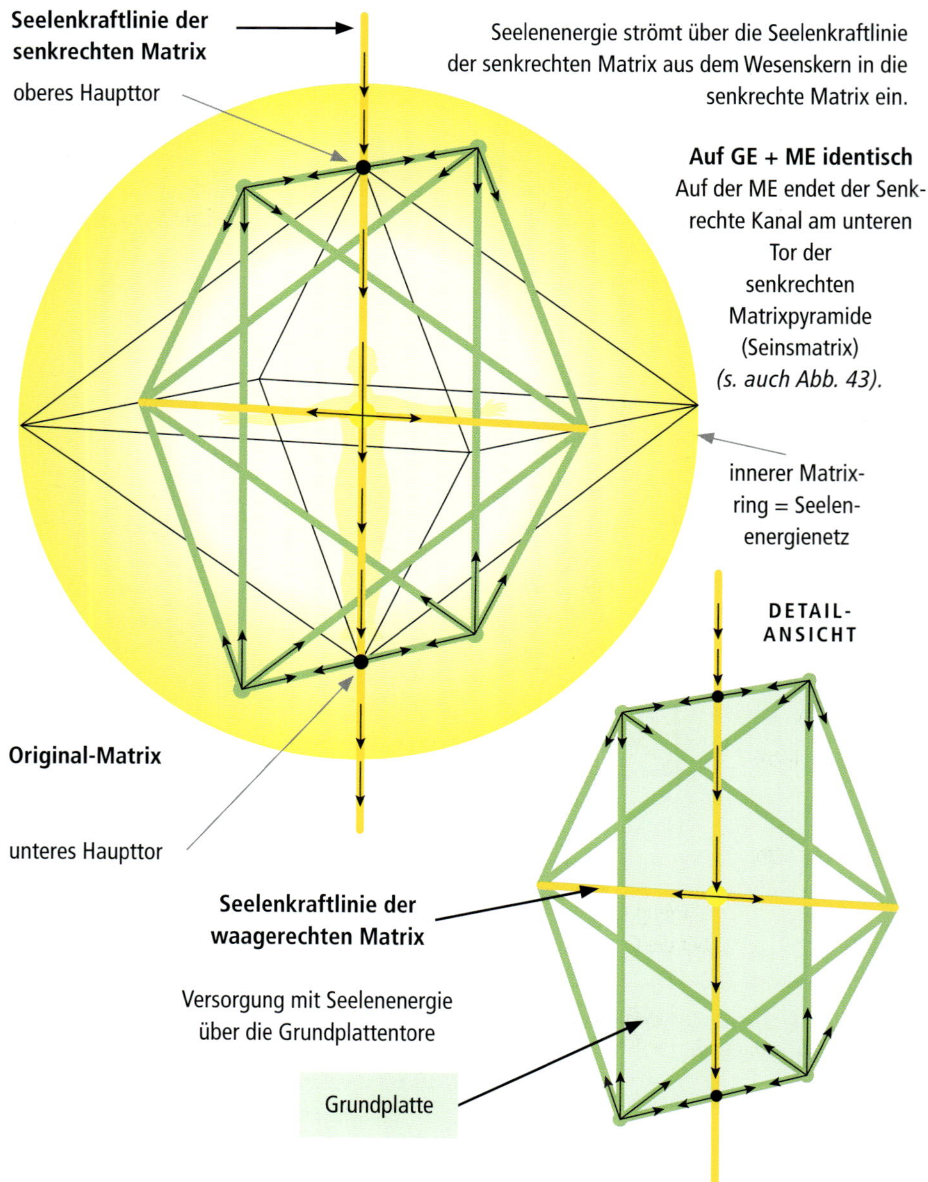

Abb. **54 B** ⟶ S. 208

Versorgung der zeitlichen Matrix (Zeitmatrix) durch das Seelenenergienetz

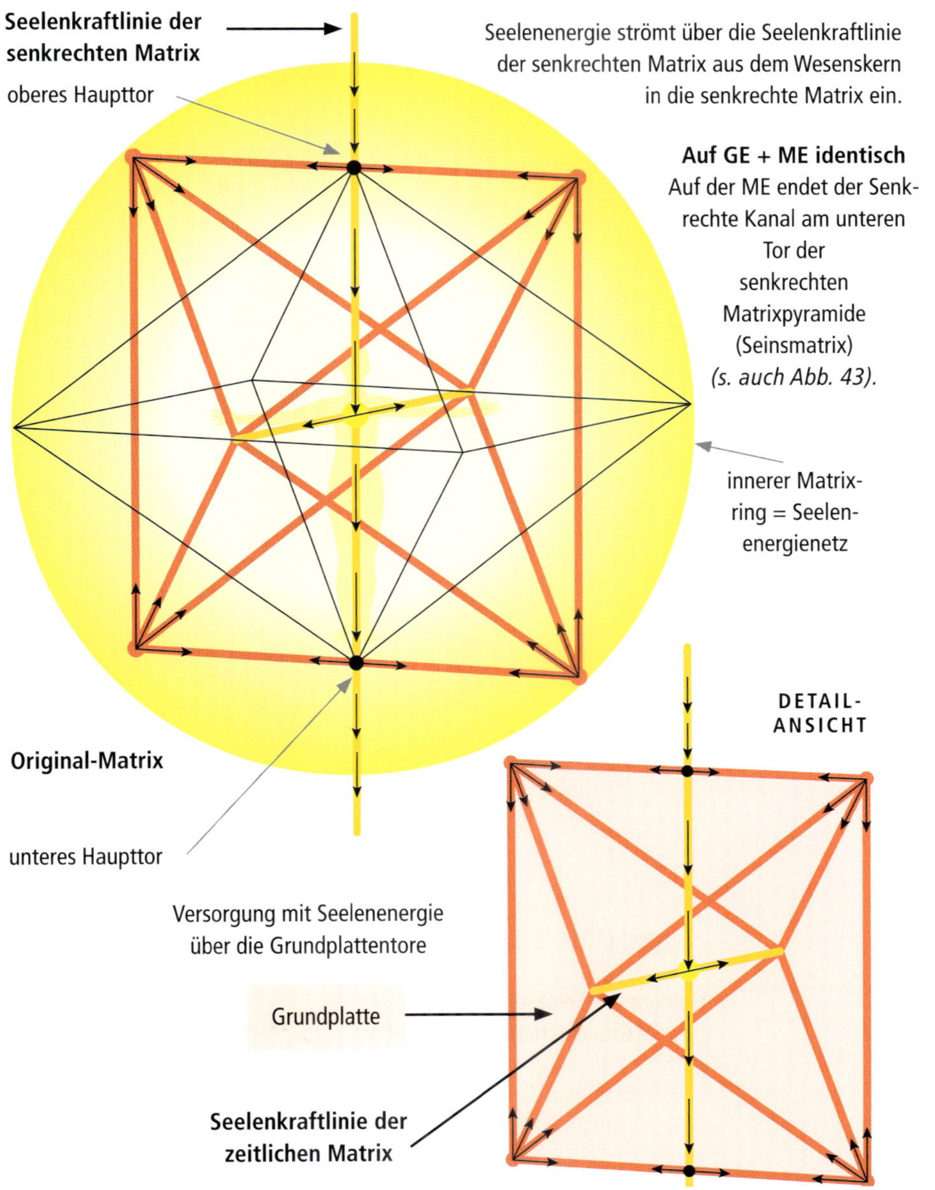

Abb. **55** ⟶ S. 208

Verbindung Seelenenergienetz und Universalenergienetz

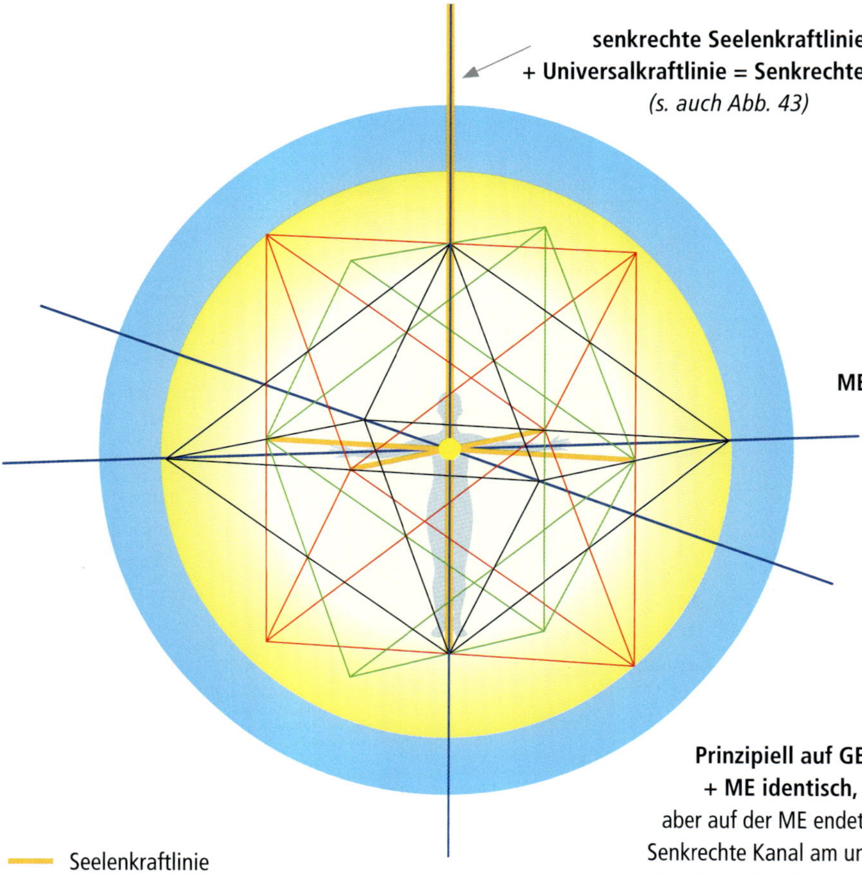

Die Seelenkraftlinien der waagerechten und der zeitlichen Matrix rotieren mit der jeweiligen Matrix mit. Liegen die Seelenkraftlinien im Laufe der Rotation über den Universalkraftlinien, findet in beide Richtungen ein Energieaustausch statt.

Die Seelenkraftlinie und die Universalkraftlinie der senkrechten Matrix stehen in dauerhafter Verbindung. Hier findet ein ständiger Austausch zwischen den beiden Energienetzen statt.

Abb. **56** ⟶ S. 228

Raum Matrix

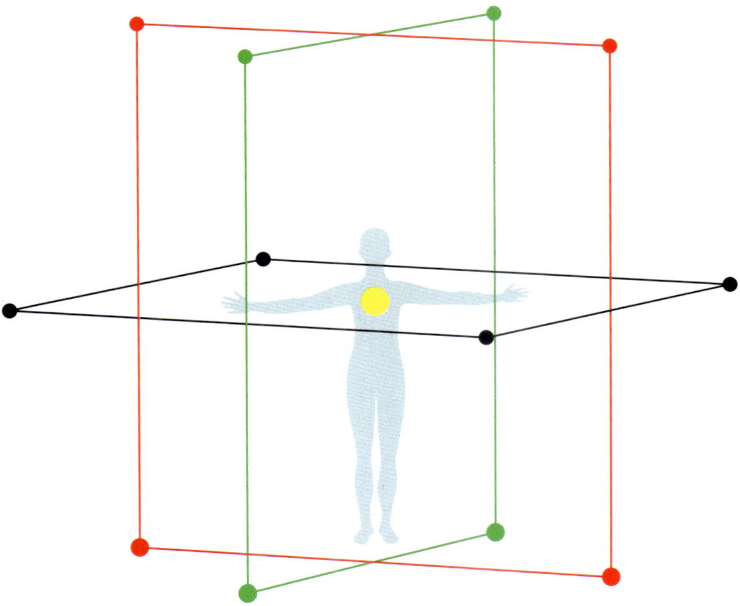

Zwölf Raumwächtertore
Drei Grundplatten der drei Matrizen

Abb. **57** → S. 234

Senkrechtes Pyramidenpaar (Seinsmatrix) mit Bezeichnungen

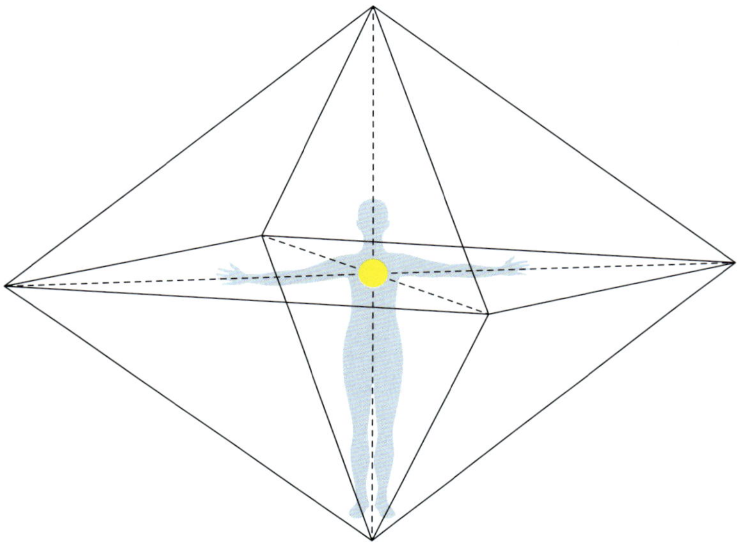

Herzbahnen + Herztor = Sammelgitter

Sammelgitter + Rahmengitter = Matrix

Der Aufbau des waagerechten und zeitlichen Pyramidenpaares ist identisch.

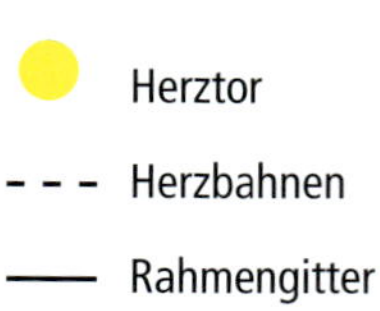

Abb. **58** ⟶ S. 241

Grundposition des Matrixgitters

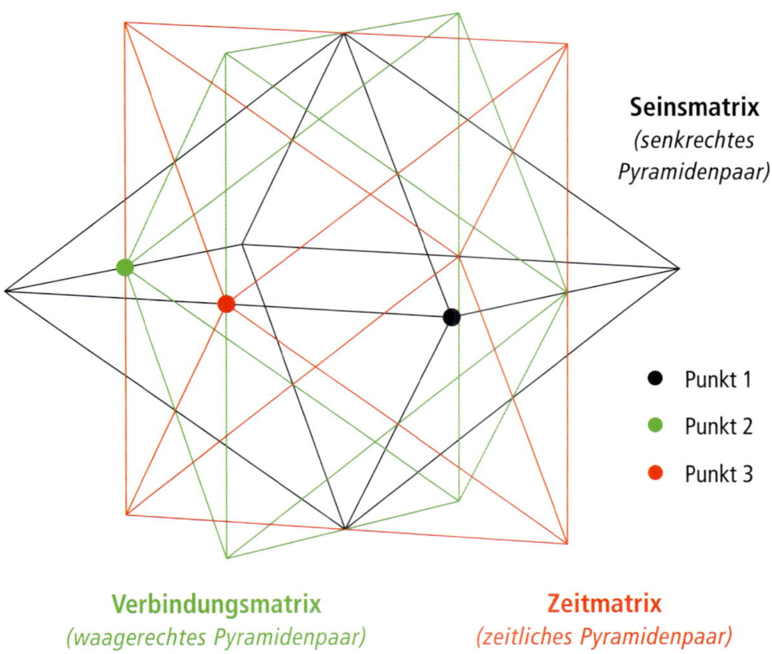

Abb. **59** ⟶ S. 242

Sammelgitter der Seinsmatrix mit wichtigen Toren

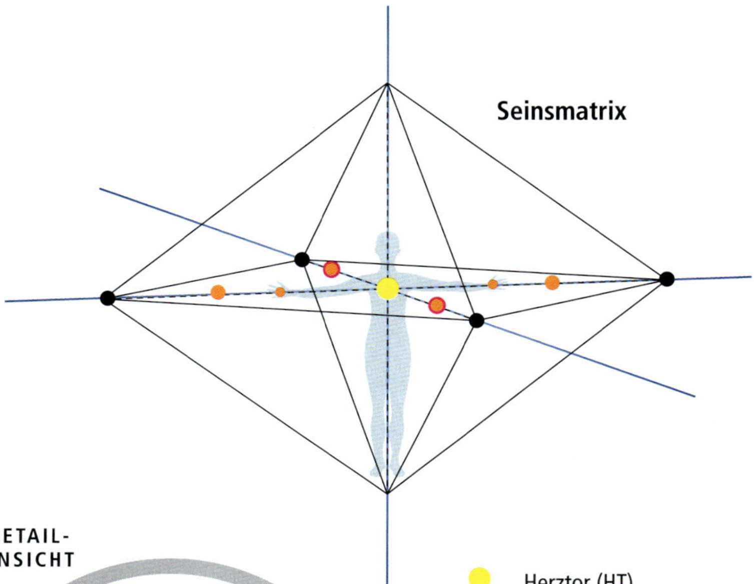

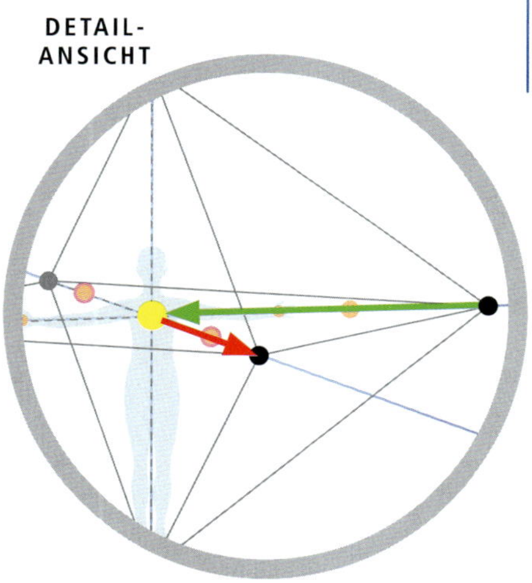

- Herztor (HT)
- **U**niversal**V**erbindungs**H**erz**T**or **G**ross (UVHTG)
- **U**niversal**V**erbindungs**H**erz**T**or **K**lein (UVHTK)
- **U**niversal**Z**eit**H**erz**T**or (UZHT)
- **S**eins**R**aum**W**ächter**T**or (SRWT)
- - - - Sammelgitter
- —— Rahmengitter
- —— Universalkraftlinie

Zwei Beispiele für die Bezeichnung der Bahnen mit Bestimmung der Fließrichtung

→ HT – SRWT V = vom Herztor ausgehend hin zum Seinsraumwächtertor vorne

→ SRWT L – HT = vom Seinsraumwächtertor links hin zum Herztor